술 마셔도 되나?

김승연 지음

Q 쿰란출판사

 머리말

집필 목적

세상 사람들은 기독교인들과 회식하는 자리가 되면 단골 메뉴로 "술 마시면 지옥 가나요?"라는 질문을 던진다. 그러면서 그들은 남의 의견을 듣기도 전에 자기들 나름대로 결론을 내려 버린다. "성경에 술 마시지 말라는 말이 없잖아요."

그리고 난 후 곧바로 기독교인의 현실을 고발한다. "내가 아는 목사, 장로들도 술 잘 마시던데요." "요즈음 교인들 보면 교회 안 다니는 사람들보다 술을 더 잘 마시던데요."

그들이 그렇게 말하는 목적은 '비록 당신이 신실한 기독교인이라지만 이 자리에서는 복잡하게 생각하지 말고 눈 딱 감고 한 잔만 마시라'는 뜻이다. 이는 마치 예수님께서 베드로에게 말씀하신 것처럼 사탄이 베드로를 믿음에서 떨어지게 하기 위해 베드로를 밀 까부르듯 하기 위해 낸 시험 청구서인 것이다(눅 22:31).

만약 당신이 기독교인이라면 그런 환경에 처하게 되었을 때 어떻게 할 것인가? 일부 기독교인들은 딱히 할 말이 없어서 얼버무리거나 그들의 요구대로 딱 한 잔이니까 눈 딱 감고 술잔을 받아 마시고 만다. 그러나 일부 기독교인들은 자신이 기독교인임을 단호하게 밝히면서 예수님의 부탁처럼 '믿음이 떨어지지 않기 위해 순간 기도로 시험을 이기며 다른 기독교인들도 그런 시험에서 이기는 모범이 되도록'(눅 22:32) 술 마시기를 거절한다. 하지만 그런 상황을 이기지 못하고 못 이기는 척하고 술잔을 받아 마시는 자는 직장에서 상사나 동료들과 잘 적응할 수 있고 탄탄한 성공과 출세 가도를 질주할 수도 있지만, 그렇지 못한 자는 그날로 찍히거나 왕따를 당하게 되어 성공과 출세 가도에서 밀리거나 추락하기도 한다.

이런 현실이 학교에서, 직장에서, 군대에서, 동창 모임에서, 사회 전반에서 쉴 새 없이 벌어지고 있는데 기독교인의 입장에서 이 술 문제를 어떻게 해결할 것인가가 오늘 우리의 심각한 문제이다. 그 동안 신학자들이나 목회자들이, 성도들이 살아가는 사회 환경과 당연한 현실 때문에 술 문제에 관하여 직무 유기 내지는 침묵을 하고 있지 않았나 싶다.

그러므로 이 글은 그런 기독교인에게 변증적인 글이 될 것이며, 기독교인 중에도 술을 죄악시하지 않고 기호품 내지는 고급 음료수 정도로 치부하는 사람들과 비기독교인에게 술이 건강을 손상시키는 원흉이며, 모든 강력 범죄의 원인이며, 가정 파괴범이며, 더 나아가 얼마나 무서운 사회악인지를 알게 함으로 경각심을 불러일으키게 될 것이다.

그렇다고 이 책은 기독교인이 술 마시면 지옥 가고, 술을 마시지 않으면 천국 간다는 식의 이분법적인 글이 아니다. 왜냐하면 기독교인 중에 술을 마시지 않는 교인이 술을 마시는 사람들보다 더 못된 죄를 짓고, 더 악한 경우도 많기 때문이다. 그렇다고 술 마시는 사람은 술 마시는 일 외의 다른 잘못은 행하지 않는다는 성결론도 아니다. 한 가지 분명한 것은 술이 좋고 나쁘고를 떠나서 술이 개인과 가정, 그리고 사회에 미친 악영향이 각 나라가 술과의 전쟁을 선포할 정도로 심각한 사회악이 되었기 때문이다.

집필 배경

이 책의 처음 원고는 1999년 11월부터 내가 목회하던 독일 함부르크 한인선교교회에서 장로, 집사, 권사 선출을 위한 공동 의회 전 주일 예배 시에 시리즈로 설교한 내용이다. 설교를 들었던 교인들 중에 평소 술을 즐겨 마시던 몇몇 분이 술 문제를 완전히 해결했다는 고백을 듣게 되었다.

그런 다음 2002년 제17회 유럽유학생수양회(KOSTE)가 스위스 인터라켄에서 열렸을 때 내가 '준비된 사명자' 라는 주제 강의를 했는데, 그때 본 내용을 부교재로 사용하기 위해 보강하여 쓴 원고이기도 하다. 그런데 그때 참가한 유럽 유학생들 가운데 유학생활이 힘들고 외롭다 보니 자연히 친구들과 어울리게 되고, 어울리다 보니 담배를 피우고 술을 마시게 되었다. 어떤 경우는 마약까지 하게 된 학생들이 코스테에 참가하기도 하였다.

그런데 감사한 것은, 그때 강의를 들은 수많은 음주자와 흡연가들이 금주·금연을 결심하게 되었다. 물론 그때 참가한 유학생 마약 중독자는 이 강의를 듣고 그룹 모임에서 자신이 마약 중독자임을 고백하면서 마약에서 헤어날 것을 결심했고, 수많은 유학생들이 그 학생을 위해 기도를 한 경험이 있다.

출간 동기

내가 한국을 떠난 지 22년 만에 돌아와 보니, 한국이야말로 그 어느 나라보다 금주·금연을 해야 할 나라였다. 한국은 술이 아니면 대화도 안 되고, 술이 아니면 취직도 안 되고, 술이 아니면 직장 근무도 안 되고, 술이 아니면 사업도 안 되고, 술이 아니면 아무것도 안 되는 형국이었다.

귀국 후 '올바살(올바로살기) 운동'을 위한 설교나 강의를 할 때마다 "술 마셔도 되나"라는 미니 동영상을 상영했다. 그랬더니 수많은 성도들은 물론 초·중·고·대·청년들이 집회 때마다 금주·금연을 결단하고 헌신할 뿐 아니라 현실적인 사회악에 대해서도 단호히 싸울 것을 결단했다.

어느 대학의 비신자 교수는 하나밖에 없는 아들의 문제를 도저히 해결할 수 없었는데 나의 강의를 듣고 해결의 실마리를 찾았다고 고백했다. 그리고 어떤 엄마는 나의 설교를 듣고 지금 미국에서 유학하는 자녀들이 방학 때 돌아오면 꼭 상담해 줄 것을 간청하기도 했다.

이 일은 내가 목회하는 전주서문교회에서도 일어났다. 부임하자마자 어느 날 연로한 성도들과 함께 야외 행사에 나갔다. 그때 집사 한 분이 다른 모임으로 동일한 장소에 왔다가 담임목사인 나를 만났다. 그런데 그 집사는 이미 곤드레만드레 취해 있었다. 어디 그뿐인가? 퇴직 전에 기관장을 역임했던 모 안수집사는 현직에 있을 때는 물론, 퇴임 후에 수많은 모임에 나가면 으레 술을 마셨다고 한다.

그러나 나의 설교를 듣고 난 후, 그 누구 앞에서나 그 어떤 모임에서도 일절 술을 입에 대지 않았다. 그랬더니 모두들 기적이 일어났다고 했다.

현재 우리나라는 대학생들이 유리로 만든 반잔 술잔과 절주 포스터를 들고 다니면서 절주 운동을 벌이고 있는 실정이다. 이유는 각 대학교 신입생 환영회에서 선배들이 신입생들에게 강제로 술을 마시게 하다가 사망하는 사고가 매년 연례행사처럼 발생하고 있으며, 기독교계 학교에서조차 마실 줄 모르는 신입생에게 강제로 술을 마시게 하여 너무 괴로운 나머지 자살하는 사건이 발생했기 때문이다.

출간 배경

나는 지금까지의 기존 원고를 보강하면서, 기독교인은 물론 일반인들을 위하여 이 글을 출간하기로 결심했다. 그런데 문제는 이런 책을 어느 출판사에서 용감하게 출간해 주느냐 하는 것이었다. 그래서 원고를 다듬는 시간보다 출간을 위한 기도 시간이 더 오래 걸렸다고 해도 과언이 아니다. 물론 몇몇 출판사에서 출판을 제의해 오기도 했다. 그런데 그중에서도 쿰란출판사 대표 이형규 장로님께서 적극적으로 도전해 오셨다. 아니, 저자의 사명감보다 출판사의 사명감이 더 강렬했다. 그러므로 나와 출판사는 이 시대의 메시지로 이 책을 내놓는다.

이제는 독자의 몫이다. 독자들이 읽고 금주를 결단하여 하나님의 뜻을 이뤄 영광을 돌린다면 더 바랄 것이 없다. 바라기는, 이 한 권의 책을 통해 술 문제를 해결하지 못한 기독교인은 물론 대한민국 국민이 술에서 벗어나 올바른 정신으로 자유로워지기를 기도한다.

끝으로 이 책은 성경을 해석하는 주석이 아니다. 그리고 신학적인 교리를 설명하는 교의신학도 아니다. 그렇다고 술에 대한 전문 지식을 전달하기 위한 전문 서적도 아니다. 그래서 각 장 맨 처음에 소개되는 성경 구절에 대한 해석을 하지 않았다. 그리고 술에 대한 신학적인 해석도 언급하지 않았을 뿐 아니라 알코올에 대한 전문적인 지식이나 정보에 치중하지 않았다.

단, 술이 인간들이 만든 음료임에는 틀림이 없지만 성경적인 종합 결론을 내렸으며, 그 술로 인해 개인과 가정이 망하고, 사회와 국가가 도탄에 빠지고, 지구촌의 인류가 병들어 가기 때문에 금주를 통해 인간성 회복과 올바른 가정과 사회를 이뤄가기 위함이다.

* 참고로 이 책에서 인용된 성경은 1956년도 개역한글판이다.

독일 국제 항구 함부르크에서
전주 다가동산에서
소곡 김승연

 차 례

머리말 …2

들어가는 말_ 술, 술이 문제로다 …11

제1장 | 술을 끊었을 때의 유익 …25
제2장 | 포도주는 하나님이 주신 선물인가? …57
제3장 | 감독과 절대 금주 …69
제4장 | 술로 인한 멸망의 확증들 …81
제5장 | 혼인 잔치와 술 …102
제6장 | 성경은 술을 허용하는가? …113
제7장 | 술은 치료약인가? …160
제8장 | 술을 마시지 않은 사람들이 받은 복 …174
제9장 | 종교의 금주 교리와 법 …209
제10장 | 술 중독과 유해론 …223
제11장 | 술과의 전쟁 …262
제12장 | 금주를 위한 7계명-이제는 결단할 때다 …297

나오는 말_ 오늘 이 시대에도 선지자적인 메신저는 항상 외롭고 고난
        을 받는다 …317
부록_ 술에 대한 정의와 경고 …328
집필 후기 …332

들어가는 말 **11**

들어가는 말
술, 술이 문제로다

양주 수입 1등 국가와 룸살롱

옛날에는 우리나라가 어쩔 수 없이 꼴찌에서 일등을 했는데 지금은 머리에서 일등을 하고 있다. 1996년 통계를 보면, 전 세계 양주 수입 부문에서 단연 1등을 한 나라가 대한민국이었다. 그러니까 1996년부터 매년 양주 수입을 위해 지출한 외화가 무려 11조 원이나 된다. 그리고 연간 양주 수입량이 4천 5백만 병일 뿐 아니라 OECD 회원국 중에 5배나 더 독한 술을 마신다고 알려졌다.

문제는 양주뿐 아니라 외국 주류 수입이 매년 급증하고 있다는 것이다. 그 증거로 미국 LA 공항 면세점엔 고급 포도주와 양주들이 진열되어 있는데, 값이 무려 1천 달러에서 그 이상을 호가하는 것들이 즐비하다고 한다. 그런 비싼 포도주나 양주를 어느 나라 사람들이 사들고 가는지 아는가? 주로 대한민국 관광객들이다. 그러니까 IMF가 터질 수밖에 없었다. 그런 양주도 IMF 때 잠시 주춤하는가 싶더니, IMF 이후 한국 관광객들이 극성을 부리는 것이 꼴 보기 싫으니까 공항 면세점에서는 한국 관광객들에게만 제한 판매를 할 정도이다. 그러다가 2010년에는 OECD 국가 중에 알코올을 가장 많이 소비하는 나라로 일등을 했다.

어디 그뿐인가? 우리나라 전국 방방곡곡에 40만여 개의 유흥 음식점과 단란주점이 있다. 그런 곳에서 주로 수입 양주들이 팔리고 있다. 그리고 거기서 일하는 호스티스들이 1980년대는 70만 명이었는데, 1996년에는 150만 명으로 증가되었고, 지금은 그 통계를 밝히기가 창피할 정도로 많다. 그 대상은 멀쩡한 주부, 여대생, 회사원에다가 10대 소녀들까지 다양하다. 이제는 내국인으로 모자라 외국에서 수입까지 하고 있다.

여기에서 매년 소비하는 돈이 외형적으로는 3조 원 내지 4조 원이라고 하는데, 실제로는 그 이상이라고 환산했다. 그동안 IMF와 경제 위기를 거쳐 오는 과정에서 설상가상으로 청년 실업 문제가 심각해지더니, 젊은 노동 인력이 퇴폐 문화로 유입되고 있으며 그 수는 매년 증가되고 있다.

문제는 여기서 그치지 않는다. 김대중 정부가 들어서면서 2000년 1월에서 5월까지 룸살롱 5,204개소가 신규 허가되어 즐거운 비명을 지르면서 계속 성업 중에 있었다. 이젠 국민을 술과 성적으로 타락시키려고 작정한 모양이다. 어느 초대형 룸살롱엔 마담이 40

명, 호스티스가 500명, 밀실이 98개나 된 적도 있었다. 지금도 사건만 터지면 그 장소가 룸살롱이다. 이런 룸살롱이 연일 밤마다 방이 없어서 아우성이라니 한국이 21세기의 소돔과 고모라가 아니고 무엇이겠는가?

이 룸살롱에서 술을 마시고 발행된 영수증을 한번 살펴볼 필요가 있다. K사장 등 3명이 강남의 L이라는 룸살롱에서 마신 술값과 지출한 비용이 무려 540만 원이었다.[1] 이런 술집에선 1인당 술값이 100만 원은 예사라고 한다. 문제는 이 돈이 개인이 지불한 돈이 아니고 회사 돈이라는 사실이다. 백만장자가 아닌 이상 그 누가 개인 돈으로 그런 비싼 술을 마시겠는가. 다시 말하면, 회사의 접대비 명목으로 지출한 것이다. 더욱 심각한 사실은 이런 관례들이 근절되는 것이 아니라 날이 갈수록 더해 가고 있다는 것이다.

두고 보라. 아마 이대로 나가다간 대한민국은 술로 망할 것이다. IMF의 책임이 김영삼 전 대통령에게 있었다면, 술로 망한 나라의 책임은 고 김대중 대통령에게 있을 것이다. 만약 나라를 다스리는 대통령이나 정치인들이 술장사하고 사람 몸 팔게 하는 것으로 로비가 이뤄지고 있는데도 이런 문제를 외면하고, 감싸주고, 눈감아 준다면 그들은 책임을 면치 못할 것이다.

그리고 더 중요한 것은 말씀을 외치는 교회와 메신저가 이런 문제에 침묵한다면 나라 망한 책임 역시 그때 그 교회와 그런 메신저

---

1) 발렌타인 30년산 1병이 120만 원, 로열샬루트 2병이 100만 원, 맥주 5병이 7만5천 원, 마른 안주 등 기본 안주 3접시가 30만 원, 쇠고기 튀김 안주 1접시가 30만 원, 우롱차 5캔, 콜라 3병, 생수 3병이 6만4천 원, 노래 반주 1시간에 10만 원, 호스티스 3명 봉사료가 60만 원(각각 20만 원씩), 호스티스 3명 '2차'에 150만 원(각각 50만 원씩), 대리 운전 3명에 24만원(각각 8만 원씩), 합계가 무려 537만 9천 원이었다.

들에게 있을 것이다.

　IMF 이후 장기적인 경기 침체로 많은 룸살롱이 폐업 내지는 전업을 했고, 2004년에는 성매매 특별법이 발효되어 성매매가 잠시 주춤했으나 다시 마찬가지가 되었다. 인간의 성적 타락이 곧 술 취한 결과이다. 보통 1차에 술을 마시고, 2차, 3차에 성접대를 받는다는데 가정을 가진 남편과 아버지가 어떻게 맨 정신으로 성접대를 받고 탈선을 하겠는가. 그런 다음에 문제가 되면 오리발을 내미는데 "그때는 술에 취해서 잘 모르겠다"고 한다.
　그 증거로는 2010년에 벌어진 스폰서 검사 성접대 사건이다. 부산의 건설업자 정 모 사장이 지난 25년간 부산검찰청 검사 수십 명에게 뇌물과 술대접, 성접대한 사건이 이를 잘 대변해 주고 있다. 결국 검사장 등 몇 명의 검사가 파면 내지는 징계를 받는 솜방망이 결론으로 국민들을 실망시키기도 했다. 그러나 이 사건은 대한민국 검찰의 위신과 나라의 청렴도를 실추시키는 창피한 사건임과 동시에, 지저분한 국민 의식을 전 세계에 공표하는 추접스러운 일이었다.
　지난날 세상이 망한 것도 곧 진노의 포도주와 음행의 결과였다. 예수님은 심판 때의 멸망의 원인이 바로 진노의 포도주와 음행의 포도주 때문이라고 하셨다.

　　"너희는 스스로 조심하라 그렇지 않으면 방탕함과 술 취함과 생활의 염려로 마음이 둔하여지고 뜻밖에 그날이 덫과 같이 너희에게 임하리라 이 날은 온 지구상에 거하는 모든 사람에게 임하리라 이러므로 너희는 장차 올 이 모든 일을 능히 피하고 인자 앞에 서도록 항상 기도하며 깨어 있으라 하시니라"(눅 21:34-36).

드라마에 단골 메뉴로 등장하는 음주 장면

한국 텔레비전 드라마에서 이제 담배 피우는 장면은 거의 사라졌다. 그런데 그에 못지않게 등장하는 장면이 술을 마시는 장면인데 시도때도 없이 등장한다. 다시 말해, 우리나라 드라마의 경우 좋지 않은 상황이 전개되든지, 좋은 장면으로 바뀌든지 간에 그 장면을 일단 술로 커버하고 해결한다.

이때 드라마 시청자들에게 자신도 모르게 음주가 문제 해결을 위한 것으로 각인되기 때문에 사건이 발생하면 문제 해결을 위한 수단과 방법으로 술을 마시게 되어 있다. 그러니까 결과적으로 드라마는 시청자들에게 술을 마시도록 부추기고 있다는 것이다. 물론 드라마에서 어떤 경우는 술이 아니면 해소할 수 없는 사건이 있을 수도 있다. 그러나 지금의 한국 드라마는 지극히 의도적으로 술을 빼면 문제 자체가 해결되지 않는 것으로 미화하여 마치 술을 해결사, 만능자로 몰아가고 있다.

나는 드라마 작가들에게 묻고 싶다. 드라마 속에 등장하는 모든 문제들이 술이 아니고는 절대로 해결할 대사도, 해결할 상황도 없다는 말인가? 아니면 가장 손쉽게 해결할 수 있는 장면이 바로 술을 마시게 하는 것이라는 말인가? 만약 작가가 인간의 모든 문제를 술로만 해결하고자 한다면 그 드라마 작가는 작가로서의 자격이 없다. 이유는, 술은 만능도 아니고 전능도 아니기 때문이다. 아니 술이 인간을 파괴하는 죄악이기 때문이다.

세계는 지금 술과의 전쟁을 선포하고 있고, 술이 일만 악의 뿌리처럼 국민 건강을 해치고 있을 뿐 아니라 가정을 파괴하고, 사회의 온갖 죄악의 온상이 되고 있음을 뻔히 알면서도 어떻게 술이 만능처럼, 전능처럼 비치게 할 수 있단 말인가!

아직까지 우리나라에서는 노벨 문학상 수상자가 나오지 않고 있다. 물론 작품은 훌륭하지만 번역의 한계를 극복하지 못하기 때문이라고 한다. 그러나 한국 작품이 인생의 모든 문제를 오직 술로만 해결하려는 작품이라면 노벨 문학상 추천은 고사하고 그 심사 대상에 오르기나 하겠는가? 그러므로 한국 드라마 작가들은 정신 차리기 바란다.

금주, 한국 교회만의 해당 사항인가?

옛날에는 기독교인들이 '술, 마셔도 되나' 아니면 '마시면 안 되나'의 문제로 신·비신자 간에 논란이 그치지 않았다. 일반적으로 사람들은 이렇게 말한다. "성경에 술 마시지 말라는 말씀은 없는데, 서양 선교사들이 조선에 선교를 하러 와서 보니까 조선 사람들의 가장 큰 문제가 바로 술이었기 때문에 선교사들이 중국에 선교하러 가서는 마작을 금했듯이, 조선에서는 술을 금했다. 술 마신다고 죄 짓는 것도 아니고 지옥 가는 것도 아니다."

물론 그 말이 전적으로 틀린 말은 아니다. 일리가 있다. 그렇다고 성경에서 술이 전면 허용되거나 인정되는 것은 아니다. 이런 말에 기독교인들마저도 성경에서 말씀하시는 하나님의 뜻을 제대로 이해하지 못한 채 세상 사람들의 무책임한 말에 귀를 기울이고 부담 없이 술을 즐긴다. 그런 의미에서 지금은 세상 사람들이 술을 거부하는 기독교를 향하여 "아니, 지금이 어떤 세상인데 예수 믿는다고 술을 마시지 않습니까? 제가 아는 장로는 술고래입니다. 아니 요즈음은 목사들도 애주가들입니다"라고 한다.

그러므로 비기독교인들은 고사하고 기독교인들까지도 기독교인들이 술을 마시지 않으면 이상한 사람으로 보는 세상이 되고 말았다. 하기야 일반 기독교인들은 물론 목사, 장로들도 마시니 어디 그렇지 않겠는가!

금주 · 금연 운동의 기원

일반적으로 금주 운동은 미국과 같은 서구 선진국에서 일어나는 운동이 아니고 술고래 국가인 한국에서만 일어난 운동으로 착각하고 있는데 그게 아니다. 이 운동은 기독교가 한국에 전파되기 훨씬 전인 19세기 초(1829년)에 미국에서 일어났다.

술이 인체에 결정적으로 해롭다는 것을 깨달은 사람이 리치필드 교회의 레이먼 비처(Rev. Lyman Beecher) 목사이다. 그는 어느 주일 교회에서 금주에 대한 설교를 했다. 그런데 그 설교가 마치 찰스 셀던 목사가 평일에 성도들에게 성경 공부를 시키면서 "예수라면 어떻게 할 것인가?"라는 질문을 하게 되고 그 원고가 책으로 출판되어 전 세계인들에게 영향을 주었던 것처럼 전 미국으로 퍼져 나가게 되었다.

그리하여 1873년에 미국에 기독교 여성금주연맹이 결성되었고,

미국을 비롯하여 영국, 스코틀랜드, 아일랜드, 웨일스 등지에 금주 법령이 선포되었다. 한국에도 1930년을 전후하여 이 운동이 활발하게 전개되었다. 그 운동이 바로 금주·금연 운동을 모토로 하는 대한여성절제회다.

고종 황제 때 우리나라에 외채가 많았다. 그때 오히려 애연가들이 금연 운동을 펴서 나라의 빚 갚기 운동을 벌였다. 당시 고종 황제는 매일 담배를 피워대는 골초였다. 그러나 황제는 이 운동에 감동이 되어 자신의 기호인 담배를 끊었다. 그러므로 금주·금연 운동은 애국운동(愛國運動)이기 전에 애자운동(愛子運動)이고, 애가운동(愛家運動)이며, 애사운동(愛社運動)이다. 우리나라도 초창기에 감리교 여전도회에서 금주·금연 운동을 전개했다.

그러므로 우리나라 기독교는 복음 선교 초창기보다 지금이 더 강한 금주를 주장해야 하며, 금주 조항이 없는 교단은 지금이라도 늦지 않았으니 교단 헌법에 금주 조항을 만들어 넣어야 한다.[2]

주류 광고 금지와 음주 연령 높이기

지금 영국, 프랑스, 호주는 술 광고를 전면 금지하고 있으며, 삼바 축제의 나라 브라질도 법안을 준비하고 있다. 뿐만 아니라 중국은 술 광고에 어린이 출연을 금지하고 있다. 앞으로 주류 광고 금지는 전 세계로 확산되어 갈 조짐이다. 그러므로 머지않아 모든 공중파 방송과 언론, 잡지에서 술 광고가 사라질 것이다.

---

[2] 대한예수교장로회 합동 총회나 복음주의 교단 헌법에는 금주 조항이 들어 있다.

이제 서구 사회는 주류 광고를 법으로 금지하는 운동과 함께 음주 허용 연령을 높이는 입법 추진에 주력하고 있다. 그런 반면에 우리나라는 술 판매가 매년 급증하고 있다. 그 이유는 흡연과 함께 음주 연령이 갈수록 낮아지고 있기 때문이다.

2009년 통계에 의하면, 음주를 처음으로 경험한 나이가 겨우 머리에 피도 마르지 아니한 초등학교 6학년 내지는 중학교 1학년인 12세에서 13세이다. 그리고 우리나라 청소년의 63%가 음주를 경험했다는 통계이다. 우리나라 청소년들의 첫 음주 경험은 10명 중 2명이 중추절이고, 30%가 부모에게 술을 배웠다고 한다. 그러니 IMF와 경제 쓰나미가 불어닥쳐도 술 소비량이 줄지 않고 늘 수밖에. 정말 이대로 나가다간 나라가 망하고 말 것이다.

술과 담배가 좋은 것이라면 그 누가 반대하겠는가? 그동안 사람들에게 사랑받던 담배와 술이 왜 인간 사회에서 푸대접을 받고 퇴출당하게 되는가? 담배와 술은 행복해야 할 인간 사회와 가정, 그리고 개인을 병들게 하고 망하게 하기 때문이다. 그러므로 이제부터 가정에서는 부모가, 사회에서는 기성세대가 솔선수범하여 금주·금연을 해야 한다. 그러면 자녀들이 아예 술을 입에 대지도 않고, 담배 근처에도 가지 않을 것이 아닌가.

술과 전철 감전 사고

2006년 어느 날 저녁, 영국 런던 근교에서 두 형제가 만취된 상태에서 전철을 타기 위해 플랫폼에서 기다리고 있었다. 형제는 술을 너무 많이 마신 까닭에 방광이 차올라 소변을 참을 수가 없었다.

그래서 그들은 현장에서 해결하기 위해 전등도 없고 사람들이 보이지 않는 어두운 플랫폼 끝쪽으로 이동하여 전철 선로에다 소변을 보았다.

그런데 그날 밤에 비가 내리고 있었다. 물론 그들은 고압 전류가 선로를 타고 흐르고 있는 것을 미처 몰랐다. 형은 소변을 보자마자 감전되어 현장에서 사망했고, 동생은 중태에 빠졌다. 그 두 형제는 전직 정부 고위 관리의 자녀들이었다고 한다.

한국인 외교관 베를린에서 음주 사고[3]

다음은 독일 신문에 난 한국인 음주 사고 기사이다. "한국인 외교관이 독일 베를린에서 음주 운전 사고를 냈다고 현지 언론인 베를린 차이퉁(Berlin Zeitung, 베를린 신문)이 보도했다. 베를린 차이퉁은 현지 시간으로 지난 6일 새벽 1시쯤 베를린 크로이츠베르크 지역에서 한국인 외교관이 술에 취한 채 벤츠 차량을 몰고 가다 중앙분리대를 들이받았다고 보도했다. 이 신문은 벤츠 차량에는 외교관 3명이 있었고, 이 가운데는 주독 한국 대사관의 고위직 인사도 있었다고 전했다. 이 신문은 또 이들이 술에 만취한 채 사고를 낸 뒤에도 외교관 면책 특권으로 음주 측정조차 받지 않았고, 더 술을 마시기 위해 주점으로 갔다고 보도했다."

---

[3] 입력 시간 2010.05.08 (07:16) 김지영 기자, KBS 뉴스는 http://news.kbs.co.kr에서만 볼 수 있다.

영국 버스 정류장과 주택가 한글 포스터

어디 그뿐인가? 한국 사람들은 못 말리는 민족인가 보다. 영국 런던 근교에 한국 사람들이 밀집해 살고 있는 뉴몰든과 셔비텐이라는 작은 도시가 있는데 그 도시에 영국 역사상 최초로 음주 운전과 운행 중 휴대 전화 사용을 말아 달라는 영어와 한글로 쓰인 포스터가 버스 정류장과 주택가 가로등에 부착되었다. "Don't Drink Drive", "음주 운전 금지."

한국 사람들의 음주 문제는 국내뿐 아니라 외국에까지 확산되고 있다. 음주로 인해 국제적인 망신을 사고 있으니 실로 창피한 일이 아닐 수 없다.

영국 런던 근교에 한글로 된 두 장의 포스터.

장로 대통령이 즐기는 폭탄주

이제 금주 운동은 골초요 애연가인 고종 황제가 국가와 국민을 위해 담배를 끊듯이 기독교 장로 대통령부터 금주를 선언해야 한다. 여기에 "시시때때로 '술벗'이 필요한 장로 대통령"[4]이라는 기사화된 글을 그대로 옮긴다.

---

[4] 〈뉴스앤조이〉 2009년 9월 24일자에 실린 연서교회 목사이며 시인인 김학현 목사의 글이다.

지금도 교회는 이명박 대통령이 장로라는 것에 대해 그래도 무엇인가 하나님의 뜻을 헤아리며 대통령직을 수행하지 않겠느냐는 일말의 기대를 안고 있는 게 사실이다. 다윗이나 히스기야쯤은 못 되어도, 그래도 정책을 결정하거나 청와대에서 일을 할 때 기도하는 마음으로 하지 않겠느냐는 그런 기대 말이다. 나도 물론 그의 정책 방향을 다 신뢰하거나 지지하는 국민은 아니더라도, 그의 장로라는 직분이 정책이나 일에 무슨 영향을 끼치기를 은근히 기대하는 신앙인 중 하나다. 이미 그는 자신의 주변에 소망교회 출신들을 포진시킴으로 주목을 받은 바 있다. '고소영'이라는 신조어를 만들어 내면서 말이다. 그런데 그가 외롭고 힘들다고 생각할 때 찾는 것은 정작 신앙적인 게 아닌 모양이다.

〈조선일보〉는 23일자에서 '노 전 대통령 국민장 끝난 날 밤 MB, 돌연 참모들 호출한 까닭은'이란 제목으로 기사 하나를 냈다. 그런데 그 기사 내용이 별로 장로답지(그런 게 있다면)도, 더더욱 신앙적이지도 못하다. 고(故) 노무현 전 대통령의 영결식이 있었던 지난(2009년) 5월 29일 저녁 8시 30분쯤 이 대통령은 김백준 총무비서관에게 전화를 걸어 "술 한잔 하고 싶다. 청와대에 수석(비서관)들 누가 남아 있나. 있는 사람들 좀 와서 같이 한잔 하자고 해라"고 했다고 한다. 장로 대통령, "술 한잔 하고 싶다."

기사에 따르면, 김 비서관의 연락을 받은 참모진 5-6명이 1시간 후 모였고, 그들은 장례식 때 스트레스를 받은 이 대통령의 '술벗' 노릇을 했다는 내용이다. "장례식장에서 민주당 백원우 의원으로부터 '살인자'라는 소리 듣고, 거리에선 '대통령 퇴진'까지 외치는 상황에서 이 대통령의 기분이 매우 울적했던 것 같다"고 여권의

한 관계자가 전한 것으로 보아 그 스트레스 정도를 알 수 있다.

"대통령이란 자리가 원래 편하게 술 마시며 마음 달랠 친구도 없을 정도로 외로운데, 당시 이 대통령도 부쩍 외로움을 타는 것 같았다"고 전하는 여권 인사의 계속되는 발언을 보면 이 대통령은 울적할 때 술로 마음을 달래는가 보다.

기사는 또 이렇게 쓰고 있다. "그로부터 석 달여 뒤인 지난 4일, 이 대통령은 청와대 참모진을 다시 청와대 안가(安家, 안전 가옥)로 불렀다"며, "이날은 분위기가 완전히 달랐다고 한다. 전날 개각(改閣)을 끝내고 경기도 포천, 구리에 민생 탐방을 나가 시민들로부터 크게 환영을 받은 직후였다"라고 잇고 있다. 기사는 또 "이날은 소주와 맥주를 섞은 폭탄주가 10잔 가량 돌았고, 이 대통령과 참모진 모두 흥겨운 분위기였던 것으로 전해졌으며, 한 수석은 만취해 이 대통령 앞에서 고개를 숙이고 졸 정도였다"고 전하고 있다.

그러니까 이 대통령은, 아니 교회가 그리 자랑으로 삼고 있는 이명박 장로 대통령은 스트레스를 받을 때도 비서진을 불러 술로 스트레스를 풀고, 국민들의 반응이 좋아 지지율이 올라갈 때도 술 파티를 한다는 얘기다. '신앙인과 술'이라는 논지로 이 글을 읽는 독자가 있을까 두렵다.

그건 내가 원하는 바가 아니다. 내가 하고자 하는 말은 '장로 대통령과 신앙'이라는 논지다. 그렇게도 보수적인 기독교인들과 교회들이 장로 대통령을 만들어 청와대로 보낸 것에 대한 자긍심을 갖는 바로 그 대통령이 슬플 때와 기쁠 때 술 파티를 하는 대통령이란 말이다. 그렇다면 그가 장로 대통령이어서 좋은 이유가 무얼까. 그게 궁금하다는 거다.

왜 이런 신앙이 형성되었는가 하면 이 대통령이 장로로 시무하는 서울 강남의 소망교회는 설립 때부터 술을 허용한 교회로 알고 있다. 물론 그 교회는 개척시뿐 아니라 지금도 서울의 '강부자'와 고위 공직자들이 몰린 교회로, 사회 기득권층과 소위 엘리트 집단들이 밀집된 지역의 교회이다. 그러니 그런 교회에서 신앙생활과 장로 교육을 받은 분들 중에 꼭 이 대통령뿐 아니라 많은 장로들이 '술' 하면 아주 자연스럽게 생활화가 되어 있기 때문이다. 그러나 술이 얼마나 무서운 사탄의 도구인지를 이 책을 통해 분명히 알아야 한다.

국민이 기독교 장로인 줄 알고 뽑았으니 힘들고 어려울 때 모든 비서진을 물리치고 조용한 곳에서 하나님의 말씀을 묵상하고 기도하는 대통령의 모습을 국민은 못 보더라도 하나님이 보셨을 때 얼마나 기뻐하실까!

제1장
술을 끊었을 때의 유익

"미쁘다 이 말이여, 사람이 감독의 직분을 얻으려 하면 선한 일을 사모한다 함이로다 그러므로 감독은 책망할 것이 없으며 한 아내의 남편이 되며 절제하며 근신하며 아담하며 나그네를 대접하며 가르치기를 잘하며 술을 즐기지 아니하며 구타하지 아니하며 오직 관용하며 다투지 아니하며 돈을 사랑치 아니하며"(딤전 3:1-3).

가치관의 변화

한국 청소년들의 가치관이 변하고 있다. 지난날엔 청소년들이 기성세대의 잘못된 가치관을 비판하고 정죄해 왔었다. 그런데 안타깝게도 이제는 청소년들까지도 기성세대의 가치관에 물들 뿐 아니라 오히려 한 술 더 뜨고 있는 것이다. 다시 말해, 돈을 위해서라면 무엇이든지 할 것이며 사회가 돈을 위해 그 무슨 일을 해도 눈감아 주겠다는 것이다.

한국투명성기구가 '반부패 인식 조사'를 위해 전국 중고생 1,100명을 대상으로 조사하여 발표한 보고에 의하면, 우리나라 청소년의 가치관이 얼마나 잘못되었는지를 자명하게 나타내 주고 있다. 청소년의 17.7%가 "감옥에서 10년을 살더라도 10억 원을 벌 수 있다면 부패를 저지를 수 있다"고 했다. 17.2%는 권력을 남용하거나 법을 위반해서라도 내 가족이 부자가 되는 것이 괜찮고, 20%는 문제를 해결할 수 있다면 기꺼이 뇌물을 쓰겠다는 태도를 보였다. 그런 반면 "아무리 나를 더 잘살게 해주어도 지도자들의 불법 행위는 절대 안 된다"는 청소년은 30.2%에 불과했다.

10억 원을 줄 테니 술·담배를 당장 끊으라

나는 그런 청소년들에게 "10억 원을 보장해 줄 테니 당장 술과 담배를 끊으라"고 자신 있게 말하고 싶다. 만약 그렇게 말하면 아마 십중팔구는 당장 끊을 것이다. 그러나 일부는 끊는다고 해놓고 10억 원을 받으면 그 돈으로 담배와 술을 다시 사서 피우고 마실지도 모르겠다. 그런데 술과 담배의 문제는 비단 돈만의 문제가 아니라 그보다 중요한 건강과 환경의 문제이다. 또는 가정 문제이다.

단돈 1만 원이면 못할 일이 없는데

장안에 《10억 모으기》란 책이 베스트셀러인 적이 있었다. 그러나 나는 여기서 10억 원을 모으기 위해 강도짓이나 뇌물을 먹을 필요 없이 모으는 방법을 가르쳐 주겠다. 그 방법은 만약 한 사람이 태어나 담배나 술을 입에 대지 않고 만 20세가 된 때부터 매일 술과 담배를 사서 마시고 피웠다고 치고 하루에 1만 원씩 저축한다면, 한 달에 30만 원을 저축할 수 있고 최저 복리를 환산한다면 일 년에 약 400만 원, 10년이면 약 4천 8백만 원, 20년 후면 약 1억 2천 5백만 원, 30년 후면 약 2억 5천 4백만 원, 40년 후면 4억 7천만 원, 50년 후면 약 8억 2천만 원 정도가 된다.

또한 어떤 부부가 총각·처녀 때부터 하루에 1만 원씩을 저축하다가 서로 만나서 결혼했다고 하자. 결혼 후 두 사람은 결혼 전에 저축하던 습관대로 계속해서 매일 각각 1만 원씩을 저축하면 한 달이면 80만 원이 저축된다. 그리고 1년이면 약 1천만 원이 저축이 되고, 10년이면 약 1억 2천만 원이 저축되고, ……일평생인 50년을 저축하면 16억 원 이상이 저축된다. 얼마나 큰 돈인가? 아마 이 정도면 어지간한 대형 아파트 한 채는 문제없이 사고도 남을 것이다. 누구든지 이만한 돈을 단 시일 내에 모으려고 하면 불가능하거나 굉장히 힘들 것이다.

그러나 매일 금주·금연으로 모은 돈을 저축하면 매우 쉽게 모을 수 있는 거금이다. 그리고 매일 저축한 부부가 두 명의 자녀를 낳았다고 하자. 그 자녀들이 20세가 되면서부터 부모가 하던 대로 매일 1만 원씩 저축한다고 할 때, 4인 가족의 한 달 저축액이 무려

120만 원이 된다. 이 돈을 복리로 계산하면 엄청난 거액이 된다.[5)]

```
        日 복리(10,000)
   1년 후 :     3,742,502원
  10년 후 :    47,352,502원
  20년 후 :   125,420,822원
  30년 후 :   254,129,172원
  40년 후 :   466,325,868원
  50년 후 :   816,166,710원
```

이 통계는 은행 금리 중 최저 기본 금리로 계산한 것이다.

개인 차원을 넘어 전 국민 금주·금연 운동의 경우

개인이나 한 가정을 떠나서 전 국민의 절반인 2천만 명 정도가 마음을 단단히 먹고 하루에 1만 원씩 저축할 경우, 그 돈이 얼마나 되는지 아는가? 하루에 원금만 2천억 원이 저축된다. 한 달이면 6조 원이다. 일 년만 저축하게 된다면 그 액수는 72조 원이 된다. 아마 이대로 10년 동안 저축한다면 720조 원이 될 것이다.

---

5) 김안제 교수의 경우 : "서울대 환경대학원장을 지낸 도시계획학의 원로인 김안제(70세) 교수(현재 단국대 석좌교수)가 27세부터 70세까지 43년 동안 마신 술이 2만 1,194병. 담배는 몇 살 때부터 피웠는지 잘 모르지만 2만 1,098갑을 피웠다고 그의 《인생백서》에 기록했다. 이 모두를 술 한 병에 2천 원, 담배 한 갑에 2천 원을 환산해도 약 1억 원 정도를 술과 담배로 탕진했으니, 이를 저축했을 경우 복리에 복리를 환산하면 엄청난 돈을 마시고 피우는 데 허비한 것이다." 〈한겨레신문〉(2007. 2. 10, 2면).

동·서 베를린을 가로막고 있는 담이 무너지리라고는 당시 서독의 콜 수상도, 동독의 호네커도, 미국의 부시도, 소련의 고르바초프도 전혀 예상치 못한 일이었다. 그 어떤 예언가의 말에도 그런 예언은 없었다. 아마 남북통일도 그렇게 될지 모른다. 독일의 콜 총리는 동·서독을 통일하면서 국민들에게 통일 세금을 한 푼도 받지 않고 통일하겠다고 호언장담했다. 그러나 독일 통일 후 국민들에게 통일 세금을 엄청나게 부과한 바람에 인기가 하락하여 선거에 패배하고, 결국 18여 년 동안 장기 집권했던 정권을 내놓고 말았다.

만약 남북통일이 된다면 우리는 어떻게 할 것인가? 위와 같이 온 국민이 금주·금연 운동을 벌여 저축한다면 남북통일과 통일 이후 문제는 별 어려움이 없을 것이다. 이미 언급한 대로, 그 돈이 10년이면 무려 720조 원이 되기 때문에 남북통일에 쓰고도 남는다. 그러니까 담배와 술을 피우거나 마시지 않는 사람들은 자신의 건강은 물론 그동안 그만큼 많은 돈을 저축하고 있었다고 감사해야 한다.

가족과 이웃을 위하여

사람은 혼자 사는 독불장군이 아니다. 더불어 살게 되어 있다. 그래서 가족이 있고 이웃이 있다. 담배와 술을 끊는 것은 자신은 물론 가족과 이웃에 대한 위대한 공헌이다. 그 이유는 간접 흡연이 직접 흡연만큼 나쁜 것처럼 술도 마찬가지이다. 우리나라는 음주 교통사고와 사망률이 OECD 국가에서 단연 1위이다. 음주 운전을 하다가 인사 사고를 내면 그 범죄는 맨 정신에 저지른 범죄보다 더 나쁜 것인데, 내 자신과 내 가족이 상대 음주 운전자로 말미암아 사고를 당하거나 사고 후유증으로 일평생 장애인이 되거나 사망에 이를 수 있는 것이다.

술이 스트레스를 풀어주는가

어떤 이론에 의하면, 현대인들이 스트레스를 술과 담배로 해소한다고 하지만 최근의 연구 발표에 의하면 담배와 술이 오히려 스트레스를 가중시킬 뿐 아니라 건강까지 해치고 만다는 결과가 나왔다.

영국인들은 받은 스트레스를 풀기 위해 음주를 하는 것으로 나타났다. "영국인들은 스트레스 해소를 위해 음주에 연간 200억 파운드(약 40조 원) 이상을 지출하고 있다고 영국 일간지 〈이브닝 스탠더드〉가 28일 보도했다."[6]

그러면 스트레스라는 말이 나왔으니 음주가 스트레스를 더 받게 한다는 증명을 해보자. 과연 우리나라 회식 문화가 직장인들이 업무 중에 받은 스트레스를 풀어줄 수 있는가? 없다. 오히려 가중된다.

"회식 중간에 가려고 하면 분위기를 맞추라고 요구하고, 끝까지 남아 있으면 처신 운운하는 이중적인 사고방식 때문에 어떻게 행동해야 될지 모르겠습니다."

"억지로 술을 따르게 하거나 남성들 중간에 앉히고 블루스를 강요해 업무보다 회식 스트레스가 더 심합니다."

---

6) 〈조선일보〉(2002. 6. 30).

직장 여성들에게 회식은 업무상의 스트레스를 해소하거나 고민을 나누는 장이 아니라 긴장과 스트레스를 연장시키는 장이 되기 십상이다. 폭탄주 등 술을 억지로 권하고 남성 중심의 음담패설과 성희롱적인 행동 때문에 좌불안석이다. 이는 비단 여성에게만 해당되는 것은 아니다. 지난해 12월 여성부가 전국 직장인 남녀 1,000명을 대상으로 한 설문 조사를 보면, 현재 회식 문화는 여성뿐만 아니라 남성에게도 환영받지 못하는 것으로 나타났다. 남성의 44%가 '회식이 업무 능률 향상에 도움이 되지 않는다'고 답했고, '참여하기 싫지만 주위 분위기 상 마지못해 참석한다'는 대답이 약 17%였다. 남성들도 술 위주의 회식(30%), 폭탄주와 술잔 돌리기(25%), 늦은 시간까지 회식, 자율성 부재를 문제점으로 꼽았다.

한국여성민우회는 최근 성 평등 직장 문화 만들기 캠페인을 벌이면서 첫 번째 목표를 '회식 문화 바꾸기'로 정했다. 오는 10일 서울 명동에서 거리 전시회와 전단 배포를 시작으로 본격적인 캠페인에 나선다. 민우회는 회식 자리에서 성희롱 등 문제가 많이 발생하고 남성들 사이에 집단주의를 견고하게 형성하는 기회로 활용되는 데 대한 상담이 많이 들어오지만, 법적인 해결에는 한계가 있어 인식과 관행을 바꾸어 보자는 취지에서 캠페인을 준비했다고 밝혔다.

민우회는 10월까지 온라인과 오프라인에서 '회식 문화를 바꾸는 남성 1,000인 실천 선언'을 받는다. 이는 회식 약속을 일방적으로 통보하는 대신 사전에 공유한다' '술을 억지로 먹지도, 권하지도 않는다' '술 따르기, 끼워 앉히기, 블루스 등을 강요하지 않는다' 등을 다짐하는 데 서명하는 것이다. 현재까지 남성 직장인 약 100여 명이 이 선언에 동참한 상태다. 또 사이트(bagguza.womenlink.or.kr)를 통해 온라인 홍보와 함께 회식 문화 개선 동참을 요청하는 웹 메일을 주고받을 수 있다.

한편 민우회는 이 캠페인에 동참하는 기업과 시민 단체의 서명도 받고 있다. 현재까지 롯데상사, 한솔교육 등 10개 회사와 전교조, 인권운동사랑방 등 5개 사회단체가 참여했다. 민우회는 회식 문화 바꾸기를 시작으로 여성에게만 커피 심부름 등을 시키는 문화를 바꾸는 캠페인 등 다양한 직장 내 평등 문화 실천 행사를 벌일 예정이다.[7]

더 심각한 것은 우리나라 음주자 중에 지방간을 앓고 있는 환자가 36%라고 한다. 이 통계는 10년 전보다 3배 증가한 것인데, 1999년엔 11%이었으나 2002년에는 36%가 되었다. 그 이유는 직장인들이 일주일에 2-3회 회식을 하는데 그때마다 술을 마시기 때문이고, 술을 마실 때 지방질이 많은 안주를 곁들이기 때문이다. 스트레스를 많이 받은 사람이 술을 마시게 되면 간이 계속해서 일을 하기 때문에 스트레스를 더 많이 받게 되고, 그 지방이 간에 끼어서 간의 3분의 1이 지방으로 차게 된다.[8] 이런 내용들은 얼마든지 그 증거로 제시할 수 있다.

철저한 금주 · 금연 가정

나의 고향은 농촌이다. 그래서 철따라 농사를 지었다. 예수님을 믿기 전에는 나의 집도 다른 농가들처럼 일하는 일꾼들에게 담배와 술을 제공해 주었다. 그러기 위해선 당시 법으로 금지되어 있는 밀

---

7) 〈한겨레신문〉(2002. 7. 9), 김아리 기자 ari@hani.co.kr
8) KBS 뉴스(2002. 11. 24).

주(密酒, 몰래 담근 막걸리)를 담가 마시다가 세무서의 감찰에 적발되어 벌금을 내기도 했다. 그러나 나의 모친은 예수님을 믿고 난 후, 술과 담배가 얼마나 나쁜 것인가를 알고 나서 일꾼과 함께 가족회의를 했다. "우리 집은 내일부터 일하는 일꾼들에게 술과 담배를 주지 않을 것이오. 그러니 그리 알고 모든 일에 차질이 없도록 하기 바라오."

이 일이 곧바로 우리 집에서 상주하면서 일하는 일꾼에 의해 동네 일꾼들에게 전달되었다. 그리하여 그 다음날 밤 아랫집 사랑방에서 마을 노동조합 비상 총회가 열렸다. 그때 동네 일꾼들의 오야붕(왕초)인 공식이라는 노조위원장은 토론 없이 일방적으로 법령을 선포했다. "아니, 보연(장남의 이름)이 집에서는 일하는 일꾼들한테 담배도 안 주고, 술도 안 준다는 결정을 했다고? 그게 어느 나라 법이여! 어디 잘해 보라고 해! 이제부터 우리 동네 모든 사람들은 내일부터 보연이 집에는 절대로 일을 가지 않을 거여. 만약 내 명령을 어기고 일 가는 놈은 뼈다귀도 못 추릴 줄 알어! 그리고 뭣이여, 술·담배를 주지 않고 일꾼들을 부려 농사를 짓겠다고? 어디 이제부터 그 집 농사 얼마나 잘 짓나 보자. 하긴 우리가 일 안 해주면 그 집이 믿는 하나님이 와서 해 주것제."

그러나 그날 밤 나의 어머니께선 큰며느리에게 또 하나의 명령을 하달했다. "내일부터 일꾼들이 일할 때 우선 반찬을 걸게 장만하거라."

그 일이 있은 후, 동네 사람들에게 일할 날을 알리면서 일하러 오라고 하니 처음에는 모두들 시큰둥한 반응을 보였다. 그러나 나의 집에서 미리 쌀을 갖다 먹었거나 돈을 빌려간 집에서는 빚을 갚아야 하기 때문에 일하러 오지 않을 수 없었다. 그때는 남의 집에 한 사람만 일하러 가도 점심과 저녁 식사를 주던 때였다. 그리고 점심이나 저녁 식사를 먹을 때면 일꾼들의 온 식구가 몰려와 마루는 물론 온 마당에 멍석을 깔고 동네 잔치를 벌이던 때이기도 했다.

그런데 나의 집에 일하러 온 사람들이 깜짝 놀랐다. 새참은 물론 밥 먹을 때 반찬이 닭 잡고, 생선 사서 회 치고 찌개 하고……. 먹거리가 이만저만이 아니었다. 그것뿐만이 아니었다. 일꾼들이 더 놀란 것은 일이 끝나고 저녁을 먹고 난 다음 품삯을 계산할 때였다. 나의 어머니께선 평소에 모든 일이 끝나면 저녁 식사를 하신 후, 모든 일군들에게 품삯을 일일이 계산하셨다. "어이, 김센, 자네는 오늘 품삯으로 대승 한 되(2ℓ)를 빼면 이제 쌀 두 말 반이 남았네."

그런데 그날 밤엔 어머님의 품삯 계산이 달랐다. "어이, 김센, 자네는 오늘 품삯으로 대승 한 되 반(3ℓ)을 빼면 이제 쌀 두 말이 남았네."

그날 밤 모든 일꾼들은 서로의 얼굴을 쳐다보며 놀라고 있었다. 이유는 술과 담배를 주지 않은 대신 음식을 푸짐하게 먹여 줄 뿐 아니라 품삯으로 50%를 더 감해 주었기 때문이었다. 그날부로 동네 노동조합의 결의는 물거품이 되고 말았다.

그리고 동네에선 나의 집에 일이 있다고만 하면 앞다투어 일하러 왔다. 그리고 그때부터 주일이면 집안 식구는 물론 일꾼들과 농기구뿐 아니라 집안에 거하는 손님이나 장사하는 사람들까지 안식을 취하게 했다. 그래도 나의 집은 매년 남상골에서 농사일이 가장 먼저 끝나는 집으로 기록되었다.

청소년 금주·금연 운동가

천지가 창조된 이후 애주·애연 운동은 사탄과 마귀가 인간들을 동원하여 벌였지 천사들이 벌이지 않았다. 그러나 금주·금연 운동은 하나님의 사람들에 의해 과거에도, 지금도, 미래에도 주님이 오실 때까지 계속해서 벌일 것이다. 필자는 1965년에 금주·금연 운동을 시작하여 지금까지 실시해 오고 있다. 한국에서 금주·금연 운동을 하다가 1983년에 맥주의 나라 독일에 가자마자 금주·금연을 외치니까 "아니, 여기가 어딘데 금주·금연 운동을 하느냐"고 모두들 비웃었다. 세상 사람들뿐 아니라 교인들까지도 나를 이상하게 보았다. 나는 사람들의 말에 개의치 않고 한국으로 돌아와서도 지금까지 이 운동을 전개하고 있다.

그런데 지금은 어떤가? 격세지감이 들지 않을 수 없다.

금주·금연 설교의 결과

내가 오랜 세월 동안 금주·금연 운동을 하면서 아이들 앞에서 주로 현금을 많이 태웠다.[9] 학생들을 위한 집회에서 담배를 피우는 것은 곧 현금을 불에 태우는 것과 다름없다면서 직접 지폐에다 성냥불을 붙여서 1천 원권 지폐를 태우면 학생들은 그냥 쳐다보았다. 그러다가 5천 원이나 1만 원권 지폐에 불을 붙이면 여학생들은 물

---

9) 원래 현금이나 유가증권을 소각하면 법에 저촉을 받게 된다. 그래서 그때 문교부(교육과학기술부)에다 자문을 하였더니 시청각 교육을 위해서나 아주 특별한 경우엔 태워도 괜찮다는 유권 해석을 받고서 매번 현금을 태웠다.

론 남학생들까지도 자리를 박차고 우르르 뛰어나와 나의 손을 붙잡고서 아우성이었다. "전도사님! 앞으로 우리 절대로 담배 피우지 않을 테니 제발 그 돈 태우지 마세요."

어떤 학생은 내 손에 있는 돈을 낚아챘다. 그리고 여학생들은 그 자리에 털썩 주저앉아 엉엉 울었다. 그러면서 모두들 외쳤다. "전도사님! 우리 자라서 절대로 담배 피우지 않을 게요."

"우리 결혼해서 남편이[10] 담배를 피우면 절대로 못 피우게 할 거예요. 그러니 제발 그 돈 태우지 마세요" 그러면서 통사정을 했다.

그러면 나는 다시 메시지를 전한 후, "우리나라가 못 먹고 못 살게 된 것도 부모 세대들이 마시고 피운 술과 담배 때문이니 우리 모두 금주·금연에 헌신하자"고 결단을 촉구하면 모두들 벌 떼처럼 일어나 헌신하고 결단했다. 그리고 서로 부둥켜안고 한참 동안 울었다. 그런 다음 스스로 헌신과 결단의 기도를 드리게 했다. 지금도 그렇게 하고 있다.

그런 장면들이 주마등처럼 지나가고 활동사진처럼 눈에 선하다. 아마 그때 결단하고 헌신한 학생들 중에 세속에 물들어서 약속을 지키지 못한 학생들도 있겠지만 그때 그 약속을 끝까지 지키는 학생들이 더 많을 줄 믿는다.

모든 사람은 돈을 벌기 위해서 노동을 하면서 피와 땀을 흘린다. 그런데 그렇게 힘들어서 번 돈을 매일 매 시간 불에 태워 버린다고 하면 되겠는가? 안 된다. 그렇게 되면 돈을 번 목적이 너무나 허무하다. 그래서 이사야 선지자는 "양식 아닌 것을 위하여 은을 달아

---

[10] 그때는 여자들이 술을 마시거나 담배를 피운다는 것은 상상도 못할 때였고 사회 통념상 용납이 안 되었기 때문에 여학생들이 '남편' 이라는 말을 한 것이다.

주지 말라"고 했다(사 55:2).

예를 들어, 자녀들이 부모가 힘들여 벌어다 준 돈을 성냥불에 태우고 있다고 가정하자. 다시 말해, 흡연은 노동의 대가인 지폐가 연기와 재로 변하여 공중으로 날아가는 것과 같다. 아니, 건강까지 해치는 것이다. 그럴 때 부모인 여러분은 그런 자녀를 향하여 어떻게 하겠는가? 잘했다고 칭찬하겠는가, 아니면 야단을 치겠는가? 그냥 놔두겠는가, 아니면 중지시키겠는가? 아마도 제정신인 부모는 눈에 불이 날 것이다. 그래서 방관이나 칭찬은 고사하고 생야단을 칠 것이다.

여러분 생각에 '이런 운동은 아무리 시대가 변하고, 세상이 바뀌어도 어느 시대에나, 그 누군가에 의해 꼭 일으켜야 할 운동'이라고 생각하는가?' 아니면 '먹고살기도 바쁜 세상에, 이제 술과 담배가 전 세계 사람들의 기호식품이 되었는데 금주·금연 운동은 무슨 놈의 얼어 죽을 운동이냐? 까짓것, 세상 될 대로 되라지 뭐' 하면서 아무런 상관도 하지 말고 그냥 그대로 놔두기를 원하는가? 만약 그렇지 않고 이 운동이 이 시대에 꼭 필요한 운동이라고 생각된다면 '강 건너 불보기' 식으로 방관하지 말고, 적극적으로 호응할 뿐 아니라 동참해 주고 힘써 기도해 주었으면 한다.

다행히 2000년대로 접어들면서 전 세계가 담배의 유해성 문제를 각양각색으로 제기하면서 점차 금연 구역을 늘려가고 있으며, 담배 회사가 흡연으로 인한 각종 질병에 대해 천문학적인 돈을 배상해 주고 있다. 또한 사회 일각과 정부에서는 담배뿐 아니라 술의 유해성을 제기하면서 술에 대한 반대 홍보가 시작되었다.

술, 담배 때문에 더 가난

지금은 우리나라 사람들이 좀 잘산다고 한다. 그러나 1960-1970년대만 해도 정말 못살았다. 우리 조상들은 그렇게 못살면서도 무슨 일이 있어도 담배는 피워야 했고, 술은 마셔야 했다. 만약 그때 모든 국민들이 일찍 철이 들어서 건강에도 해롭고 가족 생계에도 유익하지 않은 술·담배를 삼가고 부지런히 일하고 꾸준히 저축했더라면, 이미 앞서 언급했듯이 자녀 교육도 시키고 집도 샀을 것이다.

북한의 금주·금연

내가 두 차례 북한을 방문했을 때 보니까 북한 안내원들의 흡연과 음주 수준은 국제급이었다. 하루종일 담배를 입에 물고 산다고 해도 과언이 아니며, 저녁이면 술에 만취된 상태였다. 그런데 그런 북한에서 금주·금연 운동이 정부 주도로 일어나고 있다. 북한은 그동안 중앙방송국에서 금주·금연에 대한 기사나 광고 방송을 한 적이 단 한 번도 없다. 그러나 김정일 국방위원장이 건강 때문에 담배와 술을 끊고 나서 담배와 술은 인민의 적이라면서 중앙방송에서 금주·금연에 대한 광고를 하고 있다. 그리고 김 위원장은 말하기를 "흡연자는 21세기의 명청이다"라고 했다. 북한 중앙방송 동영상을 참고하기 바란다.

"김정일 위원장 건강 위해 금연 조치"[11]
북한이 심장 수술을 받은 김정일 국방위원장의 건강을 우려해 자택과 집무 장소 등에서 철저한 금연 조치를 시행 중이라고 〈파이낸셜 타임스〉가 보도했습니다. 세계와 동북아 평화 포럼 대표인 장성민 전 의원은 중국 고위 외교관의 말을 인용해, 수술 후 의사가 김정일 국방위원장에게 금연과 금주를 권고했다고 말했습니다. 〈파이낸셜 타임스〉는 평양 시가 금연 조치를 취한 것은 일반 시민들을 위한 것이 아니라 오로지 김정일 위원장의 건강을 고려한 것이라고 꼬집었습니다.

금주 · 금연 사회적 분위기

지금은 어떤가? 격세지감(隔世之感)이 든다. 사회 전체 분위기는 물론 국가적, 아니 유엔에서까지 담배와 술을 추방하는 분위기로 가고 있다. 그리고 모든 언론이 이에 합세하고 있다.

그런데 교회는 어떠하며 기독교인은 어떤가? 2002년부터 한국의 경우 회사 입사 원서에 흡연과 금연란이 생겨났다. 흡연자는 입사의 문턱이 더 높고 실제로 회사 들어가는 문이 좁아졌다는 의미이다. 그뿐 아니다. 신문에 보니까 중고등학생들이 흡연을 할 경우 아무리 공부를 잘하고 내신 성적이 좋아도 일류 대학에 들어가기 어려워졌다고 한다. 그 이유는 청소년들의 건강을 위해 흡연을 미연에 방지하는 대책의 일환으로 대학 입학 신청을 내면 머리카락을 검사하여 6개월 전의 흡연 여부를 가려서 비흡연자에게 대학 입학의 기회를 우선으로 준다는 것이다. 그러니 이젠 흡연자는 대학도 가기 힘들고 회사에 취직하기도 힘들어진다. 두고 보라. 앞으로는

---

11) mbn(2007. 07. 24, 18:47).

애주가도 그렇게 될 것이다.

그러므로 나에게 지금이 어느 때인데 금주·금연 운동이냐고 핀잔 주지 말기 바란다. 금주·금연 운동은 모두가 부정해도 어제오늘의 일이 아니고 예로부터 전해져온 전통적인 운동이며, 앞으로도 계속될 운동이다.

사람을 옳은 데로 인도하는 자

성경은 뭐라고 말씀하고 있는가? "지혜 있는 자는 궁창의 빛과 같이 빛날 것이요 많은 사람을 옳은 데로 돌아오게 한 자는 별과 같이 영원토록 비취리라"(단 12:3)고 했다.

그러므로 될 수 있는 대로 많은 사람들을 옳은 데로 인도해야 한다. 옳은 데로 인도하는 것이 곧 주님께로 인도하는 것이기 때문이다.

이런 상황에서 기독교가 금주·금연 운동을 적극적으로 해야 하는가, 아니면 하지 말아야 하는가? 이 운동은 앞으로 적극적이고 강력히 전개되어야 할 운동이다. 금주·금연 운동이 호랑이 담배 피우던 시절의 케케묵은 구시대적 발상이 아니며, 시대적인 감각이 뒤떨어지거나 의식이 없는 골동품 운동이 아니다. 고고학 연구와 같은 운동도 아니다. 박물관에 소장된 담뱃대와 술병 치우기 운동은 물론 아니다. 바로 현대 운동이다. 한 가지 분명한 것은, 앞으로 금주·금연 운동이 저항을 받는 것이 아니라, 음주 흡연자들이 사회로부터 더 강한 저항에 부닥치게 될 것이다.

옛날에는 술이 그리 독하지 않았다. 전염병이 퇴치되지 않으면 약이 갈수록 독해지듯이, 병이 낫지 않으면 더 독한 약이 나오듯이,

술이 갈수록 독해지고 있다. 독한 약이 개발될수록 변종 슈퍼 바이러스가 발생하고, 더 강한 병들이 나타나면 질병 치료가 더 힘들어지듯이, 술에 대한 중독이 강해지면 더 강한 술이 나오게 되고 알코올 중독의 정도는 더 높아지게 된다. 그러면 그만큼 인간은 술로 인해 피폐해진다. 실로 염려스럽다. 앞으로 마약 중독자 재활원처럼 알코올 중독자 재활원이 마치 노인 요양 병원처럼 번성할 것이다. 이 얼마나 사회적으로 큰 손실인가.

주초세(酒草稅)와 국가 경제 발전

담배와 술을 팔아 낸 세금이 국가 예산의 상당 부분을 차지했으며, 그 세금으로 국가 경제 발전에 엄청난 유익을 주었으며, 앞으로 줄 것이라고 항변하는 사람도 있다. 어떤 의미로는 그 말이 맞으며 그럴 수도 있다. 그러나 그런 돈이 아무리 많아도 결과적으로 국민 건강과 국민 정서에 해를 끼치는 돈이면 유익한 돈이 아니다. 사람들이 잘살지 못할 때는 그런 논리에 승복할 수 있지만, 조금만 잘살게 되면 건강을 더 중요시하기 때문이다. 환경 문제도 마찬가지다. 후진국과 미개인들은 자연 환경에 개의치 않고 산업화를 이룩하지만, GDP가 높아져서 조금만 잘살게 되면 환경 파괴를 후회하고 자연 환경을 우선시하게 된다. 그러나 그때는 이미 늦는다.

물론 옛날부터 알고 있는 사실이지만 최근 속속들이 밝혀진 바에 의하면, 국가 경제 발전이란 미명하에 부도덕한 사업을 한 이익금으로 세금을 바치고, 그 돈은 정치 로비 자금으로 수많은 정치인들에게 마치 마피아의 검은 돈처럼 과거에는 차떼기로 은밀하게 전해지고 있었으며, 정부를 위해 공식·비공식적으로 지출되고 있다는 사실이다.

미국을 예로 들면 미국의 담배 회사들이 46개 주 정부와 맺은 계약에 따라 보상금으로 지난 25년 동안 무려 2,460억 달러, 한화로 약 300조 원이 지급되었다. 이 돈은 전혀 세금과 관계없는 돈이다. 그런 돈의 경우 우리나라는 더했으면 더했지 결코 덜하지는 않을 것이다.

WHO와 국제절제협회

지금 기독교와 아무런 관계도 없는 국제 기구인 WHO(World Health Organization: 세계보건기구)에서 담배의 유해성과 중독성, 그리고 술의 유독성을 국제 사회에 홍보하면서 담배 제조 금지와 술 제조 금지를 줄기차게 요구하고 있다. 그뿐 아니라 기독교인들로 구성된 국제절제협회는 금주·금연을 제일의 목표로 삼고 전 세계에서 맹활약하고 있다.[12]

그린피스(Green Peace)가 바다의 오염을 막기 위해 불철주야 감시하니까 바다가 오늘 이 정도지, 만약 그렇지 않고 선박들이 항해하면서 마음대로 버린 쓰레기와 폐유 유출을 그대로 방치했더라면 오대양은 이미 썩어 엉망이 되고 말았을 것이다. 만약 바다가 오염된다면 약 70억 명이나 되는 지구촌 인류는 어디로 가야 하는가? 생각만 해도 끔찍한 일이다. 지금은 괜찮지만 우리의 후손은 더 큰일이다.

---

12) 한국의 경우 대성그룹 고 김수근 회장의 부인인 여귀옥 권사(영락교회)가 한국 회장직을 맡았었다. 지금은 고인이 되어 그의 장녀인 김정주 박사가 맡고 있다.

우리나라의 경우 민주화를 위해 시간, 물질, 정열을 바쳐 투쟁한 운동가들이 있었기 때문에 민주화가 되고 문민 정부가 들어섰지, 만약 그런 일이 없었더라면 지금까지 군사 정권이 독재 정치를 하고 있었을 것이다. 일제 강점기에 독립 투사들이 목숨을 걸고 일본에 항거하여 3·1 운동과 민족 봉기를 일으켰기 때문에 마침내 독립을 쟁취했지, '그저 운명이겠지' 하고 온 국민이 체념하고 살았더라면 어떻게 8·15 해방이 있었겠는가. 물론 우리나라가 일본으로부터 자주 독립을 하지 못하고 강대국에 의해 광복을 했기 때문에 38선이 생겼고, 6·25 전쟁 시 끝까지 밀어붙이지 못하고 유엔군에 의해 휴전을 했기 때문에 종전국(終戰國)이 되지 못하고 아직도 허리가 두 동강 난 휴전국(休戰國)으로 남아 있긴 하다.

그런 헌신과 희생자들이 있었기 때문에 국내는 물론 국제 사회에 국민의 체면이라도 지켰지, 만약 그런 일도 없었다면 지금도 일제의 식민지로 살고 있든지, 아니면 민주화와 문민 정부는 고사하고 북한보다 더 강권적인 독재 국가에 살고 있었을 것이 아닌가. 그러므로 자기들은 그런 운동을 하지도 못하면서 뒤에서 도와주지는 못할망정 비판이나 하고 반대를 일삼으면 안 된다.

그러므로 금주·금연 운동도 기독교가 앞장서서 전개해야 하는 것이 당연하다. 오늘날 기독교가 이런 일에 소극적으로 대처할 뿐 아니라 아예 묵비권을 행사하거나 방조하고 허용하니까 사회가 더욱 흡연과 음주 문제로 혼란을 겪고 있으며, 음란과 방탕 그리고 방종과 타락으로 치닫고 있다. 그렇기 때문에 앞으로 기독교는 술과 담배에 적극적으로 대처하고 목소리를 높여 앞장서서 금주·금연 운동을 펴야 한다.

그런데 문제는 기독교인 중에 애연·애주가들이 많다는 사실이다. 교인은 고사하고 일부 몰지각한 목사들과 일부 철부지 신학생들까지 술 마시기를 즐겨 하고 있으니 참으로 한심하고 답답하다.

내가 여기서 술과 비기독교인, 술과 평신도 문제는 더 이상 이야기할 필요가 없다. 문제는 교회의 지도자들이기 때문이다. 물론 여기에 기독교 지도자들의 술에 관한 사실을 그대로 소개하면 기독교인은 물론 비기독교인 중에 '목사들이 저럴 수가 있는가?' 하고 시험에 들 수 있다는 것을 모르는 것은 아니다. 그러나 먼저는 지도자들이 자신의 잘못된 행동 하나가 사회에 미친 악영향이 어느 정도며, 성도들뿐 아니라 비기독교인들까지도 기독교 지도자들에게 거는 기대가 무엇인가를 알려 경종을 울리고자 하는 마음으로 쓰고 있다.

술과 장로, 그리고 목사

약 30년 전에 한국 목사들이 성지순례를 가다가 유럽을 여행하던 중이었다. 모 교단 어느 목사가 여행 중 술을 너무 많이 마시고 취한 후 실수를 연발하는 바람에 프랑스 파리에서 개별 귀국 조치를 당한 웃지 못할 일이 있었다. 아닌 게 아니라 세계를 여행하다 보면 지금도 술 마시는 목사들이 많이 있다.

몇 년 전에 한국 종교 사회 단체 대표단 150여 명과 함께 북한에 간 적이 있었다. 그때 각 교단 목사들도 많이 갔는데 만찬 시 얼마나 술들을 잘 마시던지 목사의 한 사람으로서 얼굴을 들 수가 없었.

그렇다고 평신도들이나 비기독교인들이 이 글을 읽고서 교회의

지도자들을 매도하거나 과소평가 내지는 부도덕하게 여기지는 말기 바란다. 그런 지도자들보다 그렇지 않은 지도자들이 더 많기 때문이다. 그런데도 불구하고 구태여 이런 사실을 언급하는 이유는 미꾸라지 한 마리가 온 강물을 휘젓듯이 바로 그 문제에 연루된 소수의 목회자들이 그런 일을 범하기 때문에 그런 지도자들에게 경고하기 위함이다.

목사님, 파리 좀 와주세요

1999년 10월 유럽 독노회가 모였을 때 술에 대한 격렬한 토론이 있었다. 물론 그 토론에서 술을 허용하는 목사들 중에는 복음주의 보수 교단 소속의 목사들도 있었다. 한참 토론을 하는데, 프랑스 파리에서 온 목사가 토론을 경청하고 있다가 내게 이런 부탁을 했다. "목사님, 언제 프랑스 파리에 오셔서 올바살 운동과 함께 금주·금연을 위한 집회를 좀 해주십시오. 프랑스 한인 교회 장로들은 공·사석을 가리지 않고 공공연하게 술을 마시기 때문에 영 은혜가 안 됩니다."

그래서 나는 이렇게 답변했다. "프랑스는 장로들이 술을 마셔서 영 은혜가 안 되는 모양인데, 함부르크는 목사들이 술을 마셔서 성도들이 은혜가 안 된다고 합니다. 그러니 내가 프랑스에 갈 것이 아니라 프랑스 목사들이 함부르크에 오셔서 집회를 좀 해주십시오. 그리고 목사들에게 장로들이 술을 마시니 영 은혜가 안 되더라는 말을 꼭 좀 해주십시오."

모 교단 선교사들의 술 파티

　1985년경, 유럽에서 우리나라 정통 보수 교단이라고 자처하는 모 교단 목사들이 회의를 하면 맥주를 박스째 사놓고 즐겨 마셨다. 그런 일이 계속되다 보니, 중이 고기 맛을 보면 절간에 빈대가 안 남듯이, 목사들이 술맛을 보고 나니까 이젠 집에 돌아가서도 즐겨 마셨다. 그런데 술을 마실 때 공개적으로 마시지 않고 맥주나 포도주를 사다가 냉장고 안에 넣어 놓고 살짝살짝 마셨다. 어떤 교회에서는 성도가 목사 댁을 방문하여 냉장고를 열어 보니 거기에 술병이 있었단다. 그래서 그 성도가 발설하여 문제가 되었다. 왜냐하면 성도들이란 자신들은 술을 마시면서도 목사가 마시면 은혜가 안 되고 시험에 들기 때문이다.

　그때 그 교단 목사들과 함께하는 모임에서 술 문제를 가지고 대토론을 벌였다. 그들이 하는 말이 "술 마시는 것이 무슨 죄냐"는 것이었다. "교회도 보면 술 마신 사람보다 더 못된 죄를 짓는 사람들이 더 많지 않으냐"는 논리였다. 그 말이 절대로 틀린 말은 아니다. 나도 술 마시는 사람들보다 더 못된 죄를 지을 수 있다. 예수님의 말씀대로라면 '여자를 보고 음욕을 품은 자는 이미 마음속으로 간음하였고' 또는 사도 바울의 말씀대로라면 '형제를 미워하는 자는 이미 마음속으로 살인하였기' 때문이다.

　그러나 그렇다고 그런 죄 때문에 술 마시는 일을 합리화하거나 정당성을 내세워서는 안 된다. 보라! 과거에는 이런저런 이유와 핑계로 정당성을 주장하면 통했는지 모르지만, 이젠 그렇지 않다. 그 이유는 술이 돌이킬 수 없는 사회 문제가 되었고, 지금은 예전과는 달리 사회가 술을 터부시하기 때문이다. 그래서 내가 그 목사들에게 다음 몇 가지를 물었다.

첫째, "사람이 정당한 일은 낮과 밤을 가리지 않고, 시간과 장소에 개의치 않고 떳떳하게 하는 법이다. 그런데 왜 목사들은 술을 마실 때마다 몰래 마시는가? 만약 음주가 정당하다면 교회에 돌아가서도 성도들과 함께 마셔라." 그랬더니 그건 성도들이 알면 안 되기 때문이란다.

둘째, "지금 당장 한국에 귀국해서 한국 교회에서 목회를 하게 된다면 한국에 가서도 술을 사놓고 몰래 살짝살짝 마실 것인가?" 그럴 수 없다는 것이다.

셋째, "당신들이 독일에서 술 마신다는 사실을 소속 교단 본부에서 알게 되어도 계속 마실 것인가? 정 술을 끊지 못한다면 파송한 교단 본부에 보고하겠다"고 했더니, 그제서야 이제부터는 절대로 안 마실 테니 제발 한국 교단 본부에는 보고하지 말아 달라고 했다.

나는 인내에 한계를 느끼고 마지막 카드를 썼다. 왜냐하면 목사들이 술을 마시니까 한국 교인들이나 교민들이 한국 목사들은 다 술을 마시는 줄 알기 때문이다. 결국 그들은 앞으로 절대로 술을 마시지 않겠다는 약속을 했으며 모이면 술 마시던 습관을 버리고 술을 끊었다.

총영사관의 성직자 초대와 술

함부르크에서도 마찬가지이다. 목사들이 술을 마시면 모두들 은혜가 안 된다. 교인들은 물론 예수를 믿지 않는 교민들에게까지도 은혜가 안 된다는 소리를 들었다. "목사가 술을 마시니 영 은혜가 안 되더라." "저 목사는 우리보다 포도주에 대해선 박사이고 술맛을 더 잘 안다."

어느 날 함부르크 총영사관에서 종교 지도자들을 초청하여 식사를 대접한다기에 갔다. 거기엔 여러 교회 목사들과 신부가 와 있었다. 그런데 포도주 병이 몇 개 진열되어 있었다. 그런데 총영사는 모든 성직자들에 포도주를 권했다. 물론 나와 다른 한 목사는 거절하고 물을 마셨다. 식사 시간 전에 포도주 이야기가 오가는데 나는 깜짝 놀랐다. 신부가 포도주에 대해 일가견을 가지고 말한다면 그건 이해가 되겠는데, 아니면 세계 공관을 전전하면서 각국 외교관들과 파티를 일삼아 온 총영사나 다른 영사들이 포도주에 대한 전문 지식을 말하면 양해가 되겠는데, 이건 신부나 영사들보다 목사들이 포도주에 대해 일가견 정도가 아니라 전문 지식을 가지고 있었다.

그때 나는 함부르크에서 14-15년을 살았는데 역대 총영사들이 식사를 초대한 자리에서 그렇게 대놓고 술을 마신 적이 단 한 번도 없었다. 그리고 더한 것은 식사를 하면서도 계속 포도주였고, 식사 후에도 계속 포도주를 마시는데 그날 모임의 주제가 온통 술이었다. 나중에 총영사는 물론 신부와 목사들이 술에 취해 얼굴이 벌개가지고 점점 언성이 높아갔다. 그래서 나는 파티를 서둘러 끝냈다.

파티에 참석하고 온 후, 주일 예배 설교에서 "이번 총영사관의 초청에 유감을 표시한다. 만약 앞으로도 총영사관이 성직자들을 초청해 놓고 이런 식으로 술 파티를 하면 그땐 가지 않을 뿐더러 더 이상 참지 않을 것이다. 그런 파티를 열고 성직자들을 초청하려거든 술 잘 마시는 목사들이나 초청하라"고 분개했다.

그런데 그만 그 총영사관이 1998년 IMF로 말미암아 폐쇄되고 말았다. 그래서 그 이후 성직자들을 초청할 수 없게 되었다.

함부르크 교회 부활절 연합 예배에서의 술 설교

어느 해 부활절을 맞이하여 함부르크에 있는 교회가 연합하여 새벽 예배를 드렸다. 그때 나는 부활절 메시지를 전하면서 이런 이야기를 했다.

"제가 1985년에 함부르크에 와서 17년째 목회를 하고 있습니다. 그때 제 나이는 불과 35세였습니다. 그때만 해도 목사가 공석에 나타나거나 식당에 가면 교민들이 담배를 피우다가도 담배를 등 뒤로 돌리거나 끄면서 예의를 갖췄습니다. 아니면 술자리에서 술을 마시다가도 목사가 나타나면 술잔을 내려놓고 미안해하며 인사를 했습니다. 어디 그뿐인지 아십니까? 멀리서 목사를 보기라도 하면 걸음을 재촉하여 다가와 정중하게 인사를 했습니다. 그런데 지난 몇 년 사이에 그런 풍속도가 바뀌었습니다. 목사가 나타나도 버젓이 담배를 피우고, 술을 마시면서 술잔을 내려놓지 않으며, 멀리서 보면 목에 힘을 주고 얼굴을 빤히 쳐다보며 인사도 제대로 안 합니다. 왜 그렇게 되었습니까? 근래에 새로운 목사들이 오면서 그 목사들이 교회에서 교인들과 함께 술을 마시고, 예배 후에 술 파티를 벌이고, 어떤 목사는 교인들이 술을 마시면 술을 따라주러 다니고, 식당에 가서 밥을 먹으면 맥주, 포도주는 보통이고……. 그러다 보니 목사에 대한 인식이 교인은 물론 교민들까지 바뀌었습니다. '목사들도

별 볼일 없구먼.'

　설교를 하다 보니 함부르크에서 술주정꾼으로 유명한 집사들이 세 분 정도 와 있었다. 나는 설교를 하면서 '예배가 끝나면 저 집사들이 분명히 나를 찾아와서 따지겠구나' 하고 생각했다. 물론 설교 중에 술주정꾼 목사들은 나를 제대로 쳐다보지도 못하고 머리를 떨어뜨리고 있었다. 아니나 다를까, 예배가 끝나자마자 그 세 집사들이 내게 다가와 인사를 했다. 그리고 다음과 같이 말했다.

　"김 목사님, 대단하십니다. 오늘 설교 참으로 잘하셨습니다. 우리도 술을 좋아하지만 목사들이 술을 마시는 것 보기에 좋지 않았습니다. 그런데 어떤 목사들은 교인들보다 술을 더 좋아합니다. 그동안 우리가 하고 싶었던 이야기를 오늘 목사님께서 해주셨습니다. 속이 시원합니다."

　그러면서 천주교인이든지 개신교인이든지 신부와 목사들이 교인들과 함께 마실 때는 목사가 자신들을 이해하고 자유분방하여 좋다고 했는데, 뒤에 돌아서면 애주가인 목사와 알코올 중독인 신부를 욕했다. 그런데 그 목사 중 한 사람이 평소에 "술은 죄가 아니다. 너무 교리에 얽매인 신앙생활을 하면 안 된다. 믿음 생활은 자유스럽게 해야 한다"고 강단에서 설교하다가 교회에 문제가 생겨 교회로부터 강한 도전을 받더니, 어느 주일 설교에서 눈물을 흘리며 그동안 술 마신 죄를 회개하며 교인들에게 용서를 구했다.

서울 S동 S교회의 담임목사와 술

　서울 S동의 S교회 목사가 미국 집회를 가는데 일등석 비행기를 탔다. 아무리 대형 교회 목사라도 일등석 비행기를 타는 것도 이해를 못하겠는데, 문제는 일등석을 탄 그 목사가 기내 식사를 하고 난 다음에 스튜어디스가 주는 고급 포도주를 연거푸 마신 것이었다. 그리고 술에 취해 깊은 잠에 빠졌다. 그런데 그 사실을 목사와 스튜어디스만 알았으면 별 문제가 없었을 텐데, 그런 일이 계속되다 보니 사방이 눈인지라 그 목사를 잘 아는 교인이 동승했다가 그 광경을 목격하고 시험에 들고 말았다.

결국 그 소문이 교회에까지 들리게 되고 끝내 당회에서 문제가 되었다. 당회에서의 목사의 해명성 사과 발언은 다음과 같았다. "일등석 비행기가 좀 비쌉니까? 비싼 비행기 타면서 본전이 아깝다는 생각이 들었는데 식사 후 비싼 포도주를 준다기에 한 잔 받아 마셨습니다. 그리고 저는 비행기를 타면 영 잠을 못 잡니다. 그런데 그 포도주를 마시니까 기분도 좋고 이내 깊은 잠에 빠져 여행을 잘할 수 있었습니다. 그래서 미국에 도착하자마자 집회를 은혜스럽게 잘 인도했습니다. 저는 비행기 탈 때 포도주 한 잔 정도 마시는 것은 괜찮다고 생각합니다……."

그 이상은 잘 모르지만 더 언급하지 않겠다. 나는 들은 대로 기록했을 뿐이다. 이 이야기가 사실이 아니기를 바란다. 그러나 그게 사실이라면 일등석을 탄 그 성도가 왜 목사가 비행기 안에서 술 마신 것을 보고 시험에 들었을까? 그리고 그 사실을 목격한 그 교인은 왜 목사가 술 마셨다는 사실을 소문냈을까? 그리고 그 교회 당회에서는 왜 그걸 문제시했을까?

목사가 술을 마시면 죄가 되고 말고를 떠나서 그 성도의 눈에 목사가 술 마시는 것이 일단 은혜가 안 되기 때문에 그게 말이 된 것

아닌가. 바로 이게 지도자란 사실이다. 지도자란 개인적인 인격은 물론 사회적인 이목, 즉 바울 사도처럼 덕을 중시해야 한다는 것이다.

그런가 하면 서울에서 목회하는 세계적인 감리교회의 어느 목사도 해외 여행을 할 때 거의 일등석을 타는데, 그 목사가 설교 때 이렇게 말하는 것을 들었다. "목사가 어디를 가면 목사는 사람들을 잘 모르지만 그들은 목사를 잘 압니다. 그러므로 목사는 말과 행동을 삼가 조심해야 합니다." 그러면서 본인은 기내에서뿐만 아니라 그 어디서도 술을 마시지 않는다고 말했다.

예를 들어, 지금 세계 도처에서 수많은 사람들이 술과 함께 음란과 음행을 저지르고 있다. 그런 사람들의 실수나 죄악은 언론이 취급도 안할 뿐 아니라 잘 알지도 못하고 알려고 하지도 않는다. 만약 경찰이 어느 불법 룸살롱을 덮쳤을 때 손님들 중에 자영업 사장이나 동네 아줌마들은 거들떠보지도 않는다. 그러나 그중에 저명한 사회 인사가 끼었을 때에는 언론이 난리를 친다. 정치가나 어느 재벌의 자녀들이 있어도 대서특필한다. 사회 지도층 자녀가 끼어 있어도 그냥 지나치지 않는다. 사회나 기독교의 저명 인사가 있을 때는 더 난리다. 왜 그럴까? 사회적 책임 때문이다. 지도자의 책임은, 개인은 물론 가족에게까지 부여된 사명이기 때문이다. 사회는 그만큼 지도자에 대한 기준을 정하고 있으며, 그 기준에 상당한 기대를 가지고 있기 때문이다. 그러니 기독교 목사들은 더한다.

가정 사역자와 술

그런데 더 놀라운 사실은, 우리나라에 가정 사역자로 유명한 S목사가 있다. 그분이 2002년 미국 시카고에서 열리는 대한예수교장로회 미주 총회 기간에 사모를 위한 세미나 강사로 초청받아 강의 중에 이런 이야기를 했다. "저는 이번에 미국에 올 때 일등석 비행기를 타고 왔습니다. 일등석을 타니까 서비스가 얼마나 좋은지 모릅니다. 기내 식사를 하고 나니까 스튜어디스들이 값비싼 와인을 한 잔씩 주는데 한 잔 마셨습니다. 잔이 비니까 또 따라 주었습니다. 그래서 저는 포도주 석 잔을 연거푸 마셨습니다. 얼마나 기분이 좋았는지 모릅니다······."

그 목사 역시 앞서 언급한 S교회의 협동목사이며, 독일에서 술을 마신 선교사들이 소속된 보수 교단의 목사이다. 소위 가정 사역자가 세계를 넘나들면서 비행기 안에서 와인이나 마시고 다니니 가정 사역이 제대로 되겠는가. 어쨌든 한국 교회가 큰일이 나도 보통 큰일이 아니다.

건강 세미나 강사와 술

우리나라에서 건강 세미나로 유명한 기독교 장로인 황 모 박사가 있다.[13] 그분은 매스컴에서도 유명하고 국내에서뿐 아니라 국제적으로도 유명해져서 미국을 다니다가 유럽에까지 진출하게 되었다. 그분의 강의 주제는 주로 건강이다. 내가 1999년 여름 스위스 인터라켄에 집회를 인도하러 갔을 때, 그 현장을 목격한 목사에게 직접 들은 이야기이다.

---

13) H. S. J. 박사는 아니다.

"금년 초여름 이분이 유럽에 오셔서 집회를 하고 다니다가 스위스에서 집회를 하고 싶다면서 저에게 부탁했습니다. 그래서 프랑스 파리에서 스위스 취리히로 가는 기차 안에서 만나기로 하고 나는 바젤(Bassel)에서 그 기차를 탔습니다. 기차 안을 다니면서 그 장로를 찾는데 한 칸에 들어가니까 동양 사람 뒷모습이 보였는데 직감적으로 바로 그 장로 같았습니다. 그래서 바삐 쫓아갔습니다. 그런데 마침 앞에 음료수와 과자를 파는 장사가 서 있었습니다. 그곳에 이르러 '장로님~' 하는데 그의 손에는 이미 맥주 캔이 들려 있었습니다. 그래서 제가 반가운 목소리로 '아니, 아무개 장로님 아니십니까?' 하고 인사를 하니까, 그 장로가 순간적으로 당한 일이라 몸 둘 바를 몰라 하면서 당황하더니 '너무 더워서 알코올 없는 맥주 한 잔 마시려고 하는데 맥준지 아닌지 잘 몰라서 그만……' 하고 얼버무렸습니다. 그러고는 맥주 캔을 슬그머니 내려놓고 물을 하나 들었습니다."

왜 그 장로는 사서 마시려고 들었던 맥주 캔을 목사가 나타나니까 어정쩡하게 들고 있다가 슬그머니 내려놓았을까? 맥주를 마시는 것이 정정당당했다면 언제 어디서나, 그리고 누구 앞에서도 마셔야 하지 않는가? 그 목사는 흥분하면서 다음과 같이 말했다.

"어떻게 그 깡통이 물인 줄 알고 듭니까? 그 장로가 맥주인지 물인지도 모르겠습니까? 그리고 양심적으로 술인지 물인지 몰랐으면 무엇 때문에 그런 구차한 변명을 할 필요가 있습니까? 아니, 건강 세미나를 하러 다니는 분이 자기는 술을 마시면서 어떻게 건강 세미나를 합니까? 그리고 술을 마셔도 된다고 믿는다면 누가 보든지 말든지 자신 있게 마실 일이지, 누가 보면 안 마시고, 누가 안 보면 마시는 게 무슨 놈의 신앙입니까? 술 마시는 사람이 그렇게 자신이 없습니까? 그래서 저는 그 장로의 건강 세미나를 믿지 않습니다. 물론 스위스에서는 그 장로에 대한 지명도가 거의 없어서 세미나가 열리지 않았습니다. 그렇게 정직하지 못하고, 그렇게 술 앞에서 자기 자신 하나 제대로 다스리지 못하면서 어떻게 남의 건강을 위해서 세미나를 하고 다닙니까? 지금 세상은 술의 유해성 때문에 얼마나 골치를 앓고 있습니까? 차라리 술을 마시면 건강하다고 외치고 다녀야 옳지 않습니까?"

나는 그 목사가 전해 준 이야기를 듣고 이런 유머가 생각났다. 구약성경의 모세의 율법에는 하나님의 선민인 히브리인들이 돼지고기를 먹어서는 안 된다고 기록되어 있다. 어느 유대인이 푸줏간을 찾아갔다. "이 돼지고기가 얼마지?" 하고 묻는 순간 갑자기 마른하늘에 천둥이 울리고 번갯불이 번쩍번쩍했다. 그러자 그 유대인은 푸줏간을 나오면서 원망스러운 듯이 하늘을 쳐다보고는 다음과 같이 중얼거렸다. "아니, 돼지고기 값도 못 물어보나!"

하나님의 뜻은, 악은 그 모양이라도, 아니 그 생각까지도 버리라는 말씀이다(살전 5:22). 그 장로는 유럽 기차 안의 맥주값이 얼마인지 물어보려고 그랬는지도 모른다. 아마 그게 문제가 되면 그 장로는 그때 그렇게 변명할지도 모르기 때문이다.

금주로 인한 교회 분열

앞서 언급한 목사가 시무하는 스위스 취리히 교회 이야기이다. 한국에서 주재원으로 파견받아 온 한국의 그 유명한 교회 출신 집사들이 교회에 나와서도 담배는 물론 술을 마셔댔다. 무슨 회의를 하려고 모이면 회의 전에 맥주를 마시는 것은 보통이고, 와인이 등장하고, 교회에서 무슨 행사를 하려면 으레 술이 단골 메뉴로 나오고……. 그래서 목사가 참다 못해 단언을 내렸다. "앞으로 교회당에서는 금주·금연입니다." 그랬더니 한 집사가 주동이 되어 주재원 교인들을 몽땅 끌고 나가 버렸다. 그래서 80여 명 모이던 교회가 하루아침에 10여 명의 교인으로 줄어들었다. 그러나 이에 굴하지 않고 목회를 한 결과 지금은 40여 명이 모인다고 한다.

장애인 선교와 술

장애인 선교를 위해 매월 정기적으로 기도 모임을 갖는 유럽의 어느 도시에서는, 장애인을 위한 기도 모임 후 식사를 하면서 준목(준비 목사), 전도사, 집사 할 것 없이 맥주를 마셨다. 그래서 그 장애인 선교 단체를 시작하고 계속 도왔던 이사장이 이런 놈의 선교단체는 도울 필요가 없다고 사표를 내던져 버렸다.

이런 예를 들자면 한이 없다. "오, 주여 한국 교회를 술도가니에서 지켜주옵소서!"

제2장
포도주는 하나님이 주신 선물인가?

"그 날에 주 만군의 여호와께서 명하사 통곡하며 애호하며 머리털을 뜯으며 굵은 베를 띠라 하셨거늘 너희가 기뻐하며 즐거워하여 소를 잡고 양을 죽여 고기를 먹고 포도주를 마시면서 내일 죽으리니 먹고 마시자 하도다 만군의 여호와께서 친히 내 귀에 들려 가라사대 진실로 이 죄악은 너희 죽기까지 속하지 못하리라 하셨느니라 주 만군의 여호와의 말씀이니라"(사 22:12-14).

직분자들의 자격

"감독은……술을 즐기지 아니하며"(딛 1:3)라고 했다. 나는 성경에 기록되어 있는 교회의 감독, 즉 목사와 장로 그리고 권사와 집사들의 자격에 대한 글을 쓰고 있다. 그렇다고 해서 일반 성도들이 '아하, 그렇구나. 이 말씀은 교회 직분자들에게 해당되는 내용이니까 평신도인 나와는 상관이 없구나' 하고 관심 없이 읽지 말고, 자신에게도 해당되는 말씀이므로 신경 써서 읽기 바란다. 이 글은 철저히 금주를 주장하고 강조하기 위해서 쓴 글이다.

또한 이 글이 성경 해석학적인 면에서 주석이 아니라는 사실과, 그 시대 사람들과 그때의 상황에 대한 설명을 다 할 수는 없다는 것도 전제하고 읽기 바란다. 그리고 금주에 관한 거부 반응을 가졌다면 다음의 글을 읽어 가면서 하나씩 풀어가기 바란다. 만약 이 글을 읽으면서 성경적인 측면에서 정 이해가 되지 않는다면 도덕적인 측면과 건강적인 측면, 그리고 사회학적인 측면에서 이해가 되었으면 한다.

문제는 기독교회 중 모든 교회가 술을 금지하는 것은 아니고, 일부 교회에서는 성도들에게 술을 허용한다. 왜냐하면 마시지 못하게 하면 성도들로부터 몇 가지 거부 반응과 질문이 나오기 때문이다. 그러면 일반적인 주장들을 들어보자.

첫째, 포도주도 하나님이 만드신 음료이다. 그러므로 마셔도 된다?

"모든 식물이 주께로부터 왔다. 그러므로 포도주도 그 모든 식물에 포함된다." 하나님께서는 포도주를 직접 만드신 것이 아니고 포도나무를 만드셨다. 포도주는 사람들이 포도를 가지고 만들었다. 만약 그렇게 말하면 하나님께서 포도주만 만드신 것이 아니라 마약도 만들고, 독약도 만들었다고 말할 수 있다. 그러면 하나님께서 만드셨다고 해서 모든 것을 다 먹고 마셔야 되는 것인가? 아니다. 만약 그렇다면 마약도 먹고, 마약 주사도 맞고, 독약도 마실 수 있다. 예를 들어, 하나님께서는 에덴동산에 생명나무만 만드신 것이 아니라 선악과도 만드셨다.

> "여호와 하나님이 그 땅에서 보기에 아름답고 먹기에 좋은 나무가 나게 하시니 동산 가운데에는 생명나무와 선악을 알게 하는 나무도 있더라"(창 2:9).

그렇다면 선악과도 하나님이 만드셨으니 따 먹을 수 있다는 말인가. 그건 아니다. 하나님께서 이미 아담과 하와에게 다른 모든 과일은 다 먹을 수 있으나 선악과는 먹으면 안 된다고 하셨다. 아니, 선악과를 먹는 날에는 정녕 죽으리라고 말씀하셨다.

> "여호와 하나님이 그 사람을 이끌어 에덴 동산에 두사 그것을 다스리며 지키게 하시고 여호와 하나님이 그 사람에게 명하여 가라사대 동산 각종 나무의 실과는 네가 임의로 먹되 선악을 알게 하는 나무의 실과는 먹지 말라 네가 먹는 날에는 정녕 죽으리라 하시니라"(창 2:15-17).

그런데 뱀이 하와를 유혹하여 선악과를 따먹고 남편에게도 주어 죄를 지었고, 저주를 받았고, 죽게 되었다(창 3:1-24).

둘째, 성경엔 술을 마시지 말라는 말씀이 없다. 오히려 술을 마시라는 말씀이 많이 나온다. 그러므로 마셔도 된다?

이 글을 끝까지 읽으면 알겠지만 그런 말은 성경을 모르고 한 말이다. 성경에는 술을 마시라는 말씀도 나오지만 술을 마시지 말라, 아니 술을 보지도 말라는 말씀도 나온다.

> "재앙이 뉘게 있느뇨 근심이 뉘게 있느뇨 분쟁이 뉘게 있느뇨 원망이 뉘게 있느뇨 까닭 없는 창상이 뉘게 있느뇨 붉은 눈이 뉘게 있느뇨 술에 잠긴 자에게 있고 혼합한 술을 구하러 다니는 자에게 있느니라 포도주가 붉고 잔에서 번쩍이며 순하게 내려가나니 너는 그것을 보지도 말지어다"(잠 23:29-31).

이 말씀은 다른 사람이 아니고 지혜의 왕 솔로몬의 말이다. 솔로몬은 왕으로서 평소에 술을 마셨지만 술을 마셔 보니 안 되니까 왕으로서 마시는 것뿐만 아니라 아예 보지도 말라고 한 것이 아닌가. 이 외에도 성경엔 술을 마심으로 나타난 부정적인 결과에 대한 말씀들이 얼마든지 나온다. 그래도 성경에는 술 마시지 말라는 말씀이 나오지 않는다고 하겠는가.

그런데 놀라운 것은 성경을 읽고 술을 끊는 사례가 많다는 사실이다. 그래서 술을 마시면 안 된다.

셋째, 예수님도 가나 혼인 잔치에서 모자란 포도주를 기적으로 만드셨다. 그러므로 마셔도 된다?

다음에 언급되겠지만 사람들은 요한복음 2장 1-11절 말씀이 기독교인들은 물론 세상 사람들로 하여금 술을 마시게 한 결정적인 말씀이라고 한다. 이스라엘은 포도주를 음료수처럼 마신 나라이다. 그러나 한 가지 알아야 할 것은, 포도는 하나님께서 창조하셨지만 포도주는 인간이 만들었다. 그러므로 포도주는 문화이다. 그러니까 예수님께서 갈릴리 가나 혼인 잔치에서 기적으로 포도주를 만드셨기 때문에 술을 마셔도 되는 것은 아니다. 문화가 잘못될 때는 반 성경, 반 하나님의 문화가 된다. 그러므로 기독교인들은 그런 문화를 배척해야 한다. 그래서 기독교인들은 술을 마셔서는 안 된다.

넷째, 술은 사람의 마음을 즐겁게 해준다. 그러므로 마셔도 된다? 성경에 보면 술에 대한 다음과 같은 말씀이 나온다.

"사람의 마음을 기쁘게 하는 포도주와 사람의 얼굴을 윤택게 하는 기름과 사람의 마음을 힘있게 하는 양식을 주셨도다"(시 104:15).

"너는 가서 기쁨으로 네 식물을 먹고 즐거운 마음으로 네 포도주를 마실지어다"(전 9:7).

물론 술을 마시면 처음에는 마음이 기쁘고 즐거워진다. 그러나 과음한 후의 결과와 영향이 바로 문제이다. 마실 때의 마음과 마신 후의 마음이 과연 똑같은가? 아니다. 전혀 엉뚱하게 나타난다. 아니, 전혀 상상할 수 없는 엄청난 결과를 초래하기도 한다. 그러므로 술을 마시면 안 된다.

다섯째, 술도 건강에 전혀 해로운 것은 아니니까 맥주, 포도주 한 잔 정도는 괜찮고 적당히 마시면 오히려 건강에 좋다. 그러므로 마셔도 된다?

술을 마시는 자가 적당히 마신다는 말은 어불성설이다. 모두가 적당히 마시면 어떻게 알코올 중독자가 생기는 것인가? 물론 개중에 적당히 마시는 사람도 있다. 그러나 적당히 마시는 사람이 있기 때문에 모든 사람이 적당히 마시면 된다고 말하면 안 된다. 음식과 음료수는 매일 매 끼니 먹고 마셔도 중독이라고 말하지 않는다. 그러나 술은 정기적으로 매일 매 끼니 마시면 아무리 그 양이 소량이고 적당히 마실지라도 중독이다.

다음은 내가 목격한 것은 아니고 들은 이야기이다. 모 선교 단체 지도자들은 식사 때 반주로 포도주를 한두 잔씩 마신다고 한다. 내가 학생 집회에서 금주를 외쳤더니 그 선교 단체에서 훈련받은 학생들이 이의를 제기했다. "목사님, 저는 모 선교 단체에서 선교 훈련을 받았는데, 그 단체 지도자들은 스스로 조정하고 자제할 능력이 있으면 한두 잔은 괜찮다고 하던데요."

만약 그런 선교 단체라면 이 책을 읽고 각성할 필요가 있다. 모든 중독은 처음부터 과음을 하는 것이 아니다. "천 리 길도 한 걸음부터"라고, 술도 한 잔으로부터 시작된다. 그러니까 일단 알코올을 입에 대면 자칫 습관성이 되고, 습관성이 되다 보면 알코올 중독이 된다. 비가 오고 으스스한 날 집에 혼자 있을 때 포도주 생각이 나는 것은 자신이 이미 알코올 중독 초기 증세를 가지고 있다는 첫 신호라고 한다. 그러므로 술을 마시면 안 된다.

여섯째, 천주교나 기독교의 일부 목사는 물론 기독교인들도 술을 마신다. 그러므로 마셔도 된다?

술 마시는 것을 그렇게 말하면 안 된다. 우리나라 속담에 "친구가 장에 가니까 지게 지고 따라간다"는 말이 있다. 그렇다면 친구가 도둑질을 하면 따라서 도둑질을 할 것인가? 친구가 살인을 하면 따라서 살인을 할 것인가? 친구가 마약을 하면 따라서 마약을 할 것인가? 아니다. 성경은, 악은 그 모양이라도 버리라고 언명하고 있다.

지금 술은 사회악 중에 가장 나쁜 악이다. 그러므로 다른 모든 악을 버려야 하는 판국인데 술은 당연히 마시면 안 된다. 단호히 버려야 한다.

그러면 독주가 아닌 맥주나 포도주를 적당히 마시면 되지 않느냐고 생각할 수 있다. 서론에서 이 문제의 정답을 밝히고 싶진 않다. 이 글을 계속해서 읽어보기 바란다. 그러면 끝에 가서 나름대로 결론에 도달하게 될 것이다. 그리고 우선 다음의 말씀을 다시 음미해 보기 바란다.

> "그 날에 주 만군의 여호와께서 명하사 통곡하며 애호하며 머리털을 뜯으며 굵은 베를 띠라 하셨거늘 너희가 기뻐하며 즐거워하여 소를 잡고 양을 죽여 고기를 먹고 포도주를 마시면서 내일 죽으리니 먹고 마시자 하도다 만군의 여호와께서 친히 내 귀에 들려 가라사대 진실로 이 죄악은 너희 죽기까지 속하지 못하리라 하셨느니라 주 만군의 여호와의 말씀이니라"(사 22:12-14).

알코올 중독자 요양원과 재활원, 그리고 반 알코올 선교보다 더 중요하고 급한 것은 금주 운동이다. 기독교나 천주교에서 알코올 중독자를 치료하기 위한 요양원과 재활원이 있다. 그리고 어떤 선교 단체나 선교사는 알코올 중독자를 대상으로 특수 선교를 한다. 나는 그런 요양원이나 선교를 전적으로 찬성하고 지지한다.

그런데 그보다 선행되어야 할 일이 있다. 우리나라는 무슨 일이 발생하면 그제야 호들갑을 떨고 야단법석을 떠는데, 그보다 알코올 중독이 되지 않도록 먼저 금주 운동을 벌여야 한다는 것이다.

예를 들어, 병 주고 약 주는 식으로 담배를 팔아 암에 걸리게 해 놓고 금연을 홍보하고, 교육시키고, 금연학교를 개설하면 안 된다. 술을 마시게 해놓고 알코올 중독이 된 후 그제야 사후약방문식으로 하면 안 된다. 사전에 온 국민과 가정이 금주 · 금연을 해야 한다. 전 국민이 안 되면 적어도 기독교인만큼은 금주 · 금연을 할 수 있도록 해야 한다.

여기서 구체적인 예를 더 들어보겠다.

장애인 이전의 전도

나는 유럽에서 세계밀알연합회라는 장애인 선교 단체를 초창기부터 섬기게 되었다. 선교 단체 창립 1주년 기념 설교에서 다음과 같이 외쳤다.

"장애인 선교의 사명은 이미 세상에 존재하고 있는 장애인들을 대상으로 선교하는 것입니다. 그러나 나의 이론은 이미 존재한 장애인들을 섬기고 선교하는 차원을 넘어서 앞으로 태어날 장애인들을 미연에 방지하는 것이 진정한 장애인 선교이며 본연의 선교 사명이라고 생각합니다. 장애인들은 앞으로 교통사고, 안전사고, 산업재해, 천재지변 등을 통해서 계속 발생할 것입니다. 그런 사고를 인간의 지혜와 노력으로 미연에 막아야 한다는 것입니다. 그리고 또 한 가지는 임산부가 담배를 피우고 술을 마시거나 마약을 사용하게 되면, 마약의 경우 100%, 술과 담배의 경우에는 60-80% 장애인이 출생하게 됩니다. 그러므로 진정한 장애인 선교는 금주 · 금연 및 마약 퇴치 운동과 함께 각종 사고와 자연재해를 방지하는 것으로부터 시작되어야 합니다."

교도소 이전의 전도

이미 나는 《너희들이 이 세대를 책임져라》(가남사)에서 다음과 같이 기록했다.

"예를 들어, 어떤 전도자가 교도소에 가서 세상을 깜짝 놀라게 한 후 사형 선고를 받고 수감되어 있는 살인범을 전도하여 예수님을 믿게 하면, 매스컴은 대서특필하고 교회들이 간증을 초청할 것이다. 그러나 미래에 살인범이 되어 세상을 깜짝 놀라게 할 어린이를 전도하여 예수님을 믿게 하면 눈도 깜짝하지 않고, 콧방귀도 뀌지 않을 것이다. 그런 의미에서 전도는 어렸을 때 하는 것이 어른이 된 사람에게 하는 것보다 더 중요하다."

포도도 먹지 말 것인가?

어떤 사람은 포도주도 다 하나님이 창조한 피조물을 가지고 만든 것이니까 먹어도 되지 않느냐고 항변한다. 그 말이 전혀 틀리지 않다. 그렇다. 포도 역시 분명히 하나님이 만든 피조물이다. 그러나 하나님은 포도만 만드신 것이 아니라 대마초도, 양귀비도, 코카인도 만드셨다. 그렇다면 포도주만 마실 것이 아니라 대마초도, 양귀비도, 코카인도, 필로폰도 다 마시고 먹어야 한다. 그 이유는 다 하나님이 만드신 식물이기 때문이다.

그러나 성경에 보면, 하나님께서 만드신 식물과 짐승 중에 먹을 것과 먹지 말 것을 구별하여 어떤 것은 허락하고 어떤 것은 금지시켜 놓았다. 이런 문제는 지금 성경학자뿐 아니라 과학자, 식물학자, 의학자들이 연구하면서 하나님께서 허락하시고 금지시키신 데에는 다 과학적이고 의학적인 이유가 있다는 것을 증명하고 있다.

아이들이 어렸을 때 부모가 무슨 일을 못하게 하면 무조건 못하게 하는 줄 알고 반발하고 몰래 하지만, 나중에 자라서 돌이켜보면 부모의 뜻이 옳았다는 것을 깨닫는다. 그런데 어떤 경우는 너무 때가 늦어버린 경우가 있다.

민족 분열의 원흉이 바로 술이고, 포도주를 만드는 원료가 포도니까 포도도 먹지 말라는 줄 알고 오늘 당장 집에 있는 포도를 쓰레기통에 버리고 다시는 포도를 사지 않는 우를 범하지 말라. 포도는 하나님께서 만드신 과일이다. 포도에는 포도당과 비타민 그리고 항암 물질이 들어 있기 때문에 보통 사람은 물론 암에 걸린 환자가 포도만 먹는 식이요법을 통해 능히 암을 고칠 수도 있다.

식물과 술, 식물과 마약

나는 포도를 먹는 것과 포도주를 마시는 것을 다음과 같이 비교하여 설명하고자 한다. 기독교 문화에서 이런 말을 한다. 강은 하나님의 산물이지만, 수로(水路)는 문화의 산물이다. 마찬가지로, 포도는 하나님이 만드신 피조물이지만, 포도주는 인간이 만든 문화이다. 하나님께서 모든 치료 약의 원료를 피조물 가운데 이미 만들어 주셨는데, 그 원료를 찾아 연구하여 특효약을 만드는 것은 인간에게 주신 지혜의 산물, 곧 문화이다.

그런데 바벨탑이나 소돔과 고모라 같은 배교 문화를 만들듯이, 못된 인간들이 하나님의 피조물을 가지고 인간에게 해가 되고 인간을 파괴하는 문화를 만들어 내는 것이다.

예를 들어, 사람들은 하나님께서 만든 대마초를 가지고 의복을 만들어 입는다. 그런데 다른 사람들은 그 잎사귀를 가지고 마약을 만들어 피움으로 대마초 중독자가 된다. 또 다른 예는 남아메리카에 가면 코카라는 나무가 있다. 그곳 사람들은 유럽 사람들이 일찍이 들국화꽃을 따서 국화차(카모마일 차, Kamillentee)를 만들어 마신 것처럼, 코카나무 잎사귀를 가지고 차를 만들어 마셨다. 유럽 사람들에게 국화차가 만병통치약인 것처럼, 남아메리카 사람들에게는 코카인 차가 감기와 위장 장애 등에 효과가 좋은 차가 되었다. 그래서 원주민들은 그 차를 일상생활에서 즐겨 마신다. 그래도 아무런 이상이 없다. 중독이 되지 않는다.

그런데 문제는 그 코카나무 잎사귀에다가 화학 물질을 첨가하여 마약을 만들면 코카인이 된다. 양귀비도 그냥 씨를 먹으면 괜찮다. 그런데 그 씨를 불에 오랫동안 고아서 진액을 만들면 아편이 된다. 또한 보리를 가지고 빵이나 밥을 지어 먹으면 곡식이 되고 양식이 된다. 그런데 그 보리를 가지고 맥주를 빚으면 술이 된다. 쌀이나 잡곡을 가지고 밥도 지어 먹고 떡도 만들어 먹으면 식량이 된다. 그런데 그것을 가지고 삭혀 마시면 술이 된다.

마찬가지로, 그냥 열매인 포도를 먹으면 과일이다. 그런데 그 포도를 가지고 발효시켜 마시면 포도주가 된다. 그런 의미에서 식량과 차와 술과 마약을 해석해야 한다.

문제는 하나님께서 주신 식물을 발효하는 과정, 즉 제조하는 과정에서 발생한다. 즉 문화로 인한 양극화 현상인 것이다. 순수하게 식물로 먹고 마시는 건전한 식생활 문화를 형성해 나가는 사람이 있는가 하면, 불순하게 먹고 마시기 위해서 술을 제조하는 세속 문화를 형성해 나가는 사람들도 있다.

제3장
감독과 절대 금주

"미쁘다 이 말이여, 사람이 감독의 직분을 얻으려면 선한 일을 사모한다 함이로다 그러므로 감독은 책망할 것이 없으며 한 아내의 남편이 되며 절제하며 근신하며 아담하며 나그네를 대접하며 가르치기를 잘하며 술을 즐기지 아니하며 구타하지 아니하며 오직 관용하며 다투지 아니하며 돈을 사랑치 아니하며"(딤전 3:1-3).

2만 명이 모이는 대형 교회 목사의 고민

수도권에서 2만 5천여 명이 모이는 대형 교회 목사가 이런 고백을 했다고 한다.

"나는 강단에서 술 마시지 말라, 이혼하지 말라는 설교를 하지 못합니다. 만약 그렇게 설교하면 교인들 중에 대다수가 술을 마시고 있으며, 우리 교회만 해도 이혼한 교인이 20% 이상인데 그들이 그런 설교를 듣고 교회를 떠날 것 아닙니까? 제가 이 교회를 개척하여 지금까지 이 정도의 교회를 만들었는데 그렇게 되면 이 교회는 어떻게 되겠습니까?"

그렇다면 교회는 무엇하는 공동체인가? 물론 예수님을 믿고 구원받은 공동체이다. 그런데 구원받은 성도들이 세상에서 빛과 소금이 되어 사회적인 영향력을 행사할 수 없으면 그 교회는 진정한 교회가 아니며, 그 목사는 선한 목자나 참 선지자가 아니다. 그만큼 오늘의 한국 교회가 부흥과 성장에만 혈안이 되어 있고, 현실적인 문제는 외면한다는 것이다.

술만큼은 절대로 마시지 말라

다른 것은 몰라도 술은 절대로 마시지 말아야 한다. 처음부터 입에 대지도 말아야 한다. 디모데전서 3장 1-2절에서 바울 사도는 총체적이고 종합적인, 그리고 긍정적이고 부정적인 내용을 섞어가며 말씀하고 있다. 그런데 3절 모두는 부정적인 측면을 지적하고 있다. '……아니하며……아니하며……아니하며'는 '이것도 하지 말며, 저것도 하지 말라'는 내용이다. 3절 본문 중에 있는 다른 내용도 언급해야겠지만 오늘은 술에 관한 내용만 언급하겠다. "감독은…… 술을 즐기지 아니하며."

다시 말해, 교회의 감독은 애주가가 되지 말라는 뜻이다. 애주가가 되지 않으려면 아예 처음부터 술을 입에 대지 않는 것이 중요하다. 가톨릭교회에서는 본문 말씀인 "감독은……술을 즐기지 아니하며"(딤전 3:3), "……술에 인 박이지 아니하며"(딤전 3:8)와 "늙은 여자로는 이와 같이 행실이 거룩하며 참소치 말며 많은 술의 종이 되지 말며 선한 것을 가르치는 자들이 되고"(딛 2:3)를 어떻게 해석했기에 신부들이 그렇게 술을 마시는지 모르겠다. 어떤 신부는 내게 "술을 마시지 않고는 도저히 잠을 잘 수가 없다"고 고백했다.

그런 의미에서 가톨릭의 신부들은 애주가들임에 틀림이 없다. 아니, 애주가를 능가한 알코올 중독자들이 많다고 한다. 그러나 어떤 글들을 읽어보면, 진짜 경건한 신부는 금주가이며 술에 대한 부정적인 글을 계속 쓰면서 그 실상을 고발할 뿐 아니라 지금도 계속 금주를 주장하고 있다.

일례로, 한국 가톨릭의 허근이라는 신부는 술을 너무 많이 마시다가 알코올 중독자가 되어 미사도 제대로 집전하지 못하게 되었다. 그러다 술을 끊고 금주학교를 열어 알코올 중독 신부들은 물론 애주가들에게 금주 교육을 시키고 있다. 그러면 여기서 잠깐 허근 신부의 인터뷰 기사를 읽어보기 바란다.

[인터뷰]《나는 알코올 중독자》펴낸 허근 신부, "술독에서 극적 탈출…… 나 같은 환자 돕습니다."[14]

가톨릭 신부(神父)들은 술이 세다. 직업별로 주량을 따진다면 가장

---

14) 〈조선일보〉, 이선민 기자 smlee@chosun.com

앞 순위 몇 째 안에 들어갈 것이다. 그래서 신부들과 술에 얽힌 이야기는 상당히 많다. 가톨릭알코올사목센터 소장 허근(50) 신부의 경우는 그중에서도 유별나다. 그는 그저 술을 많이 마시는 정도가 아니라 알코올 중독으로 병원에서 치료까지 받았기 때문이다. 앉은자리에서 소주는 8병, 맥주는 24병쯤 마셔야 직성이 풀리던 그였지만, 술로 인한 실수가 잦아 신자들의 항의까지 받다가 주위의 도움으로 간신히 술을 끊을 수 있었다.

알코올 중독의 늪에서 간신히 빠져 나와 아직도 그 안에서 허우적거리는 사람들을 돕고 있는 허근 신부가 최근 《나는 알코올 중독자》(가톨릭출판사)를 펴냈다. 또 지난 6월부터 천주교 서울대교구가 발행하는 〈평화신문〉에 "허근 신부의 알코올 탈출기"를 연재하고 있다.

— 책의 제목이 자극적(?)이다. 어떤 내용이 담겨 있나?"

"나 자신의 알코올 중독 체험과 극복기, 알코올 중독의 증상과 결과, 단주 생활 가이드 등이 중심 내용이다. 부록으로 자기 진단법과 상담 기관 등도 수록했다. 알코올 중독의 위험성을 보다 널리 알리기 위해 부끄러운 내 지난날을 솔직하게 털어놓았다."

— 원래 술을 잘 마셨나?

"아니다. 신학교 시절에는 거의 하지 않았고 사제 서품을 받은 후에도 서울 돈암동 성당 보좌 신부와 김수환 추기경 비서로 일할 때까지만 해도 한두 잔 술을 마시는 정도였다. 그러나 1982년 군에 입대, 해병대 군종 신부로 배치되면서 술과의 악연이 시작됐다. 젊고 체력에 자신 있었던 데다가, 한번 술을 마시면 끝장을 보는 해병대 기질까지 더해져 주량이 급격히 늘어갔다. 제대 후 일선 성당의 주임 신부로 일하면서 음주 습관은 더욱 악화됐다. 술을 좋아하는 신자들과 대작(對酌)하다 보면 소주 50잔을 넘기는 일이 보통이었고, 미사가 끝난 후 혼자서 술잔을 기울이는 일도 많았다."

—술에 얽힌 이야기도 많을 것 같다.
"언젠가 새벽 미사를 마치고 해장국 집에서 술을 마시기 시작했는데, 하염없이 마시다 문득 밖을 보니 해가 서산으로 지고 있었다. 한번은 아침 늦게 술에 취해 자고 있는데, 전날 함께 술을 마셨던 신자가 찾아와서 신부님이 술자리에서 신자를 때려서 병원에 입원했다고 알려준 적도 있었다."

—그러고도 신부 생활에 문제가 없었나?
"밤낮 술과 함께 살다 보니 취한 상태에서 미사를 올리기도 하고, 미사 시간에 일어나지 못해 보좌신부가 대신 미사를 봉헌하기도 했다. 자연히 신자들의 불만이 커져갔고 투서가 들어가기 시작했다. 천주교 지도부에 불려가서 혼나기도 했지만 돌아서면 그뿐, 성당에 도착하자마자 다시 술을 마시곤 했다. 밥 대신 술을 먹는 생활이 이어지면서 간과 위는 극도로 악화됐고 몸무게는 46kg까지 줄어들었다."

—그렇긴 해도 술을 아주 끊기는 쉽지 않았을 텐데.
"1998년 초 서울대교구 김옥균 보좌 주교가 불러서 알코올 중독 치료를 받아보라고 권유했다. '아직 젊은 나이에 인생을 포기하려느냐'는 간절한 충고에 결단을 내렸고, 아는 사람이 없는 곳을 찾아 광주 성

요한병원으로 내려갔다. 5개월 동안 나 자신과의 치열한 싸움 끝에 겨우 술을 끊을 수 있었다. 술이냐, 사제직(司祭職)이냐, 양자택일의 기로에 섰다고 느꼈다. 특히 내가 알코올 중독에서 벗어나기를 간절히 기도하시는 어머님을 생각하고 마음을 굳게 먹었다."

- 알코올 중독자들과 그 가족에게 해주고 싶은 말이 있다면?
"알코올 중독은 도덕적인 결함이 아니라 누구나 걸릴 수 있는 정신적 질병이다. 그리고 다른 질병처럼 초기에 발견해서 빨리 치료하는 것이 필요하다. 무엇보다 알코올의 자리를 대신할 가치 있는 것을 찾아내는 것이 치유와 재발 방지의 가장 좋은 방법이다."

다음에 '제9장 종교의 금주 교리와 법'에서 구체적으로 언급하겠지만, 가톨릭뿐 아니라 불교도 금주이다. 몇 년 전에 한국 각 종교 단체 성직자들과 함께 북한에 간 적이 있다. 평양에 가서 보니 함께 간 스님이든 목사든 너나없이 술을 마시는데, 조계종 총무원장을 지낸 모악산 기슭에 있는 금산사(전라북도 김제군과 완주군 사이에 걸쳐 있는)의 송월주 스님은 방북 기간 내내 술을 입에도 대지 않았다. 그래서 내가 물었다. "아니, 송월주 스님, 다들 술을 마시는데 왜 스님께서는 술을 마시지 않으십니까?"

"예, 저는 술을 마시지 않습니다. 기독교만 금주가 아니라 불교도 금주입니다."

불교의 유명한 스님도 금주를 하는데 우리나라에서 뉴 OOO 단체의 대표로 유명한 김 모 목사는 폭주가이다. 이 이야기는 나의 은사인 김 모 교수께서 그 목사와 북한에 함께 갔다 온 후 전해 준 이야기이다.

몇 년 전에 김 목사와 함께 북한에 갔는데 밤만 되면 술을 얼마나 마셔대는지 낯이 뜨거웠다. 북한의 안내원들이 안내가 끝나면 보고서를 쓰고 퇴근을 해야 하는데, 김 목사와 매일 밤늦게까지 술자리를 하다 보니 피곤하고 짜증이 나니까 나에게 "저 김 목사 제발 술 좀 마시지 않았으면 좋갔습니다. 남쪽의 목사들은 다들 술을 잘 마십네까?"라는 볼멘소리를 했다는 것이다. 그러니까 내가 북한에 가서 술을 거절하니 북한의 김 모 위원장이 "김 목사님, 남쪽의 목사님들 술 잘 마십니다"라고 했다. 한국 목사들, 정말 정신차려야 한다.

전도서를 읽어보면 지혜자 솔로몬 왕은 다음과 같이 말한다.

> "내 마음에 궁구하기를 내가 어떻게 하여야 내 마음에 지혜로 다스림을 받으면서 술로 내 육신을 즐겁게 할까"(전 2:3).

솔로몬 왕도 처음에는 술로 인생을 즐겁게 살아보려고 했다. 그리고 한동안 그의 나라는 태평성대했다. 그런데 깨닫고 보니 그게 아니었다.

> "……또 어떻게 하여야 어리석음을 취하여서 천하 인생의 종신토록 생활함에 어떤 것이 쾌락인지 알까 하여 나의 사업을 크게 하였노라 내가 나를 위하여 집들을 지으며 포도원을 심으며 여러 동산과 과원을 만들고 그 가운데 각종 과목을 심었으며……내가 이같이 창성하여 나보다 먼저 예루살렘에 있던 모든 자보다 지나고 내 지혜도 내

게 여전하여 무엇이든지 내 눈이 원하는 것을 내가 금하지 아니하며 무엇이든지 내 마음이 즐거워하는 것을 내가 막지 아니하였으니 이는 나의 모든 수고를 내 마음이 기뻐하였음이라 이것이 나의 모든 수고로 말미암아 얻은 분복이로다"(전 2:3-10).

그 결과는 다 헛된 것이었고 무익할 뿐이었다. 그래서 다음과 같이 고백한다.

"그 후에 본즉 내 손으로 한 모든 일과 수고한 모든 수고가 다 헛되어 바람을 잡으려는 것이며 해 아래서 무익한 것이로다"(전 2:11).

다른 사람들은 몰라도 하나님을 믿고 성경을 삶의 원리로 삼는 구원받은 주의 백성들은 술로 인생을 살아서는 안 된다. 그래도 자신의 쾌락과 향락을 위해 술을 즐기겠는가.

예수 믿는 조건과 감독이 되는 조건의 차이

내가 이미 언급한 대로 신구약성경 전체를 읽어볼 때 예수님을 믿고 교회 다니는 사람들에 대해선 그 어떤 제한이나 그 어떤 전제 조건이 없으며 자격 여부를 일절 따지지 않는다. 그 이유는 하나님께서 "오라 우리가 서로 변론하자 너희 죄가 주홍 같을지라도 눈과 같이 되리라 진홍같이 붉을지라도 양털같이 되리라"(사 1:18)고 하셨기 때문이다.

뿐만 아니라 주님께서 이 세상에 오신 목적 또한 건강한 자를 위해서가 아니고 병든 자를 위해서이기 때문이며, 의인을 구원하기 위해서가 아니라 바로 죄인들을 구원하시기 위해 모진 고난을 당하시고 마침내 십자가에서 피 흘려 죽으셨기 때문이다. 그렇다고 예수님을 믿은 후에도 계속 죄인으로 남아 있으라는 뜻은 아니다.

그런데 성경을 묵상해 보면 술에 대해서는 제사장, 선지자, 나중에는 왕뿐만 아니라 나실인, 성전 수종자, 사도, 감독 등 민족의 지도자와 교회 지도자, 즉 목사와 장로 등에게는 술을 제한 내지는 금기 사항으로 기록했다는 사실을 발견하게 된다. 그러면 제사장이나 선지자나 왕이나 감독이 되어서만 금주하면 되고 보통 때는 술이 허용되는 논리 또한 아니다.

왜 한국 교회만 술을 금하는가?

이미 언급한 대로, 혹자들은 원래 성경에는 술에 대한 금기 사항이 없는데 미국 선교사들이 한국에 선교하러 와 보니 한국 사람들의 음주 문화가 영 엉망이었다. 뿐만 아니라 술 마시는 방법과 술 마신 후의 행동이 너무 거칠고, 빈번한 사고가 발생하며, 가정과 자녀들이 불행했다. 그래서 보다 못한 선교사들이 한국 사람들에게는 '바로 술이 문제로구나!'라고 생각한 후, 교회를 세우고 총회를 설립하고 헌법을 만들 때, 그 헌법 조항에 넣어 술을 마시지 말라고 했다는 것이다.

그 말도 틀린 말은 아니다. 근거 있는 말이다. 다시 말해, 그 당시 서양 사람들은 술을 마셔도 한국 사람들처럼 마시지 않았기 때문이다. 서양에서의 술의 문제를 나중에 언급하겠지만 그렇다고 서양 사람들이 지금도 옛날과 같이 술을 마실 때 적당히 마시며 술 문화가 비교적 건전하다는 뜻이 아니다. 물론 그렇다고 하나님께서 서양 사람에게는 허용하시고 한국 사람에게만 금하신 것은 아니다.

중국 사람들은 허구한 날 노름이었다. 노름으로 가산을 탕진하고 패가망신하는 집안이 속출했다. 그래서 선교사들이 헌법에 도박을 금했다. 그렇다면 한국에서는 술을 금했으니까 중국에서는 술이 죄악이 아니며, 중국에서는 노름을 금했으니까 한국에서는 노름이 죄악이 아닌가. 모두다 죄악이다.

어떤 목사는 "그러면 한국 교회가 지난 100년 동안 금주·금연 운동을 일으켜서 담배와 술 문제가 해결이 되었느냐?"고 반문한다. "이제부터는 술과 담배를 교인들에게 스스로 결정하도록 해야지 헌법으로 제한하여 금기 사항으로 만들어 놓으면 호기심에서 더 마시고 더 피우며, 교인들은 부담을 갖게 되고 죄의식을 갖게 되니 교인들을 그렇게 옥죄어서는 안 된다"는 것이다. 그리고 "예수님을 믿는 사람들 중에도 술과 담배 때문에 천주교로 개종하고, 안 믿는 사람들도 술과 담배 때문에 개신교로 오지 않고 천주교로 간다"는 것이다.

나는 어느 종교가 나쁜 악습이나 사회적으로 추방의 대상이 되는 것을 통해 부흥하고 성장한다면 그 종교는 진정한 종교가 아니라고 본다.

내가 독일에 가서도 계속하여 금주·금연 운동을 하니까 교인 중에 한 사람이 찾아와 하는 말이 "목사님이 교회에서 계속 금주·금연을 강조하면 전도가 안 되고, 있는 교인들마저 떨어져나가 교회가 부흥하지 못합니다. 목사님, 독일은 맥주가 음료수입니다. 그런 나라에서 그렇게 강압적으로 술을 금하고 원색적으로 외치면 얼마 못 가서 교회 문 닫습니다"라고 했다.

그래서 내가 대답했다. "아니, 그러면 술을 허용하는 천주교나 목사, 그리고 교인들이 함께 술을 마시는 모 교회는 미어터지게 부흥하겠네요. 세상에 죄악이 범람합니다. 교회뿐 아니라 정부가 죄악과 싸웁니다. 그 세월이 100년이 아니라 창조 이후 지금까지입니다. 가난한 자들은 항상 너희와 함께 있으리라는 예수님의 말씀처럼 죄와 악은 창조 이후부터 세상의 종말이 올 때까지, 아니 예수님이 재림하실 때까지 계속 존재할 것입니다. 그렇다고 교회나 정부가 죄악과의 싸움을 중단해야 합니까? 아닙니다. 끝까지 싸워야 합니다. 마치 사도 바울이 '선한 싸움을 싸우고 자신의 달려갈 길을 마치고 믿음을 지킨 것'처럼 싸워야 합니다. 그게 바로 사명자입니다. 아무리 외쳐도 안 되고, 아무리 싸워도 안 되니 이젠 그만두자, 포기하자고 하면 안 됩니다. 절대로 그만둬서는 안 됩니다. 단 한순간도 포기하지 말고 승리할 때까지 싸워야 합니다. 다른 이권적인 투쟁이나 남의 땅을 빼앗는 싸움은 그럴 수 있을지 몰라도 신앙의 싸움은 그렇게 하면 안 됩니다. 지금 세계가 술 마시는 방법을 가지고 문제를 삼고 있습니까, 아니면 술 마신 후의 행동에 대해서 문제를 삼고 있습니까? 지난날에는 그런 문제 가지고 왈가왈부했는지 모르지만 지금은 아닙니다. 술 그 자체에 대해 문제 삼고 있습니다."

맥주의 나라 독일에 가서 20년이 넘도록 금주·금연을 초지일관 외쳤어도, 감사하게 교회는 계속 부흥 성장했습니다. 그리고 독일 사람들도 술을 끊었다. 오히려 목사와 함께 술 마시고, 교회에서 술잔치하고, 교인들이 술 마시면 목사가 술잔 따라주고 다니는 교회는 풍

비박산이 되고, 갈라지고, 목사가 온 지 얼마 못 가서 쫓겨나고 야단이었다. 그러나 나는 그 교회에서 20년이 넘도록 쫓겨나지 않고 원로목사가 되었다.

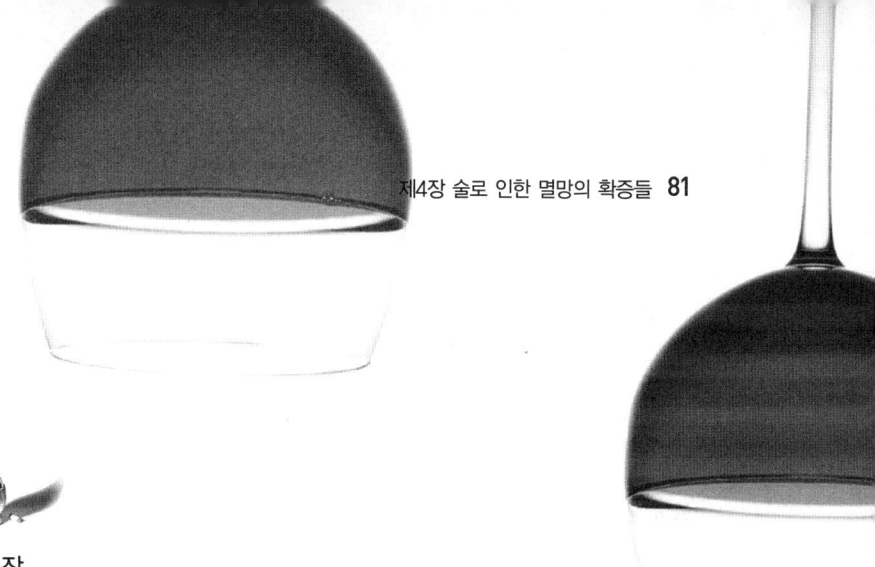

제4장
술로 인한 멸망의 확증들

"노아의 때에 된 것과 같이 인자의 때에도 그러하리라 노아가 방주에 들어가던 날까지 사람들이 먹고 마시고 장가들고 시집 가더니 홍수가 나서 저희를 다 멸하였으며"(눅 17:26-27).

한 가지 분명한 것은 성경 일부에서 왕, 제사장, 감독, 지도자들에게 술을 허용한 것같이 나오지만, 결론은 그런 왕, 제사장, 감독, 지도자들이 술 때문에 나라도 망하고 개인도 망한다는 교훈을 주고 있다. 이제부터는 성경에 기록된 말씀 가운데 술로 인해 멸망한 민족과 개인에 대한 확증들을 살펴보고자 한다.

인류의 적, 술

옛날도 마찬가지이지만 이제 술은 인류의 적, 사회의 적으로 정죄되고 있다. 그 이유는 옛날에는 교회에서나 뜻있는 몇 사람이 외롭게 금주·금연 운동을 전개했으나, 지금은 개인과 가정뿐 아니라 일부 교회는 물론 국가까지도 술과의 전쟁을 선포한 지 이미 오래이기 때문이다. 그러므로 이제부터 기독교는 술과의 전쟁을 계속하되 소극적으로 하지 말고 적극적으로 해야 한다. 그런 의미에서 술과 전쟁을 하기 전에 적을 알아야 하기 때문에 하나님께서 술에 대하여 어떤 뜻을 가지고 계시며, 성경은 술 자체에 대해 뭐라고 말씀하고 있는가를 아는 것이 중요하다.

당신은 지금 민족적인 반목과 질시 가운데 긴장하고 다투는 지구촌에서 살고 있다. 또 언제 터질지 모르는 화약고 위에다 집을 짓고 불안에 떨고 있다. 모든 인류는 하나님께서 만드신 피조물이고 한 혈통에서 나온 핏줄인데도 불구하고, 왜 그렇게 서로 갈등하고 긴장하며 사는지 그 이유를 아는가? 여기서 그 원인을 분석하고 그 이유를 찾아보고자 한다.

노아의 홍수와 소돔과 고모라, 하박국의 멸망이 곧 술 때문

창세기에 나오는 두 시대의 멸망의 원인이 역사적으로 기록되어 있다. 곧 노아 시대의 홍수로 인한 멸망과, 소돔과 고모라의 유황불 멸망이다. 예수님께서는 노아의 홍수의 멸망 원인과 소돔과 고모라의 멸망 원인을 다음과 같이 말씀하신다.

제4장 술로 인한 멸망의 확증들

"노아의 때에 된 것과 같이 인자의 때에도 그러하리라 노아가 방주에 들어가던 날까지 사람들이 먹고 마시고 장가들고 시집 가더니 홍수가 나서 저희를 다 멸하였으며"(눅 17:26-27).

"또 롯의 때와 같으리니 사람들이 먹고 마시고 사고 팔고 심고 집을 짓더니 롯이 소돔에서 나가던 날에 하늘로서 불과 유황이 비오듯 하여 저희를 멸하였느니라"(눅 17:28-29).

여기서 먹고 마시고, 사고 팔고는 무엇을 의미하는가? 바로 술이다. 술을 먹고 마시며, 술을 사고 팔았다는 말이다. 왜냐하면 양식을 사고 판 것이 멸망의 원인이 될 수 없고, 생필품을 사고 파는 것이 죄가 될 수 없기 때문이다. 노아나 소돔과 고모라 시대뿐 아니라 하박국 시대도 술이 문제였다.

"이웃에게 술을 마시우고 자기의 분노를 더하여 그로 취하게 하고 그 하체를 드러내려 하는 자에게 화 있을진저 네게 영광이 아니요 수치가 가득한즉 너도 마시고 너의 할례 아니한 것을 드러내라 여호와의 오른손의 잔이 네게로 돌아올 것이라 더러운 욕이 네 영광을 가리우리라 대저 네가 레바논에 강포를 행한 것과 짐승을 두렵게 하여 잔해한 것 곧 사람의 피를 흘리며 땅과 성읍과 그 모든 거민에게 강포를 행한 것이 네게로 돌아오리라"(합 2:15-17).

그렇다. 자기 자신도 술을 마시거나 취해서는 안 된다. 그리고 이웃에게도 술을 권하여 취하게 해서는 안 된다. 어떤 사람은 "아니,

먹고 마시는 게 무슨 죄냐?"고 반문할 것이다. 그렇다면 아담과 하와가 선악과를 먹는 게 문제가 아니었는가? 문제였다. 문제뿐 아니라 전 인류를 멸절시킬 중차대한 범죄 행위였다. 하나님께서는 인간이 일용할 양식을 먹도록 하셨다. 여기서 먹고 마시는 것이 문제가 되는 것은 일용할 양식이 아니다. 그것은 바로 정욕적인 음식을 먹고, 술을 마셨다는 것이다.

우리나라 사람들이 왜 음행을 하고 색을 그렇게 밝히는지 아는가? 다른 원인도 많이 있겠지만 바로 먹고 마시는 문제 때문이다. 한국 사람들 중에 일부는 국내는 물론 세계를 돌아다니면서 몸에 좋고 정력에 좋다는 것은 다 먹고 마신다. 그러므로 먹는다고 모든 것을 다 먹어야 되는 것이 아니라 선악을 알게 하는 나무의 열매는 절대로 먹어서는 안 되는 것처럼, 먹어야 할 것만 먹고 먹지 말아야 할 것은 먹지 말아야 한다.

산에서 길을 잃은 사람이 배가 고프다고 아무 열매나 따 먹으면 되는가? 안 된다. 그런 것을 먹으면 배가 부른 것이 아니라 잘못 먹으면 탈이 나거나 당장 죽는다. 그러므로 가려서 먹어야 한다. 마약이 특효약이라고 해서 의사의 처방이 아닌 정상적인 사람이 맞거나 마시면 죄가 되고 독이 된다. 이 세상에는 먹어서 좋을 게 있고 먹어서 나쁠 게 있으며, 먹어서 득이 될 게 있고 먹어서 해가 될 게 있다. 즉 무엇을 먹느냐가 문제이다.

또 마시는 문제도 마찬가지이다. 음료수나 과일 주스를 마시는 것은 아무런 문제가 없다. 그러나 아무 물이나 다 마시고, 아무 약이나 다 마시기 때문에 문제가 된다. 다시 말해, 가려서 마셔야 한다. 그래서 사도 바울은 "먹든지 마시든지 무엇을 하든지 다 하나님의 영광을 위하여 하라"(고전 10:31)고 외쳤다.
 노아의 홍수나 소돔과 고모라의 멸망의 원인은 사람들이 음식을 먹고 음료수를 마신 게 아니라 마약과 술을 먹고 마시기 위해 사고 팔았으며, 정상적인 청춘남녀가 시집 가고 장가 가는 게 아니라 성매매였다. 이사야 선지자 시대는 양식 아닌 것을 위하여 은을 달아 주며 사고 팔았다.

 "너희 목마른 자들아 물로 나아오라 돈 없는 자도 오라 너희는 와서 사 먹되 돈 없이 값없이 와서 포도주와 젖을 사라 너희가 어찌하여 양식 아닌 것을 위하여 은을 달아 주며 배부르게 못할 것을 위하여 수고하느냐 나를 청종하라 그리하면 너희가 좋은 것을 먹을 것이며 너희 마음이 기름진 것으로 즐거움을 얻으리라 너희는 귀를 기울이고 내게 나아와 들으라 그리하면 너희 영혼이 살리라 내가 너희에게 영원한 언약을 세우리니 곧 다윗에게 허락한 확실한 은혜니라"(사 55:1-3).

 여기서 사고 팔았다는 것은 주택이나 빌딩을 지어 사고 파는 게 아니라 지금으로 말하면 술과 담배와 마약을 사고 팔고, 단란주점, 룸살롱, 러브호텔, 도박장 등을 지어서 사고 팔았다는 뜻이다.
 또한 인신매매다. 요즈음 매춘을 하는 사업이 바로 그것이다. 남자들의 성 욕구 충족을 위해 여자들을 사서 매춘을 하고 있지 않은가. 이런 인신매매는 느헤미야 선지자가 다음과 같이 외치고 있다.

 "우리 육체도 우리 형제의 육체와 같고 우리 자녀도 저희 자녀 같거늘 이제 우리 자녀를 종으로 파는도다 우리 딸 중에 벌써 종 된 자가 있으나 우리의 밭과 포도원이 이미 남의 것이 되었으니 속량할 힘이 없도다"(느 5:5).

"이러므로 우리가 화평의 일과 덕을 세우는 일을 힘쓰나니 식물을 인하여 하나님의 사업을 무너지게 하지 말라 만물이 다 정하되 거리낌으로 먹는 사람에게는 악하니라 고기도 먹지 아니하고 포도주도 마시지 아니하고 무엇이든지 네 형제로 거리끼게 하는 일을 아니함이 아름다우니라"(롬 14:19-21).

하나님의 사역도 마찬가지이다. 그래서 사도 바울은 먹고 마시는 것, 곧 식물을 인하여 하나님의 사업을 무너지게 하므로 고기도 안 먹고 포도주도 마시지 않았다. 그런 의미에서 기독교인의 삶은 소극적으로는 악과 죄를 멀리할 뿐 아니라 적극적으로는 그런 것들에 대항하여 힘써 싸우는 삶이어야 한다. 그리하여 승리하는 삶을 살아야 한다.

노아의 실수와 가나안 족속의 조상인 함

최초의 인류였던 가인과 아벨이 드린 제사로 말미암아 민족이 나뉜 이후, 가인과 셋의 민족들이 반목 질시하며 살았다. 그 이후 한 민족만 범죄하고 타락한 것이 아니라 이젠 두 민족의 후손들이 다 죄를 범하여 하나님의 진노인 홍수 심판을 받고 전 인류가 멸망하고 말았다. 홍수 대심판으로 인하여 의인 노아와 일곱 식구만이 구원을 받았다.

　노아의 홍수 심판은 창조 이후 죄를 범한 인간들이 또다시 시기와 다툼 그리고 질투를 일삼음으로 인류의 대청소가 되었다. 그리고 한 혈통에서 나온 한 형제와 자매들이 한동안 미움과 다툼 없이 아주 평화롭게 화기애애하게 잘살았다. 그런데 그런 세상이 어떻게 해서 또다시 민족이 나뉘고 다툼과 분열과 전쟁이 시작되었는지 그 이유를 아는가? 바로 술 때문이었다.

　창세기 9장 25절에 보면 "가나안은 저주를 받아 그 형제의 종들의 종이 되기를 원하노라"라는 말씀이 나온다. 바로 가나안 족속은 노아의 세 아들 중에 둘째 아들의 후예들이다. 그 아들이 저주를 받아 생겨난 족속이다. 그러면 노아는 왜 세 아들 중에 두 아들은 축복하고, 한 아들은 저주했는가? 그 이야기는 다음과 같다.

　지구와 모든 인류 그리고 생축이 홍수로 멸망한 후, 노아 할아버지는 방주에서 나와 자식들과 함께 농사를 지었다. 그리고 땅에다 포도나무를 심었다. 포도나무가 자라 열매를 맺자 익은 포도를 따서 포도주를 담갔다. 어느 날 노아는 포도주를 너무 많이 마시고 취하여 장막 안에서 잠이 들었다. 잠을 잘 때 술기운에 그랬는지, 아니면 너무 열이 나서 그랬는지는 잘 모르겠지만 옷을 홀딱 벗고 알몸으로 잠을 잤다.

　그런데 문제는 아버지가 술에 취하여 발가벗고 잠자는 광경을 둘째 아들 함이 먼저 목격하게 된다. 함은 아버지의 실수를 감싸지 않고 밖에 나가 형제들에게 소문을 냈다. 그러자 첫째 아들 함과 막내 아들 야벳은 옷을 취하여 장막 안으로 들어가면서 아버지의 하체를 볼까 봐 똑바로 들어가지도 못하고, 뒷걸음질쳐 들어가서 아버지의 벗은 몸을 덮어 주었다. 노아가 술에서 깨어나 이 사실을 알고 난 후, 세 아들에 대한 축복과 저주를 하게 된다. 이로 인하여 이스라엘 민족과 가나안 민족으로 나뉘게 된다.

여기에는 몇 가지 아쉬움이 남는다. '노아가 홍수 심판 이후 포도나무만 심지 않았더라면……', '노아가 포도나무를 심었더라도 익은 포도를 따서 포도주를 담그지 않았더라면……', '노아가 술만 마시지 않았더라면……', '아니 술을 마시더라도 조금 마시고 너무 많이 마시지 않아 인사불성이 되지 않았더라면……', '술에 취했더라도 벌거벗지만 않았더라면……'

그러나 그런 아쉬움은 아무 소용이 없다. 문제는 노아가 술을 마시고 취하였다는 데 있다. 그리고 아버지 노아가 실수를 해놓고, 왜 아들에게 죄를 뒤집어씌우고 저주를 하는가 하는 문제이다. 곧 아버지에 대한 원망이 남는다.

노아가 방주를 만드는 일을 위해서 얼마나 오랜 세월 수고했는가? 또 자식들은 아버지의 방주 짓는 일을 돕기 위해 제대로 놀지도 못하고 얼마나 효도하고 충성했는가? 또한 노아는 방주를 만들면서 복음을 전파할 때 이웃 사람들로부터 얼마나 심한 반대와 인격 모독, 신성 모독적인 야유와 멸시를 받았는가? 그리고 홍수에서 구원받는 일은 얼마나 감격적인 사건이었는가?

그런데 끝내는 자신이 포도주를 너무 많이 마시고 취하여 실수한 바람에 한 아들의 장래가 망하고 만다. 그리고 자식들 간에 반목과 질시와 살벌한 전투가 벌어진다. 바로 술 때문이다. 그러니까 노아가 포도주를 마시고 취하여 벌거벗은 게 탈이었다. 아니, 애초에 포도나무를 심은 게 잘못이었다. 그것도 아니면 포도주를 담근 게 잘못이었다(창 9:20-27).

그 일이 있은 후, 이스라엘 백성들이 출애굽하여 그 조상들에게 언약된 축복의 땅인 가나안을 향해 들어갈 때, 그 땅이 자기들의 조상의 땅이었지만 들어가기가 여간 힘들고 어렵지 않았다. 왜냐하면 전쟁 때문이었다. 악전고투 끝에 가나안에 거의 다 가서는 여리고 성과 아이 성을 무너뜨리지 않으면 안 되었다(수 6-7장). 그리고 가나안에 들어가서는 가나안에 살고 있는 모든 족속을 진멸하지 않으면 안 되었다(수 10장). 왜 그런가?

바로 그 민족이 저주받은 함의 후손들이었기 때문이다. 그러면 왜 그런 저주받은 조상이 생겨났는가? 바로 노아 할아버지가 포도주를 너무 많이 마시고 취하여 결정적인 실수를 한 탓이다. 그리고 둘째 아들을 저주한 때문이다.

욥의 자녀들도

욥의 자녀들이 꼭 술을 마셨기 때문에 하루아침에 멸망했다고 단정할 수는 없다. 물론 그 시대엔 포도주를 음료수처럼 마셨다는 것도 잘 안다. 그러나 어떻든 욥의 자녀들이 포도주를 마시다가 죽은 것은 사실이다.

"하루는 욥의 자녀들이 그 맏형의 집에서 식물을 먹으며 포도주를 마실 때에 사자가 욥에게 와서 고하되 소는 밭을 갈고 나귀는 그 곁에서 풀을 먹는데 스바 사람이 갑자기 이르러 그것들을 빼앗고 칼로 종을 죽였나이다 나만 홀로 피한고로 주인께 고하러 왔나이다"(욥

1:13-15).

"그가 아직 말할 때에 또 한 사람이 와서 고하되 주인의 자녀들이 그 맏형의 집에서 식물을 먹으며 포도주를 마시더니 거친 들에서 대풍이 와서 집 네 모퉁이를 치매 그 소년들 위에 무너지므로 그들이 죽었나이다 나만 홀로 피한고로 주인께 고하러 왔나이다 한지라"(욥 1:18-19).

그런데 욥은 자녀들이 생일 파티를 하고 나면 자녀들을 정결케 하기 위해 꼭 짐승을 잡아 제사를 드렸다. 파티에서 아무리 자신을 세속에 물들지 않도록 지킨다고 하지만 술 파티를 하면 성결을 유지하기가 힘든 법이다. 그래서 동방의 의인 욥은 자녀들을 위한 제사를 드린 것이다(욥 1:1-5).

모압과 암몬 족속의 조상 롯

노아의 홍수 이후 노아의 포도주 만취 사건으로 두 민족이 나뉘진 것도 역사적인 비극인데, 그 이후 또다시 민족이 나뉘는 악순환의 역사가 계속된다. 구약성경을 읽어보면 이스라엘을 침략하고 괴롭힌 나라와 민족들이 나온다. 그런 나라가 없었으면 이스라엘 백성들이 참 편하게 잘살 수 있었을 텐데 그 민족들이 눈엣가시처럼 옆에서 성가시게 굴었다.

그 나라가 어떤 나라이며, 그 백성들이 어떤 백성들인가? 물론 이스마엘과 에서의 후손이지만 그 이후의 민족이 바로 모압과 암몬이라는 나라와 민족이다. 그러면 어떻게 해서 그런 모압과 암몬 족속이 생겨났는지 그 이야기를 한번 살펴보자.

극도로 타락한 소돔과 고모라 성이 유황불로 멸망하고 말았다. 롯은 구사일생으로 살아나긴 했지만 어머니를 잃은 두 딸은 피난한 소알 성의 한 산에 올라가 그곳에 있는 굴에 임시로 거하게 되었다. 아버지와 딸들이 함께 굴에서 여러 날을 지내는데, 어느 날 밤에 큰딸이 작은딸에게 제안했다.

> "우리 아버지는 늙으셨고 이 땅에는 세상의 도리를 좇아 우리의 배필될 사람이 없으니 우리가 우리 아버지에게 술을 마시우고 동침하여 우리 아버지로 말미암아 인종을 전하자"(창 19:31-32).

동생이 쾌히 동의하니까 그날 밤에 두 딸이 아버지에게 들어가 아버지에게 술을 마시게 하고 취하게 한 다음에 큰딸이 들어가서 아비와 동침했다. 그러나 아버지는 술을 너무 많이 마시고 취하였으므로 큰딸의 눕고 일어남을 알아차리지 못했다. 이튿날에 언니가 동생에게 말했다.

> "어제 밤에는 내가 우리 아버지와 동침하였으니 오늘밤에도 우리가 아버지에게 술을 마시우고 네가 들어가 동침하고 우리가 아버지로 말미암아 인종을 전하자"(창 19:34).

그러니까 동생이 언니와 똑같이 아버지에게 술을 마시게 하여 만취케 한 후 동침을 하는데, 아버지는 술에 취하여 딸을 알아보지 못했다. 결과는 두 딸이 임신을 하게 되어 큰딸이 낳은 아들 이름을 '모압'이라고 지었고, 둘째 딸 역시 임신하여 아들을 낳았는데 그 이름을 '벤암미' 즉 '암몬'이라고 지었다. 이것이 바로 암몬과 모압 족속의 기원이다(창 19:35-38).

오늘날 중동의 유대인들과 아랍인들과의 민족 전쟁과 종교 전쟁이 바로 술로 인해 파생된 죄악의 결과이다. 이 두 민족이 지구상에 태어난 것이 맨 정신으로 된 일이 아니었다. 바로 술 때문에 그 민족이 태어났고, 그 민족이 이스라엘을 두고두고 괴롭혀 왔으며 지금도 마찬가지이다. 모두 인과응보이다.

시문학에서

솔로몬 왕은 그의 잠언에서 술에 대해 다음과 같이 말하고 있다.

"포도주는 거만케 하는 것이요 독주는 떠들게 하는 것이라 무릇 이에 미혹되는 자에게는 지혜가 없느니라"(잠 20:1).

"재앙이 뉘게 있느뇨 근심이 뉘게 있느뇨 분쟁이 뉘게 있느뇨 원망이 뉘게 있느뇨 까닭 없는 창상이 뉘게 있느뇨 붉은 눈이 뉘게 있느뇨 술에 잠긴 자에게 있고 혼합한 술을 구하러 다니는 자에게 있느니라 포도주는 붉고 잔에서 번쩍이며 순하게 내려가나니 너는 그것을 보지도 말지어다 이것이 마침내 뱀같이 물 것이요 독사같이 쏠 것이며 또 네 눈에는 괴이한 것이 보일 것이요 네 마음은 망령된 것을 발할 것이며 너는 바다 가운데 누운 자 같을 것이요 돛대 위에 누운 자 같을 것이며 네가 스스로 말하기를 사람이 나를 때려도 나는 아프지 아니하고 나를 상하게 하여도 내게 감각이 없도다 내가 언제나 깰까 다시 술을 찾겠다 하리라"(잠 23:29-35).

"르무엘아 포도주를 마시는 것이 왕에게 마땅치 아니하고 왕에게 마땅치 아니하며 독주를 찾는 것이 주권자에게 마땅치 않도다 술을 마시다가 법을 잊어버리고 모든 간곤한 백성에게 공의를 굽게 할까 두려우니라 독주는 죽게 된 자에게 포도주는 마음에 근심하는 자에게 줄지어다 그는 마시고 그 빈궁한 것을 잊어버리겠고 다시 그 고통을 기억지 아니하리라"(잠 31:4-7).

선지서에서

선지자들도 독주와 포도주에 대한 예언을 한다.

"아침에 일찍이 일어나 독주를 따라가며 밤이 깊도록 머물러 포도주에 취하는 그들은 화 있을진저 그들이 연회에는 수금과 비파와 소고와 저와 포도주를 갖추었어도 여호와의 행하심을 관심치 아니하며 그의 손으로 하신 일을 생각지 아니하는도다"(사 5:11-12).

"그 날에 주 만군의 여호와께서 명하사 통곡하며 애호하며 머리털을 뜯으며 굵은 베를 띠라 하셨거늘 너희가 기뻐하며 즐거워하며 소를 잡고 양을 죽여 고기를 먹고 포도주를 마시면서 내일 죽으리니 먹고 마시자 하도다 만군의 여호와께서 친히 내 귀에 들려 가라사대 진실로 이 죄악은 너희 죽기까지 속하지 못하리라 하셨느니라 주 만군의 여호와의 말씀이니라"(사 22:12-14).

"새 포도즙이 슬퍼하고 포도나무가 쇠잔하며 마음이 즐겁던 자가 다 탄식하며 소고 치는 기쁨이 그치고 즐거워하는 자의 소리가 마치고 수금 타는 기쁨이 그쳤으며 노래하며 포도주를 마시지 못하고 독주는 그 마시는 자에게 쓰게 될 것이며 약탈을 당한 성읍이 훼파되고 집마다 닫히었고 들어가는 자가 없으며 포도주가 없으므로 거리에서 부르짖으며 모든 즐거움이 암흑하여졌으며 땅의 기쁨이 소멸되었으며 성읍이 황무하고 성문이 파괴되었느니라 세계 민족 중에 이러한 일이 있으리니 곧 감람나무를 흔듦 같고 포도를 거둔 후에 그 남은 것을 주움 같을 것이니라"(사 24:7-13).

"취한 자 에브라임의 교만한 면류관이여 화 있을진저 술에 빠진 자의 성 곧 영화로운 관같이 기름진 골짜기 꼭대기에 세운 성이여 쇠잔해 가는 꽃 같으니 화 있을진저 보라 주께 있는 강하고 힘있는 자가 쏟아지는 우박같이, 파괴하는 광풍같이, 큰물의 창일함같이 손으로 그 면류관 땅에 던지리니 에브라임의 취한 자의 교만한 면류관이 발에 밟힐 것이라"(사 28:1-3).

"재판석에 앉은 자에게는 판결하는 신이 되시며 성문에서 싸움을 물리치는 자에게는 힘이 되시리로다마는 이 유다 사람들도 포도주로 인하여 옆걸음 치며 독주로 인하여 비틀거리며 제사장과 선지자도 독주로 인하여 옆걸음 치며 포도주에 빠지며 독주로 인하여 비틀거리며 이상을 그릇 풀며 재판할 때에 실수하나니 모든 상에는 토한 것 더러운 것이 가득하고 깨끗한 곳이 없도다"(사 28:6-8).

"들의 짐승들아 삼림 중의 짐승들아 다 와서 삼키라 그 파수꾼들은 소경이요 다 무지하며 벙어리 개라 능히 짖지 못하며 다 꿈꾸는 자요 누운 자요 잠자기를 좋아하는 자니 이 개들은 탐욕이 심하여 족한 줄을 알지 못하는 자요 그들은 몰각한 목자들이라 다 자기 길로 돌이키며 어디 있는 자이든지 자기 이만 도모하며 피차 이르기를 오라 내가 포도주를 가져오리라 우리가 독주를 잔뜩 먹자 내일도 오늘같이 또 크게 넘치리라 하느니라"(사 56:9-12).

"어찌하여 네 의복이 붉으며 네 옷이 포도즙 틀을 밟는 자 같으뇨 만민 중에 나와 함께한 자가 없이 내가 홀로 포도즙 틀을 밟았는데 내가 노함을 인하여 무리를 밟았고 분함을 인하여 짓밟았으므로 그들의 선혈이 네 옷에 뛰어 내 의복을 다 더럽혔음이니……"(사 63:2-3).

"내 노함을 인하여 만민을 밟았으며 내가 분함을 인하여 그들을 취케 하고 그들의 선혈로 땅에 쏟아지게 하였느니라"(사 63:6).15)

"그러므로 너희는 이 말로 그들에게 이르기를 이스라엘의 하나님 여호와의 말씀에 모든 병이 포도주로 차리라 하셨다 하라 그리하면 그들이 네게 이르기를 모든 병이 포도주로 찰 줄을 우리가 어찌 알지

---

15) 여기 '선혈'은 '정욕'으로도 번역할 수 있다.

못하리요 하리니 너는 다시 그들에게 이르기를 여호와의 말씀에 보라 내가 이 땅의 모든 거민과 다윗의 위에 앉은 왕들과 제사장들과 선지자들과 예루살렘 모든 거민으로 잔뜩 취하게 하고 또 그들로 피차 충돌하여 상하게 하되 부자간에도 그러하게 할 것이라 내가 그들을 불쌍히 여기지 아니하며 관용치 아니하며 아끼지 아니하고 멸하리라 하셨다 하라 여호와의 말이니라"(렘 13:12-14).

그리고 호세아는 이스라엘 민족의 범죄와 타락을 예언한 선지서이다. 특히 호세아는 음란한 여자 고멜과 결혼한다. 그런 가운데 하나님께서 말씀하셨다.

"음행과 묵은 포도주와 새 포도주가 마음을 빼앗는도다"(호 4:11).

또한 요엘과 하박국에 보면 다음과 같은 말씀이 나온다.

"너희는 낫을 쓰라 곡식이 익었도다 와서 밟을지어다 포도주 틀이 가득히 차고 포도주 독이 넘치니 그들의 악이 큼이라"(욜 3:13).

"네게 영광이 아니요 수치가 가득한즉 나도 마시고 너의 할례 아니한 것을 드러내라 여호와의 오른손의 잔이 네게로 돌아올 것이라 더러운 욕이 네 영광을 가리우리라"(합 2:16).

어떠한가? 결국 포도주가 많이 생산되고 포도주 독이 넘치는 것은 세상에 죄악이 크고 악독이 넘친다는 뜻이다.

복음서와 서신서에서

신앙의 최종 목표는 예수님 재림 신앙이고, 천국 신앙이다. 그러면 예수님의 재림을 맞이하는 성도들이 어떤 믿음과 삶으로 주님을 맞이해야 하겠는가? 신부는 몸과 마음을 청결하게 하고 신랑을 맞이해야 한다.

> "너희는 스스로 조심하라 그렇지 않으면 방탕함과 술 취함과 생활의 염려로 마음이 둔하여지고 뜻밖에 그 날이 덫과 같이 너희에게 임하리라"(눅 21:34).

> "술 취하지 말라 이는 방탕한 것이니 오직 성령의 충만을 받으라"(엡 5:18).

예수님이 언제 오실지만 안다면 그동안 마음껏 술을 마시다가 예수님 오시기 전날만 마시지 않으면 될 텐데, 문제는 사람이 언제 죽을지 모르듯이 그 누구도 예수님이 언제 오실지 모른다는 것이다.

> "그러나 그 날과 그 때는 아무도 모르나니 하늘의 천사들도 아들도 모르고 오직 아버지만 아시느니라"(마 24:36).

요한계시록에서

신약 교회 이후 말세의 예언서인 요한계시록에 보면, 금주가 언급되고 있는 잠언(23:29-35)에서 말씀하고 있는 정도가 아니라 바로 술을 진노의 포도주라고 언급하고 있다.

"또 다른 천사 곧 둘째가 그 뒤를 따라 말하되 무너졌도다 무너졌도다 큰 성 바벨론이여 모든 나라를 그 음행으로 인하여 진노의 포도주를 먹이던 자로다 하더라"(계 14:8).

"그도 하나님의 진노의 포도주를 마시리니"(계 14:10).

"천사가 낫을 땅에 휘둘러 땅의 포도를 거두어 하나님의 진노의 포도주 틀에 던지매 성 밖에서 그 틀을 밟으니 틀에서 피가 나서 말굴레까지 닿았고 일천육백 스다디온에 퍼졌더라"(계 14:19-20).

"큰 성이 세 갈래로 갈라지고 만국의 성들도 무너지니 큰 성 바벨론이 하나님 앞에 기억하신 바 되어 그의 맹렬한 진노의 포도주 잔을 받으며 각 섬도 없어지고 산악도 간데없더라"(계 16:19).

"땅의 임금들도 그로(음녀) 더불어 음행하였고 땅에 거하는 자들도 그 음행의 포도주에 취하였다 하고"(계 17:2).

"그 음행의 진노의 포도주를 인하여 만국이 무너졌으며 또 땅의 왕들이 그로 더불어 음행하였으며 땅의 상고들도 그 사치의 세력을 인하여 치부하였도다 하더라"(계 18:3).

"……또 친히 하나님 곧 전능하신 이의 맹렬한 진노의 포도주 틀을 밟겠고"(계 19:15).16)

이 시대도 마찬가지

노아의 홍수나 소돔과 고모라의 때뿐 아니라 바로 오늘 이 시대도 결국 술과 성적 타락으로 멸망할 것이다. 술이 없었다면 건강한 가정이 파괴되거나 술로 인한 교통사고도 나지 않을 것이며, 사람을 죽이거나 중상을 입게 하고, 성폭행을 하지 않을 텐데……. 오늘 우리 사회에서 일어난 수많은 사건 사고들이 술 때문이다. 술이 있는 곳엔 음녀가 있고, 음녀가 있는 곳엔 술이 있기 때문이다. 인류 역사와 세계 역사 멸망의 원인은 다른 데 있지 않고 오직 인간들의 도덕적 타락과 윤리적 탈선에 있었다. 예수님의 말씀을 다시 듣자.

"인자의 나타나는 날에도 이러하리라"(눅 17:30).

인자의 날이 곧 재림의 날이고 인류 멸망의 날인데, 그때 어떻다는 것인가?

---

16) 자세한 내용은 성경에 언급된 술에 대한 부록을 참고하기 바란다.

"노아의 때에 된 것과 같이 인자의 때에도 그러하리라 노아가 방주에 들어가던 날까지 사람들이 먹고 마시고 장가들고 시집 가더니 홍수가 나서 저희를 다 멸하였으며 또 롯의 때와 같으니라 사람들이 먹고 마시고 사고 팔고 심고 집을 짓더니 롯이 소돔에서 나가던 날에 하늘로서 불과 유황이 비오듯 하여 저희를 멸하였느니라"(눅 17:26-29).

그렇다. 오늘날도 무분별하게 술을 마시고 범죄하고 타락한다면 노아의 때와 같이 홍수의 심판은 아니지만 하나님의 준엄한 심판이 올 것이다. 그래도 정신을 차리지 못하고 범죄한다면 소돔과 고모라 성에 떨어진 유황불이 다시 임할 것이다. 한 가지 분명한 사실은 미래의 심판은 술 때문이라는 것이다.

술이 원수

사람들이 먹고 마시는 음식이나 음료수가 원수일 수는 없다. 물론 하와가 따먹은 선악과가 인류의 원수가 되었지만 하나님의 명령에 순종하여 따먹지만 않았더라도 선악과가 인류의 원수가 되지는 않았을 것이다.

그러나 술은 인간의 원수이다. 우리나라의 경우 어머니와 자녀들은 남편과 아버지가 밖에서 술을 마시고 집에 들어와 주정을 하거나 가족에게 폭행을 가하면 아무런 대항도 하지 못하고 그냥 얻어맞으면서 '술이 원수'라는 말만 되풀이했다. 왜냐하면 평소에 술 취하지 않은 남편이나 아버지는 그렇지 않았기 때문이다. 그놈의 원수 같은 술이 남편과 아버지를 그렇게 만들었던 것이다.

  아마 노아의 아내도 남편이 술에 취하여 방 가운데 벌거벗고 벌렁 누워 있던 결과로 자식들 중에 함이 저주받는 것을 보고 '술이 원수'라는 말을 했을 것이다. 그런 술을 왜 마셔야 하는가?

제5장
혼인 잔치와 술

"사흘 되던 날에 갈릴리 가나에 혼인이 있어 예수의 어머니도 거기 계시고 예수와 그 제자들도 혼인에 청함을 받았더니 포도주가 모자란지라 예수의 어머니가 예수에게 이르되 저희에게 포도주가 없다 하니 예수께서 가라사대 여자여 나와 무슨 상관이 있나이까 내 때가 아직 이르지 못하였나이다 그 어머니가 하인들에게 이르되 너희에게 무슨 말씀을 하시든지 그대로 하라 하니라 거기 유대인의 결례를 따라 두세 통 드는 돌항아리 여섯이 놓였는지라 예수께서 저희에게 이르시되 항아리에 물을 채우라 하신즉 아구까지 채우니 이제는 떠서 연회장에게 갖다 주라 하시매 갖다 주었더니 연회장은 물로 된 포도주를 맛보고 어디서 났는지 알지 못하되 물 떠온 하인들은 알더라 연회장이 신랑을 불러 말하되 사람마다 먼저 좋은 포도주를 내고 취한 후에 낮은 것을 내거늘 그대는 지금까지 좋은 포도주를 두었도다 하니라 예수께서 이 처음 표적을 갈릴리 가나에서 행하여 그 영광을 나타내시매 제자들이 그를 믿으니라"(요 2:1-11).

술에 대한 혼란

먼저 이 글은 성경을 문자적으로 해석하거나 원어를 풀이하는 신구약성경 주석이 아니라는 것을 밝혀 둔다. 이 글은 술에 있어서 성경 전체를 종합하여 그 교훈과 의미를 찾는 데 그 목적이 있다.

문제는 성경에서 처음부터 끝까지 술을 마시지 말라고 일관되게 주장하면 참 좋을 텐데 그렇지 않다는 것이다. 성경에는 술을 마시지 말라는 말씀과 함께 당시 세속적 특권층인 왕이나 종교적인 계층인 제사장들에게 술을 허용하는 내용이 나온다. 여기서 혼란이 올 수 있다.

그러니까 명색이 노아도 술을 마셨고, 욥의 자녀들도 생일잔치가 열리면 포도주를 마셨다. 왕들도 술을 마셨고, 느헤미야는 하가랴의 아들로 바사(페르시아) 왕 아닥사스다 왕 1세 재임 시 수산 궁에서 술 따르는 일을 맡은 관원이었다. 거기다 예수님께서는 갈릴리 가나 혼인 잔치에서 물을 포도주로 만드는 기적을 행하셨다. 그러므로 요한복음 2장의 갈릴리 가나 혼인 잔치의 포도주 기적은 성경이 술을 허용한다고 주장하는 이들의 단골 메뉴이다. 그리고 교회가 성찬 예식을 거행할 때 포도주를 사용한다는 것이다.

예수님께서 포도주 기적을 일으키시고 성만찬에서 포도주를 사용했다고 해서 성경이 술을 허용하는 것은 아니다(성찬예식의 포도주 사용 문제는 다음에 구체적으로 언급하겠다). 그리고 나실인의 경우는 일정 기간 포도주뿐 아니라 생포도나 건포도도 먹지 못하게 했다.

그런 가운데 이미 언급했듯이, 비기독교인들은 물론 기독교인들까지도 성경에 금주에 대한 말씀이 없다고 줄기차게 항변하고 있으며 무책임하게 강조하고 있다. 기독교인들의 경우 세상 사람들이 "성경에 술 마시지 말라는 말씀이 없다"고 하면, "아니, 무슨 말이냐? 여기저기에 술 마시지 말라는 말씀이 분명히 있다"고 해야 할 텐데, 자기들도 함께 마시다 보니까 그런 말씀이 분명히 있는데도 꿀 먹은 벙어리처럼 함구무언이다. 마치 성경에 간음하지 말라, 도적질하지 말라, 살인하지 말라는 말이 분명히 있음에도 불구하고 간음한 자나 도적질한 자나 살인한 자가 묵비권을 행사하듯이 일부 자유신학자들과 일부 몰지각한 목사들, 그리고 철부지 신학생들까지도 그런 실정이니 참으로 안타까운 일이 아닐 수 없다.

성경에 '술을 마시라, 마시지 말라'는 언급이 전혀 없을지라도 기독교인들은 술을 마시면 안 된다. 그 이유는 먼저 기독교인의 삶에 있어 악은 그 모양이라도 버려야 하며, 사회악뿐 아니라 건덕을 쌓는 삶을 살아야 하기 때문이다. 그러나 술은 과거에는 물론 현재에도 사회악이 되어 이루 말할 수 없는 큰 문제로 대두되고 있다. 미래도 마찬가지다. 이대로 나가다간 애 어른 할 것 없이, 남자 여자 할 것 없이 미래에는 술 지옥이 될 것이다.

물론 포도는 하나님이 만드신 피조물이다. 그러나 포도주는 인간이 만든 문화이다. 에덴 동산의 선악과도 하나님께서 만드신 피조물이다. 하나님이 선악과를 만드셨으니 선한 열매인가? 아니다.

그 열매는 선악을 구별하는 금단의 열매이다. 마약의 원자재도 하나님이 만드셨고, 인간에게 유해한 피조물도 하나님이 만드셨다. 그러면 하나님께서 만드신 모든 것은 다 선하고 아름다운가? 아니다. 축복인 것도 있지만 저주인 것도 있다. 또한 잘 사용하면 축복인데 잘못 사용하면 저주가 된다.

이미 말씀드렸듯이, 이른 비와 늦은 비가 때를 따라 내리면 하나님의 자연 은총이지만, 그것이 폭우로 변하여 홍수가 나면 자연재해가 된다. 파도가 밀물과 썰물 현상에서 자연스럽게 치면 낭만이지만, 태풍을 동반한 파도나 해일이 되면 자연재해다. 요즈음은 자연의 보복이 적군의 보복보다 강렬하고, 핵무기 공격보다 더 무섭고 그 결과는 처참하다.

그러면 술을 마시는 자들은 이른 비와 늦은 비가 적당히만 내리면 되듯이 적당히 마시면 된다는 이론이 성립된다는 말인가? 아니다. 문제는 그 '적당히'가 정기(습관)적인 데 있다. 다른 일은 정기적으로 습관적으로 해야 하지만 알코올은 정기적으로 마시거나 습관적으로 마시면 안된다.

최근에 나온 연구 보고에 의하면, 매일 정기적으로 한두 잔의 술을 마시는 것도 건강에 좋지 않은 것으로 보고되었다. 구체적으로 말하면, 어떤 질병에 어떤 특효약이 개발되었다고 하자. 그런데 그 질병에 걸린 환우가 그 약을 정기적으로 복용하면 그 질병 자체에는 특효약이 될 수 있지만, 다른 장기에는 부작용이 나타나 손상을 줄 수 있다. 술도 마찬가지이다. 그런 의미에서 지금까지의 술에 대한 연구 보고는 일관성이 없는 것이 사실이다.

술은 일단 입에 대고 마시면 과음을 하게 되고, 과음을 하면 습관성 음주자가 되고, 습관성 음주자가 되다 보면 그 습관이 발전하여 알코올 중독자가 된다. 과음하는 자와 알코올 중독자가 수적으로 그리 많지 않으니 조심만 하면 된다고 할 수도 있다. 그러나 한 가지 확실한 사실은, 갈수록 습관성 음주자와 알코올 중독자의 수가 늘어 가는 것이다.

또한 모든 이론을 뒤로 하고 술로 인한 사회적인 문제는 어떻게 해결해야 하는가? 만약 그렇다면 법을 어기는 사람이 절대 다수가 아니기 때문에 법을 어겨도 되고 거추장스러운 법은 없애도 된다는 이론이 성립될 수 있다.

이삭이 야곱에게 축복할 때도 포도주 축복이 나온다.

> "내가 그를 너의 주로 세우고 그 모든 형제를 내가 그에게 종으로 주었으며 곡식과 포도주를 그에게 공급하였으니 내 아들아 내가 네게 무엇을 할 수 있으랴"(창 27:37).

또한 제사 제도 중 전제로 드리는 제물 중에 포도주를 드리게 되어 있다.

> "한 어린 양에 고운 밀가루 에바 십분 일과 찧은 기름 힌의 사분 일을 더하고 또 전제로 포도주 힌의 사분 일을 더할지며"(출 29:40).

> "그 소제로는 기름 섞은 고운 가루 에바 십분 이를 여호와께 드려 화제를 삼아 향기로운 냄새가 되게 하고 전제로는 포도주 힌 사분 일을 쓸 것이며"(레 23:13).

또한 열왕들이 술을 상습적으로 마시는 것을 허용하는 장면이 나온다. 그래서 이사야에 보면, "만군의 여호와께서 이 산에서 만민을 위하여 기름진 것과 오래 저장하였던 포도주로 연회를 베푸시리니 곧 골수가 가득한 기름진 것과 오래 저장하였던 맑은 포도주로 하실 것이며"(25:6), "그들이 가옥을 건축하고 그것에 거하겠고 포도원을 재배하고 열매를 먹을 것이며"(65:21)라는 말씀이 나온다.

그러나 솔로몬은 왕인 르무엘에게 "포도주를 마시는 것이 왕에게 마땅치 아니하고 왕에게 마땅치 아니하며 독주를 찾는 것이 주권자에게 마땅치 않다"면서 "술을 마시다가 법을 잊어버리고 모든 간곤한 백성에게 공의를 굽게 할까 두려우니", "독주는 죽게 된 자에게나 주며 포도주는 마음에 근심하는 자에게 주라"고 제한하고 있다(잠 31:4-6).

반복하면 성경 전체의 명령은 술을 금하고 있다는 사실이다. 사탄이 처음부터 사탄이 아니라 하나님과 겨루어 높아지려다가 타락한 천사가 사탄이 되었듯이, 결국 포도주와 술은 하나님께서 만드신 포도를 사람들이 포도주로 만들어 잘못 사용하고 폭음함으로 인류를 멸망케 하는 불명예스러운 주류(酒類)가 된 것이다. 그리고 그 포도주가 발전하여 각종 독주가 만들어진 것이다.

이미 언급했듯이 노아도, 소돔과 고모라도 술 때문에 망했다. 그런가 하면 주인의 종노릇 하는 이의 일상생활도 마찬가지이다. 시킨 일은 하지 않고 만날 술만 마시면 안 된다.

"만일 그 악한 종이 마음에 생각하기를 주인이 더디 오리라 하여 동무들을 때리며 술친구들로 더불어 먹고 마시게 되면 생각지 않은 날 알지 못하는 시간에 그 종의 주인이 이르러 엄히 때리고 외식하는 자의 받는 율에 처하리니 거기서 슬피 울며 이를 갊이 있으리라"(마 24:48-51).

주의 재림이 임하기 전에 구원받은 성도들은 세상이 어떻게 바뀌어도 세속에 물들지 않고 그 언행을 삼가 조심하며 살게 되어 있다.

"너희는 이 세대를 본받지 말고 오직 마음을 새롭게 함으로 변화를 받아 하나님의 선하시고 기뻐하시고 온전하신 뜻이 무엇인지 분별하도록 하라"(롬 12:2).

사람들이 먹고, 마시고, 장가들고, 시집 가는 것이 무엇이 잘못인가? 사람이 먹어야지 먹지 않고 마시지 않고 어떻게 사는가? 사람을 창조하신 목적이 돕는 배필이 되게 하기 위해 여자인 하와를 만들었는데 장가 가고 시집 가는 것이 뭐가 잘못되었는가?

그 이유는 바로 여기에 있다. 사람들이 일용할 양식인 음식을 먹는 것이 아니라 정욕적인 음식을 먹었다는 것이다. 사람들이 날마다 물이나 주스를 마시는 것이 아니라 술을 마셨다는 것이다. 사람들이 정상적인 결혼을 하는 것이 아니라 비정상적인 간음, 행음, 음행을 범했다는 것이다. 그러므로 오늘날도 먹고 마시는 것이 죄악인 경우가 너무나 많다. 그러므로 성도들은 먹을 것을 가려서 먹어야 하며 마실 것을 가려서 마셔야 한다.

"그런즉 너희가 먹든지 마시든지 무엇을 하든지 다 하나님의 영광을 위하여 하라"(고전 10:31).

세상도 그런 사람들이 많으면 문제지만 교회 안에도 먹고 마시기를 탐하는 자들이 많이 있으면 문제이다.

> "하나님의 나라는 먹는 것과 마시는 것이 아니요 오직 성령 안에서 의와 평강과 희락이라"(롬 14:17).

> "식물을 인하여 하나님의 사업을 무너지게 하지 말라 만물이 다 정하되 거리낌으로 먹는 사람에게는 악하니라 고기도 먹지 아니하고 포도주도 마시지 아니하고 무엇이든지 네 형제로 거리끼게 하는 일을 아니함이 아름다우니라"(롬 14:20-21).

무엇을 먹는 일이 하나님의 사업을 무너지게 하는 것인가? 밥인가, 국인가? 아니다. 술이다. 가정과 사업도 술이 망하게 한다. 그러므로 교회 지도자들은 물론 모든 성도들까지도 술을 마시지 않는 것이 지극히 당연하다. "감독은 술을 즐기지 아니하며"(딤전 3:3), "술에 인 박이지 아니하며"(딤전 3:8).

그렇다면 나는 술을 즐기지 아니하고 술에 인 박이지 아니하였으므로 때를 따라 적당히 마시는 것은 얼마든지 허용된다고 주장할 수 있는가? 아니다. 디도서에 보면 "늙은 여자들은……술의 종이 되지 아니하며"(2:3)라고 말씀한다. 이에 어떤 사람은 "그러면 술의 종이 되지 않고 술의 주인이 되면 되지 않는가?"라고 말할 수도 있다. 그러나 그렇지 않다. 술을 마실 장사는 있어도 술을 이길 장사는 없다.

또는 "술을 매일 즐기지 아니하고 적당하게 마시면 되고, 술의 종이 되거나 중독만 되지 않고 술을 정복하면서 기회 봐가며 적당히 마시면 되지 않는가?"라고 말할 수도 있다. 그러나 일단 술이란 마시기 시작하면 거기서 헤어 나오지 못하는 법이다.

한국의 술장사 기독교인들

한국 교회가 아이러니한 것이, 사실인지 아닌지는 잘 모르겠지만 한국의 양대 술 회사가 있는데 한 회사의 사장은 천주교인이고, 다른 회사의 사장은 기독교인이라는 것이다. 그러니 한국 기독교가 말이 아닌 것이다.

옛날에 백화양조라는 소주 회사가 있었다. 그 회사 사장 부인이 예수님을 믿고 상도동의 J교회를 나가게 되었다. 예수님을 믿고 권사까지 되고 보니 다른 사업은 몰라도 술 사업은 할 게 아니어서 남편을 전도하기 시작했다. 그 권사는 매일 하나님께 기도했다. "하나님, 내 남편 예수 믿게 해주시고 저 죄악 된 술장사를 때려치우게 해주세요."

회사에서는, 소주는 물이 좋아야 하기 때문에 용인 양지에 삼수갑산을 사놓았다. 목적은 그곳에서 나는 물로 맛 좋은 소주를 만들기 위함이었다. 그런데 그 남편은 아내의 기도 응답으로 예수님을 믿게 되었고, 회사와 땅을 팔고 말았다. 지금의 총신대학교 신학대학원 양지 캠퍼스가 바로 백화양조 소유였던 것이다.

술과 속담

우리나라 조상들은 삶의 지혜인 명언들을 잘 만들고 이치에 딱 맞는 속담들을 잘 만들기로 유명하다. 그런데 술에 대한 속담을 어떻게 만들어 놓았는가? "처음에는 사람이 술을 마시고, 중간에는 술이 술을 마시고, 마지막에는 술이 사람을 마신다." "술 서 말을 지고는 못 가도 마시고는 간다." "사자 이긴 장사는 있어도 술 이긴 장사는 없더라."

아마 이 외에도 다른 속담들이 많이 있을 것이다. 왜 그랬을까? 다시 말해, 우리 조상들도 처음에는 술에 대해선 자신 있다고 했지만 결국은 술을 정복하지 못했으며, 술의 주인이 되어 보려고 했지만 주인은커녕 종이 되고 말았기 때문이다. 결국 술을 마시게 되면 술에 중독되고, 술로 인해 인생도, 가정도, 나라도 망한다는 교훈이다.[17]

누가 주로 술을 마시는가?

시편에 보면, 술은 악인이 마신다고 했다.

> "여호와의 손에 잔이 있어 술거품이 일어나는도다 속에 섞은 것이 가득한 그 잔을 하나님이 쏟아 내시나니 실로 그 찌끼까지도 땅의 모든 악인이 기울여 마시리로다"(시 75:8).

---

17) 술에 대한 명언들은 부록을 참고하기 바란다.

다음에 폭탄주에 대한 말씀도 언급하겠지만(잠 23:30) 여기에도 보면 술 속에 섞은 것이 가득한 그 잔을 하나님이 쏟아내신다고 했다. 여기서 하나님의 손에 있는 술과 그 찌끼까지 마시는 사람을 누구라고 했는가? 세상의 모든 악인이다. 그러므로 술은 악인이 마시는 것이다. 그러면 당신은 악인이 되기를 원하는가, 아니면 선인이 되기를 원하는가? 하기야 모든 사람이 선인이 되기를 원하면 어찌 세상이 이 모양 이 꼴이 되겠는가? 악인이 되기를 자처한 사람들이 많이 있기 때문에 세상이 이 모양 이 꼴인 것이다.

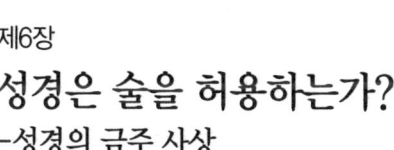

제6장
성경은 술을 허용하는가?
-성경의 금주 사상

"내 아들아 너는 듣고 지혜를 얻어 네 마음을 정로로 인도할지니라 술을 즐겨 하는 자와 고기를 탐하는 자로 더불어 사귀지 말라 술 취하고 탐식하는 자는 가난하여질 것이요 잠자기를 즐겨 하는 자는 해어진 옷을 입을 것임이니라 너 낳은 아비에게 청종하고 네 늙은 어미를 경히 여기지 말지니라 진리를 사고서 팔지 말며 지혜와 훈계와 명철도 그리할지니라 의인의 아비는 크게 즐거울 것이요 지혜로운 자식을 낳은 자는 그를 인하여 즐거울 것이니라 네 부모를 즐겁게 하며 너 낳은 어미를 기쁘게 하라 내 아들아 네 마음을 내게 주며 네 눈으로 내 길을 즐거워할지어다 대저 음녀는 깊은 구렁이요 이방 여인은 좁은 함정이라 그는 강도같이 매복하며 인간에 궤사한 자가 많아지게 하느니라 재앙이 뉘게 있느뇨 근심이 뉘게 있느뇨 분쟁이 뉘게 있느뇨 원망이 뉘게 있느뇨 까닭 없는 창상이 뉘게 있느뇨 붉은 눈이 뉘게 있느뇨 술에 잠긴 자에게 있고 혼합한 술을 구하러 다니는 자에게 있느니라 포도주는 붉고 잔에서 번쩍이며 순하게 내려가나니 너는 그것을 보지도 말지어다 이것이 마침내 뱀같이 물 것이요 독사같이 쏠 것이며 또 네 눈에는 괴이한 것이 보일 것이요 네 마음은 망령된 것을 발할 것이며 너는 바다 가운데 누운 자 같을 것이요 돛대 위에 누운 자 같을 것이며 네가 스스로 말하기를 사람이 나를 때려도 나는 아프지 아니하고 나를 상하게 하여도 내게 감각이 없도다 내가 언제나 깰까 다시 술을 찾겠다 하리라"(잠 23:19-35).

일반적으로 세상 사람들과 기독교인들까지도 성경은 술을 금하는 것이 아니라 허용하고 있다든지, 아니면 술에 대해서는 자율에 맡기고 있는 것으로 생각한다. 그러나 성경 전체를 묵상해 보면 그렇지 않다. 물론 구약성경을 보면 왕들은 술을 마셨으며, 이삭이 야곱을 축복할 때도 포도주를 마시고 축복해 주었다. 신약성경에도 예수님께서 갈릴리 가나의 혼인 잔치에서 물로 포도주를 만드는 기적을 베푸셨다.

그러나 신구약성경에 술을 허용하거나 용납하는 말씀만 나오는 것이 아니다. 이미 앞에서 술에 대한 결과를 민족 분열과 멸망, 그리고 전쟁으로 밝혔듯이 술을 허용하는 것보다 금하는 말씀이 더 많이 나온다.

만약 하나님께서 성경에 술을 허용하셨다면 술에 대한 언급을 하실 때 어떤 경우와 어떤 사람에게는 술을 허용하고, 다른 사람과 다른 곳에서는 금하고 있는가? 그러므로 술에 대해 신구약성경 전체가 언급하고 있는 말씀과 사건을 총정리해 본 후 결론을 내려야 한다.

구약성경의 금주

구약의 금주 사상을 보면 제한 금주 사상이 있고 전체 금주 사상이 있다. 제한은 사람과 때와 장소에 따라, 그리고 사건에 따라 제한하고 있다. 성경 전체를 살펴보면 처음보다 점진적으로 술의 규제가 더욱 엄격해지고 금주에 대한 명령이 더욱 강해지는 것을 볼 수 있다.

1. 유월절 절기에는 유교병을 금했다

"정월에 그 달 십사일 저녁부터 이십일일 저녁까지 너희는 무교병을 먹을 것이요 칠 일 동안은 누룩을 너희 집에 있지 않게 하라 무릇 유교물을 먹는 자는 타국인이든지 본국에서 난 자든지 무론하고 이스라엘 회중에서 끊어지리니 너희는 아무 유교물이든지 먹지 말고 너희 모든 유하는 곳에서 무교병을 먹을지니라"(출 12:18-20).

물론 평소에는 유교병을 먹을 수 있다. 그러나 유월절 절기인 7일 동안에는 마치 금식을 하듯이 유교병, 즉 누룩을 넣은 떡을 먹어서는 안 된다. 참고로 유교병(有酵餠)은 누룩을 넣은 빵을 말하며, 무교병은 누룩을 넣지 아니한 빵을 말한다.

2. 제사장과 나실인에게는 금주였다

구약성경에 보면 제사장과 나실인에게는 철저한 금주를 명령하고 있는데, 그들은 확실하게 그 계명을 실천에 옮겼다.

첫째, 제사장과 그 자손들이 회막에 들어갈 때는 포도주나 독주를 마시면 안 되었다.

> "너나 네 자손들이 회막에 들어갈 때에는 포도주나 독주를 마시지 말아서 너희 사망을 면하라 이는 너희 대대로 영영한 규례라"(레 10:9).

만약 제사장이 술을 마시고 제사 의식을 집례하거나 회막 출입을 할 경우에는 죽임을 당했다. 그러므로 제사장뿐 아니라 그 자손들까지도 회막에 들어갈 때는 포도주나 독주를 삼가야 했다. 다시 말해, 술을 마신 상태에서는 율법과 규례를 가르칠 수 없었고, 제사를 지낼 수도 없었기 때문이다.

그러면 여기서 질문이 하나 생긴다. 그러면 회막에 들어가지 아니한 때는 술을 마셔도 되는 것인가 하는 문제이다. 물론 마실 수 있었다. 그러나 술을 언제, 어디서나 마셔도 되는 일반적인 음료로 인정하지는 않는다. 그런 의미에서 천주교 신부가 평소에 술을 마신다고 해서 미사를 집전하기 전에 술을 마신다면 그것은 성직자로서의 자격을 스스로 포기한 것이다. 여기서 미사를 집전하기 전이 언제인가가 참으로 애매하다. 한 시간 전인지, 한 나절 전인지, 하루 전인지!

둘째, 나실인의 규례, 나실인은 곧 서원의 사람이다.

"여호와께서 모세에게 일러 가라사대 이스라엘 자손에게 고하여 그들에게 이르라 남자나 여자가 특별한 서원 곧 나실인의 서원을 하고 자기 몸을 구별하여 여호와께 드리거든 포도주와 독주를 멀리하며 포도주의 초나 독주의 초를 마시지 말며 포도즙도 마시지 말며 생포도나 건포도도 먹지 말지니 자기 몸을 구별하는 모든 날 동안에는 포도나무 소산은 씨나 껍질이라도 먹지 말지며"(민 6:1-4).

이상에서 보면 나실인은 서원의 기간에는 철저히 금주이며, 하다못해 포도, 씨, 껍질, 즙까지도 먹지 못하게 했다. 그 일례로 나실인 삼손과 그 부모에게까지 금주를 명령하고 있다.

"소라 땅에 단 지파의 가족 중 마노아라 이름하는 자가 있더라 그 아내가 잉태하지 못하므로 생산치 못하더니 여호와의 사자가 그 여인에게 나타나시고 그에게 이르시되 보라 네가 본래 잉태하지 못하므로 생산치 못하였으나 이제 잉태하여 아들을 낳으리니 그러므로 너는 삼가서 포도주와 독주를 마시지 말지며 무릇 부정한 것을 먹지 말지니라"(삿 13:2-4).

"……이 아이는 태에서 나옴으로부터 죽을 날까지 하나님께 바치운 나실인이 됨이라"(삿 13:7).

"마노아가 가로되 당신의 말씀대로 되기를 원하나이다 이 아이를 어떻게 기르오며 우리가 그에게 어떻게 행하오리이까 여호와의 사자가 마노아에게 이르시되 내가 여인에게 말한 것들을 그가 다 삼가서 포도나무의 소산을 먹지 말며 포도주와 독주를 마시지 말며 무릇 부정한 것을 먹지 말아서 내가 명한 것은 다 지킬 것이니라"(삿 13:12-14).

3. 왕에게 금주를 명령하고 있다

구약에는 왕에게 음주를 허락하고 있는 것 같으나 결론은 금주를 명령하고 있다. 술을 마신 왕은 나라를 제대로 통치하지 못하며 재판을 제대로 할 수 없다는 것이다.

"르무엘아 포도주를 마시는 것이 왕에게 마땅치 아니하고 왕에게 마땅치 아니하며 독주를 찾는 것이 주권자에게 마땅치 않도다 술을 마시다가 법을 잊어버리고 모든 간곤한 백성에게 공의를 굽게 할까 두려우니라 독주는 죽게 된 자에게 포도주는 마음에 근심하는 자에게 줄지어다"(잠 31:4-6).

4. 술을 소돔과 고모라의 포도주 같다고 했다

이미 언급했듯이 소돔과 고모라는 분명히 술 때문에 멸망했다. 그러나 소돔과 고모라가 멸망한 사건을 기록한 성경 본문에는 술 때문이라는 직접적인 단어가 나오지 않는다. 그러면 어떻게 술 때문이라고 자신 있게 말할 수 있는가? 바로 다음의 성경 구절을 읽어 보면 알 수 있다.

"그들의 포도나무는 소돔의 포도나무요 고모라의 밭의 소산이라 ……그들의 포도주는 뱀의 독이요 독사의 악독이라 이것이 내게 쌓이고 내 곳간에 봉하여 있지 아니한가"(신 32:32-34).

그러므로 바로 소돔과 고모라가 술 때문에 멸망했다는 뜻이다.

5. 구약성경에서는 불순종하거나 술에 잠긴 아들을 돌로 쳐 죽이라고 했다

신명기 21장에 보면, 부모에게 불순종하고 술에 잠긴 아들을 돌로 쳐 죽이라고 했다.

"사람에게 완악하고 패역한 아들이 있어 그 아비의 말이나 그 어미의 말을 순종치 아니하고 부모가 징책하여도 듣지 아니하거든 그 부모가 그를 잡아 가지고 성문에 이르러 그 성읍 장로들에게 나아가서 그 성읍 장로들에게 말하기를 우리의 이 자식은 완악하고 패역하여 우리 말을 순종치 아니하고 방탕하며 술에 잠긴 자라 하거든 그 성읍의 모든 사람들이 그를 돌로 쳐 죽일지니 이같이 네가 너의 중에 악을 제하라 그리하면 온 이스라엘이 듣고 두려워하리라"(신 21:18-21).

6. 기도하는 사람이 술을 마신 것 같으면 포도주와 독주를 끊으라고 했다

구약에 보면, 사무엘의 어머니 한나가 아들을 낳지 못하여 성전에서 기도할 때 제사장 엘리가 그를 보고 "네가 언제까지 취하여 있겠느냐 포도주를 끊으라"(삼상 1:14)고 한다. 그러니까 한나가 대답한다.

"나의 주여 그렇지 아니하니이다 나는 마음이 슬픈 여자라 포도주나 독주를 마신 것이 아니요 여호와 앞에 나의 심정을 통한 것뿐이오니"(삼상 1:15).

왜 엘리 제사장이 한나에게 포도주를 끊으라고 했겠는가? 기도하러 온 여자가 경건치 못하게 포도주에 취하여 하나님 앞에서 주정하면서 중언부언하는 줄 알았기 때문이다. 다시 말해 하나님 앞에 나올 때는 경건하게 나와야 하고 술에 취한 상태로 나와서는 안 된다는 뜻 아니겠는가?

그러나 그 뜻만 숨어 있겠는가? 그러면 엘리 제사장이 한나에게 '포도주를 마시지 말라' 라거나 '성전에 올라와 기도할 땐 포도주를 마시고 취한 것이 불경건하다' 는 정도로 말하면 될 텐데, 단호하게 아예 '포도주를 끊으라' 고 말했겠는가? 만약 당시 풍속도가 모든 사람이 포도주나 독주를 마시는 풍토이고 일반적으로 술이 허용된 상태라면 왜 '포도주를 끊으라' 고 했겠는가?

그러나 한나는 '내가 포도주를 마시거나 독주를 마신 것이 아니다' 라며 딱 잡아떼고 부정했다. 능히 짐작할 만하지 않은가! 그 당시 경건하게 사는 자들은 술을 마시거나 알코올 중독자가 되어서는 안 되기 때문임을 입증해 주고 있다.

7. 술에 취하면 비틀거리며 헛소리를 한다

다른 음식이나 음료수를 마시면 취하지 않는다. 그러나 술을 많이 마시면 취한다. 그래서 걸음도 갈지자(之) 걸음을 걷게 되고, 인사불성이 되며 혀가 꼬부라져 불분명한 소리를 하게 된다. 성경은 다음과 같이 언급하고 있다.

"비척거리게 하는 포도주로 우리에게 마시우셨나이다"(시 60:3).

"선지자들에 대한 말씀이라 내 중심이 상하며 내 모든 뼈가 떨리며 내가 취한 사람 같으며 포도주에 잡힌 사람 같으니 이는 여호와와 그 거룩한 말씀을 인함이라"(렘 23:9).

"이것이 마침내 뱀같이 물 것이요 독사같이 쏠 것이며 또 네 눈에는 괴이한 것이 보일 것이요 네 마음은 망령된 것을 발할 것이며 너는 바다 가운데 누운 자 같을 것이요 돛대 위에 누운 자 같을 것이며 네가 스스로 말하기를 사람이 나를 때려도 나는 아프지 아니하고 나를 상하게 하여도 내게 감각이 없도다 내가 언제나 깰까 다시 술을 찾겠다 하리라"(잠 23:32-35).

8. 술은 악인이 마신다

선한 사람들은 술을 마시지 않는다. 결국 술이 인류를 망하게 하는 것이기 때문에 악인이 마시는 것이다.

"여호와의 손에 잔이 있어 술거품이 일어나는도다 속에 섞은 것이 가득한 그 잔을 하나님이 쏟아 내시나니 실로 그 찌끼까지도 땅의 모든 악인이 기울여 마시리로다"(시 75:8).

9. 포도주는 사람을 거만하게 할 뿐 아니라 가난하게 만든다

술에 취하게 되면 인사불성이 되어 위아래를 구분하지 못해 거만하게 된다.

"포도주는 거만케 하는 것이요 독주는 떠들게 하는 것이라 무릇 이에 미혹되는 자에게는 지혜가 없느니라"(잠 20:1).

이미 서론에서 언급했듯이 술을 마시면 결국 가난하게 된다. 마시고 피운 만큼 허비한 결과이기 때문이다.

"연락을 좋아하는 자는 가난하게 되고 술과 기름을 좋아하는 자는 부하게 되지 못하느니라"(잠 21:17).

자고로 술, 담배, 도박, 여자를 좋아하는 사람 치고 제대로 된 사람이 없고, 그런 가장이 있는 가정 치고 잘된 가문이나 후손이 없다. 다 패가망신했다.

10. 술에 미혹되지 말라고 했다

성경에서는 술을 가지고 지혜자와 비지혜자를 구별해 놓았다.

"……무릇 이(포도주와 독주)에 미혹되는 자에게는 지혜가 없느니라"(잠 20:1).

지혜롭게 되려면 우선 술을 금하기 바란다. 사실 술 많이 마신 사람 치고 지혜로운 사람이 없다. 술 마시고 지혜를 말하는 것 같으나 그 말은 비몽사몽간에 말하는 횡설수설일 뿐이다. 사람을 구별할 때는 학벌이나 재물 또는 지위 고하의 기준으로 구별하지 않는다. 그런 것으로 사람을 차별하는 것은 세상적인 방법이다. 다만 그 사람의 인격을 보고 사람을 구별하는데, 그 인격에 또 하나를 가미하면 곧 지혜이다. 사람이 배우지 못하거나 돈을 소유하지 못해도 지혜는 소유할 수 있다.

그러므로 사람을 구별하는 가장 기본적인 기준은 지혜인데 그 사람에게 지혜가 있느냐 없느냐이다. 그런데 술 취한 자에게는 지혜가 없다는 것이다.

11. 술꾼과 사귀는 것을 금하고 있다

"술을 즐겨 하는 자와 고기를 탐하는 자로 더불어 사귀지 말라 술 취하고 탐식하는 자는 가난하여질 것이요"(잠 23:20-21).

"술친구들로 더불어 먹고 마시게 되면 생각지 않은 날 알지 못하는 시간에 그 종의 주인이 이르러 엄히 때리고 외식하는 자의 받는 율에 처하리니 거기서 슬피 울며 이를 갈이 있으리라"(마 24:49-51).

성경은 친구 사귀는 것도 제한하고 있다. 술을 즐겨 하거나 술 취하여 탐식하는 자와는 사귀지 말라는 것이다.[18]

---

18) 이 문제는 신약성경 부분에 가서 자세히 언급하겠다.

12. 폭탄주를 금했다

혼합한 술이 곧 오늘날 폭탄주이다. 막걸리에다 소주를 타고, 맥주에다 소주를 타고, 양주에다 독주를 타서 마시는 것이 폭탄주이다. 그러면 더 빨리 취하게 된다. 그리고 술의 종류에 따라 알코올 농도가 다르기 때문에 그 알코올이 충돌을 하면 용해가 잘 안 되고, 건강에 치명적이다.

마치 풀을 먹어야 할 소가 육식을 하게 되면 광우병이 발생하여 죽듯이, 술도 혼합하면 폭탄주가 된다. 그만큼 술 마시는 문화가 잘못되었고, 잘못되다 못해 타락했다는 증거이다. 한국은 폭탄주가 판을 치는 나라이다.

사회적인 모범이 되고 근무 시간에 폭탄주를 마시는 사람들을 벌을 주어야 할 판검사들이 대낮에 폭탄주를 마시고 목사들까지 폭탄주를 마시는 나라가 대한민국이다. 이미 언급한 대로 서울의 K교회 L목사는 폭탄주 음주 때문에 성도들로부터 엄청난 저항에 부닥쳤다.[19]

그러나 다윗과 솔로몬 그리고 사도 요한은 다음과 같이 외쳤다.

> "여호와의 손에 잔이 있어 술거품이 일어나는도다 속에 섞은 것이 가득한 그 잔을 하나님이 쏟아 내시나니 실로 그 찌끼까지도 땅의 모든 악인이 기울여 마시리로다"(시 75:8).

> "짐승을 잡으며 포도주를 혼합하여 상을 갖추고……너는 와서 내 식물을 먹으며 내 혼합한 포도주를 마시고"(잠 9:2, 5).

---

[19] 폭탄주에 대한 내용은 다음에 자세히 나오며, 부록에서 참고하기 바란다.

"재앙이 뉘게 있느뇨……술에 잠긴 자에게 있고 혼합한 술을 구하러 다니는 자에게 있느니라"(잠 23:29-30).

"오직 나 여호와를 버리며 나의 성산을 잊고 갓에게 상을 베풀어 놓으며 므니에게 섞은 술을 가득히 붓는 너희여 내가 너희를 칼에 붙일 것인즉 다 구푸리고 살육을 당하리니"(사 65:11-12).

"그의 섞은 잔에도 갑절이나 섞어 그에게 주라"(계 18:6).

술 자체를 마시지 말아야 하는데 보통 술보다 더 독하고 잘 취하는 폭탄주를 마시면 되겠는가?

13. 술에 취한 이후에 나타나는 또 다른 양상들

술을 즐기거나 중독된 사람들은 때와 장소를 가리지 않고 술판을 벌인다. 특히 우리나라 사람들은 무분별하게 술판을 벌이고 술 마시는 버릇이 아주 나쁜데, 이젠 해외에 나가서도 공항, 기내, 호텔, 관광지 등을 가리지 않고 술판을 벌이는 바람에 국제적으로 망신을 톡톡히 사고 있으며, 그러한 사람들은 세계 어느 나라에서든지 국위를 떨어뜨리고 있다.

첫째, 왕은 물론 제사장들까지도 연일 술로 세월을 보냈다.

"아침에 일찍이 일어나 독주를 따라가며 밤이 깊도록 머물러 포도주에 취하는 그들은 화 있을진저 그들의 연회에는 수금과 비파와 소고와 저와 포도주를 갖추었어도 여호와의 행하심을 관심치 아니하며 그의 손으로 하신 일을 생각지 아니하는도다"(사 5:11-12).

왕들이 국사와 하나님의 뜻을 행하는데는 관심이 없고 매일 아침부터 저녁까지 술 파티만 했다. 그러니 국사는 고사하고 나라 꼴과 국민들이 어떻게 되었겠는가?

"이 유다 사람들도 포도주로 인하여 옆걸음 치며 독주로 인하여 비틀거리며 제사장과 선지자도 독주로 인하여 옆걸음 치며 포도주에 빠지며 독주로 인하여 비틀거리며 이상을 그릇 풀며 재판할 때에 실수하나니 모든 상에는 토한 것, 더러운 것이 가득하고 깨끗한 곳이 없도다"(사 28:7-8).

그때 나라 전체가 온통 술판이었다. 그때는 왕들은 고사하고 선지자, 제사장들까지도 술에 빠져 제사를 제대로 드리지 못하고 백성들의 잘잘못에 대한 재판도 제대로 못하고 순 엉터리로 했다. 그리고 술 취한 자들의 뒷자리를 보라.

로마 가톨릭 신부들도 밤새 마신 술이 깨지 아니한 상태에서 미사와 성례전을 집례했다고 하지 않는가? 이래도 술을 마셔야 하는가? 술 끝이 얼마나 지저분하고 더러운가? 어지럽다. 먹고 마신 것을 토하고 더럽다. 장소만 그런가? 말은 얼마나 더럽고 지저분한가?

1990년대 말에 호주에 갔다. 고급 호텔 정문에 영어와 한국어로 다음과 같은 글이 쓰여 있었다. "한국 사람 출입 금지!"

시내 중심가에 있는 힐튼 호텔 입구에도 붙어 있었다. 얼마나 창피한가?

한국 사람들이 호텔에 투숙하면 화투로 노름하면서 한국에서 가져온 소주를 마시는데, 냄새 나는 마른 오징어와 쥐포 안주를 곁들인다. 그러면서 밤새 떠들고, 그것도 모자라 서양식 식사 이후 먹은 것이 짬뽕이 되어 소화가 안 된 상태에서 토한다. 그러면 그 토한 것을 치우는 것이 아니라 침대 시트로 덮어 놓고 나간다. 그래서 호텔에서 일하는 종업원들이 이구동성으로 일본 사람 20명을 받는 것보다 한국 사람 5명을 받는 것이 훨씬 더 힘들다고 한다.

나는 '한국 사람이 술을 끊지 않고는 어디 가서 사람 대접 받기는 글렀다' 고 생각한다. 돈이 많으면 무엇하는가? 사람다운 언행을 해야 사람 대접을 받는다. 한국 사람은 술을 마시지 않아도, 술에 취하지 않아도 사람 행세를 제대로 못하는 판국인데, 술에 만취된 상태에서 어떻게 사람 행세를 하겠는가?

둘째, 뇌물로 악인을 의롭다 했다. 세상의 모든 일이 뇌물과 술이 판을 칠 때 매사가 순리대로, 상식대로, 법대로 되지 않는 법이다. 로비가 무엇인가? 돈을 가지고 술을 사 마시면서 세상의 공의를 빼앗는 것 아닌가?

> "스스로 지혜롭다 하며 스스로 명철하다 하는 그들은 화 있을진저 포도주를 마시기에 용감하며 독주를 빚기에 유력한 그들은 화 있을진저 그들은 뇌물로 인하여 악인을 의롭다 하고 의인에게서 그 의를 빼앗는도다"(사 5:21-23).

셋째, 만국을 지배하는 자들도 다 술의 결과로 전쟁을 일으킨다.

"그는 술을 즐기며 궤휼하며 교만하여 가만히 있지 아니하고 그

욕심을 음부처럼 넓히며 또 그는 사망 같아서 족한 줄을 모르고 자기에게로 만국을 모으며 만민을 모으나니"(합 2:5).

결국 술을 즐기는 왕들이 전쟁을 통해서 영토를 넓혔다. 성경대로이다.

"욕심이 잉태한즉 죄를 낳고 죄가 장성한즉 사망을 낳느니라"(약 1:15).

넷째, 술은 이웃의 수치를 드러낸다.

"이웃에게 술을 마시우되 자기의 분노를 더하여 그로 취케 하고 그 하체를 드러내려 하는 자에게 화 있을진저 네게 영광이 아니요 수치가 가득한즉 너도 마시고 너의 할례 아니한 것을 드러내라"(합 2:15-16).

술에 취하면 남녀노소, 빈부귀천, 지위 고하를 막론하고 누구든지 부끄러움을 모른다. 술 취한 남정네들이 여자들에게 자신의 하체를 드러낸다. 그래서 그런 사업이 번창한다. 결국 누구든지 술을 마시면 진짜 미친다. 호랑이를 이길 장사는 있어도 술을 이길 장사는 없기 때문이다.

"바벨론은 여호와의 수중의 온 세계로 취케 하는 금잔이라 열방이 그 포도주를 마시고 인하여 미쳤도다"(렘 51:7).

이미 앞에서 언급했듯이, 우리나라 유신 독재 때나 제4・5공화국 때도 명색이 국정을 수행하는 대통령이라는 사람이 만날 여배우나 여가수들을 궁정동 안가에 불러다 놓고 술 마시고 노래 부르다가 한 대통령은 부하의 총에 맞아 죽고, 두 대통령은 살인 방조죄, 뇌물죄 등으로 구속 수감되어 사형 선고까지 받는 창피하고 불행한 역사를 자초하지 않았는가?

그 시절에 잘나가는 가수들이 요즈음에 와서 자서전 같은 책을 썼다. 나도 몇 권 읽어 보았는데 거기에 이런 말이 나온다. 예를 들어 보현 스님(가수명 이경미)이 쓴 《타래》라는 책을 읽어보면, 궁정동 안가 식당에 불려가면 주로 당시 영화나 TV에 오는 여자 탤런트, 여자 가수들이 불려오는데, 그 수가 한두 사람이 아니라는 것이다.

그런 곳에는 남자들은 한 사람도 불려가지 않았단다. 여자들이 적게는 10여 명, 많게는 수십 명씩 불려와 노래를 부르고 춤을 췄는데, 하룻밤에 불려가 노래 몇 곡 부르면 그때 돈으로 100만 원씩 주었단다. 우리나라의 경우 1960-1970년대에 100만 원이면 얼마나 큰 돈이었는지 다들 잘 알 것이다.

옛날 주색잡기에 빠진 조선의 어느 왕도 아니고, 20세기 말에 명색이 한 나라의 대통령이라는 사람이 국사에 노심초사해야 할 국무위원들과 불철주야 국토 방위에 여념없어야 할 장성들을 초대해 놓고 주로 그런 유치한 행동거지들을 하면서 국사를 논하고 정치를 했으니 그런 정치가 오죽했겠는가?[20] 그리고 맘에 드는 여자가 있으면 메모를 보내서 파티가 끝난 후, 어느 호텔 몇 호실로 가 있으라 하면 꼼짝없이 가 있어야 했다. 아니, 어떤 정신 나간 여자들은 그것을 생애 최고의 영광으로 알고 얼른 가서 샤워하고, 매혹적인 잠옷을 갈

아입고 정중하게 맞이했다는 것이다. 그런 부름을 받으면 자신들이 "여인천하"에 나오는 신첩들이나 된 줄 착각하는 모양이다.

그런데 재미난 것은 궁정동 안가에 불려가면 지켜야 할 일이 있었는데, "여기서 보고 들은 것은 입 밖에도 내지 말라. 만약 그런 날이면 인기는 하루아침에 떨어지고 가수 생활은 영원히 끝장이다……"라고 공갈 협박까지 일삼았다는 것이다. 그래서 그동안 꿀먹은 벙어리가 되어 냉가슴만 앓고 세월만 가기를 기다리고 있다가, 민주화가 되고 문민 정부가 들어서니까 마치 자기들에게 자유를 준 줄 알고, 또 그게 무슨 자랑스러운 일이나 되는 것처럼 서로 앞서거니 뒤서거니 하면서 입 있는 대로 말하고 펜이 가는 대로 폭로하고 있다.

"밤 말은 쥐가 듣고 낮말은 새가 듣는다"는 속담도 모르는 사람들이 사람의 입을 막으려고 했다. 그들은 손바닥으로 하늘을 가리고 태양을 가리려는 어리석은 사람들이었다. 역사도 모르는 것들이 자기들의 태평성대가 천년만년 갈 줄 알았던 모양이다. 하기야 그런 착각과 그런 망상들을 갖고 살았으니 그런 짓들을 했겠지, 제 정신인 사람들이 감히 어떻게 그런 일을 했겠는가? 쿠데타를 일으키고 대통령 종신제인 유신 헌법을 강제로 통과시켜 선포하고, 광주민주화 운동인 5 · 18을 통해 국보위를 출범시켜 체육관 대통령이 되었다.

그런 일은 정치가뿐이 아니었다. 재벌의 회장들도 마찬가지였다. 정치가들에게 정치 자금을 대주니까 뒤를 봐주는 백이 든든한 재벌

---

[20] 대통령이 되면 정신을 차려야 한다. 예수님을 믿지 아니한 대통령도 술에 빠지면 안 되는데 명색이 예수님을 믿는 장로 대통령이 기분이 울적하고 기분이 좋다고 청와대 안가에서 근무 시간이 끝났다며 야간 근무 중인 참모들을 불러 폭탄주를 마시면 안 된다. 이 문제는 대통령 프라이버시 문제가 아니라 심각한 통치 이념과 철학의 문제이다.

총수들은 정치가들이 하는 짓을 그대로 본떠서 했다. 이게 바로 지난날 우리나라 대한민국의 꼴이었다.

지금도 정치인이나 재벌 총수들이 쓴맛 나는 지난날의 역사 교훈이 분명히 있음에도 불구하고 여전히 그런 짓을 한다면 그 사람은 사람이 아니다. 하나의 짐승이다. 아니, 개만도 못한 인간이다. 짐승도 그런 성적 타락은 하지 않는다. 거기다 그런 통치자의 출범에 초청받아 가서 설교해 주고, 기도해 주고, 축사해 주고, 축복해 준 목사들이 있기에 이 나라와 교회가 문제였다. 이제 과거사 문제로 그런 불의하고 불법적인 정부와 정권, 부정한 경제인, 지식인, 종교인들은 고개도 못 들게 되었다.

14. 술 제조자에게 화가 있을 것이라고 했다

"포도주를 마시기에 용감하며 독주를 빚기에 유력한 그들은 화 있을진저"(사 5:22).

자고로 술도가(양조장)를 해서 돈 번 집은 잘되는 법이 없다. 그리고 밀주를 만들어 판 집은 더 말할 나위도 없다. 나의 외가 사촌들이 양조장을 해서 돈을 많이 벌었는데 그 돈이 지금은 다 없어졌다.

15. 될 대로 되라

"그날에 주 만군의 여호와께서 명하사 통곡하며 애호하며 머리털을 뜯으며 굵은베를 띠라 하셨거늘 너희가 기뻐하며 즐거워하며 소를 잡고 양을 죽여 고기를 먹고 포도주를 마시면서 내일 죽으리니 먹고 마시자 하도다 만군의 여호와께서 친히 내 귀에 들려 가라사대 진실로 이 죄악은 너희 죽기까지 속하지 못하리라 하셨느니라 주 만군의 여호와의 말씀이니라"(사 22:12-14).

술꾼들은 세상을 살면서 책임과 의무를 다하기 위해 최선을 다해 충성하는 것이 아니라 매사에 대충대충이고 설렁설렁이다. 그리고 될 대로 되라는 식이다. 어디 그뿐인가? 이들은 중요하고 정확히 처리해야 할 일을 술판을 통해 누이 좋고 매부 좋은 식으로 처리한다. 세상을 성실하게 책임을 느끼며 살아가야 할 판인데 혹시 당신 주변에 그런 술주정뱅이가 있는지 살펴보라. 한 가지 분명한 것은 술로 인한 죄악은 죽을 때까지 속하지 못한다는 것이다.

"……만군의 여호와께서 친히 내 귀에 들려 가라사대 진실로 이 죄악은 너희 죽기까지 속하지 못하리라 하셨느니라"(사 22:14).

16. 술 취한 파수꾼에 대한 경고

"들의 짐승들아 삼림 중의 짐승들아 다 와서 삼키라 그 파수꾼들은 소경이요 다 무지하며 벙어리 개라 능히 짖지 못하며 다 꿈꾸는 자요 누운 자요 참자기를 좋아하는 자니 이 개들은 탐욕이 심하여 족한 줄을 알지 못하는 자요 그들은 몰각한 목자들이라 다 자기 길로 돌이키며 어디 있는 자이든지 자기 이만 도모하며 피차 이르기를 오라 내가 포도주를 가져오리라 우리가 독주를 잔뜩 먹자 내일도 오늘같이 또 크게 넘치리라 하느니라"(사 56:9-12).

모두가 본분을 망각하고 방종한 사회의 일면을 공개한 것이다. 결국 뇌물로 술이 오고가고했다. 술과 포도주를 얻어 마신 파수꾼들은 지키라는 나라는 제대로 지키지 않고 적군이 쳐들어와도 벙어리 개처럼 짖지도 않고 물끄러미 보고만 있었다. 적군이 통과하는 것을 막지 못했다. 아예 눈먼 소경이 되어 그런 상황을 보지도 못했다. 왜 그랬는가? 다 술 때문이다.

17. 다니엘과 세 친구의 경우

바벨론의 포로로 잡혀간 다니엘과 세 친구는 뜻을 정하여 느부갓네살 왕이 준 진미와 포도주를 거절했다. 그들은 포도주로 자신을 더럽히지 않았다. 물론 그 진미와 포도주가 제물이었기 때문이라는 해석이 붙지만, 어쨌든 그들은 술을 마시지 않았다.

> "다니엘은 뜻을 정하여 왕의 진미와 그의 마시는 포도주로 자기를 더럽히지 아니하리라 하고 자기를 더럽히지 않게 하기를 환관장에게 구하니 하나님이 다니엘로 환관장에게 은혜와 긍휼을 얻게 하신지라"(단 1:8-9).

다니엘과 세 친구는 술이 아니면 정치도 안 되고 사업도 안 된다는 일반적인 통념을 깨뜨려 버렸다.

구약의 금주 사상은 이 정도로 마치고자 한다. 미처 발견하지 못한 부분이 있으면 독자 여러분이 추가해 주기 바란다.

18. 술 취한 자의 결말

술 마시는 자의 결과에 대해서 솔로몬은 그의 잠언에서 아주 소상하게 기록해 놓았다. 아마 솔로몬은 왕으로서 평소에 술을 많이 마셨을 것이다. 하나님은 그런 솔로몬 자신의 경험을 토대로 술에 대해서 아주 정확하고 분명하게, 상세하게 기록하게 하셨을 것이다.

"재앙이 뉘게 있느뇨 근심이 뉘게 있느뇨 분쟁이 뉘게 있느뇨 원망이 뉘게 있느뇨 붉은 눈이 뉘게 있느뇨 술에 잠긴 자에게 있고 혼합한 술을 구하러 다니는 자에게 있느니라 포도주는 붉고 잔에서 번쩍이며 순하게 내려가나니 너는 그것을 보지도 말지어다 이것이 마침내 뱀같이 물 것이요 독사같이 쏠 것이며 또 네 눈에는 괴이한 것이 보일 것이요 네 마음은 망령된 것을 발할 것이며 너는 바다 가운데 누운 자 같을 것이요 돛대 위에 누운 자 같을 것이며 네가 스스로 말하기를 사람이 나를 때려도 나는 아프지 아니하고 나를 상하게 하여도 내게 감각이 없도다 내가 언제나 깰까 다시 술을 찾겠다 하리라"(잠 23:29-35).

술에 대취하면 무슨 소리를 해도 알아듣지 못하고 결국은 죽는다. 세상에서 술에 취하여 죽는 자들이 얼마나 많은가? 특히 추운 겨울철에 밤늦게 술에 취하여 길을 가다가 쓰러져 얼어 죽는 사람들이 많이 있다. 왜 그런가? 술에 취하면 감각이 없기 때문이다.

그런데 성경에 보면 술에 대취한 사람이 있다. 사무엘 선지자가 죽은 후에 마온이라는 곳에 나발이라는 사람이 있었는데 그 부인은 아비가일이었다. 여자는 총명하고 아름다우나 남자는 완고하고 모든 행사가 악했다. 그런데 나발이 집에다 왕이 베푼 잔치와 같은 대잔치를 배설하고 대취했다. 아비가일이 다윗 왕에게서 돌아왔으나 남편이 술에 대취해 있으니까 중요한 말을 못하고 아침까지 기다린다. 다시 말하면, 술 취한 사람에겐 무슨 말을 해도 알아듣지 못하기 때문이다. 아비가일은 다음날 아침에 나발이 포도주에서 깬 후에 말한다. 그러나 결국 10일 후에 여호와께서 그를 치시니 죽는다.

> "아비가일이 나발에게로 돌아오니 그가 왕의 잔치 같은 잔치를 그 집에 배설하고 대취하여 마음에 기뻐하므로 아비가일이 밝는 아침까지는 다소간 말하지 아니하다가 아침에 나발이 포도주가 깬 후에 그 아내가 그에게 이 일을 고하매 그가 낙담하여 몸이 돌과 같이 되었더니 한 열흘 후에 여호와께서 나발을 치시매 그가 죽으니라"(삼상 25:36-38).

신약성경의 금주

신약의 금주 사상은 구약과 마찬가지이나 전체적인 사상은 처음부터 금주이다.

1. 세례 요한은 나실인이었으므로 포도주와 소주가 금지되었다

"천사가 일러 가로되 사가랴여 무서워 말라 너의 간구함이 들린지라 네 아내 엘리사벳이 네게 아들을 낳아 주리니 그 이름을 요한이라 하라 너도 기뻐하고 즐거워할 것이요 많은 사람도 그의 남을 기뻐하리니 이는 저가 주 앞에 큰 자가 되며 포도주나 소주를 마시지 아니하며 모태로부터 성령의 충만함을 입어 이스라엘 자손을 주 곧 저희 하나님께로 많이 돌아오게 하겠음이니라"(눅 1:13-16).

예로부터 나실인의 경우 부모나 자식은 술을 마시지 않았다. 주님의 택함 받은 성도는 모두 다 영적인 나실인이 아닌가?

2. 예수님께서는 착한 종과 악한 종의 차이를 술친구를 사귀는 종과 사귀지 않는 종으로 구분하셨다

"만일 그 악한 종이 마음에 생각하기를 주인이 더디 오리라 하여 동무들을 때리며 술친구들로 더불어 먹고 마시게 되면 생각지 않은 날 알지 못하는 시간에 그 종의 주인이 이르러 엄히 때리고 외식하는 자의 받는 율에 처하리라 거기서 슬피 울며 이를 갊이 있으리라"(마 24:48-51).

종은 주인의 맡은 일을 잘해야 하는데 술꾼이 된 종의 경우엔 날마다 폭행을 일삼고, 술친구들과 먹고 마시느라고 자기 맡은 사명에 충실할 수 없었다. 결국 술을 즐기는 자는 외식하는 자가 되고 자기 행위에 대한 형벌을 면치 못한다.

3. 탕자의 비유에선 술에 대한 직접적인 단어는 사용하지 않았지만 큰아들이 아버지에게 불평한 언사를 들어보면 그 상황이 곧 술을 내포했다는 것을 금방 알 수 있다

"또 가라사대 어떤 사람이 두 아들이 있는데 그 둘째가 아비에게 말하되 아버지여 재산 중에서 내게 돌아올 분깃을 내게 주소서 하는지라 아비가 그 살림을 각각 나눠 주었더니 그 후 며칠이 못 되어 둘째 아들이 재산을 다 모아 가지고 먼 나라에 가 거기서 허랑방탕하여 그 재산을 허비하더니 다 없이한 후 그 나라에 크게 흉년이 들어 저가 비로소 궁핍한지라 가서 그 나라 백성 중 하나에게 붙여 사니 그가 저를 들로 보내어 돼지를 치게 하였는데 저가 돼지 먹는 쥐엄 열매로 배를 채우고자 하되 주는 자가 없는지라 이에 스스로 돌이켜 가로되 내 아버지에게는 양식이 풍족한 품꾼이 얼마나 많은고 나는 여기서 주려 죽는구나 내가 일어나 아버지께 가서 이르기를 아버지여 내가 하늘과 아버지께 죄를 얻었사오니 지금부터는 아버지의 아들이라 일컬음을 감당치 못하겠나이다 나를 품꾼의 하나로 보소서 하리라 하고 이에 일어나서 아버지께 돌아가니라"(눅 15:11-20).

"아버지의 살림을 창기와 함께 먹어 버린 이 아들이 돌아오매 이를 위하여 살진 송아지를 잡으셨나이다"(눅 15:30).

주로 타락하는 자들이 허랑방탕하는 것은 창기와 함께 마시는 술 때문이 아닌가?

탕자가 허랑방탕하여 아버지의 재산을 허비하는 일이 바로 탕진

이었다. 그리고 형의 말처럼 탕자는 아버지의 재산을 창기와 함께 술을 마시면서 먹어버린 것이다.

4. 바울은 하나님의 나라를 이룩하려면 어떻게 해야 하는 것인가를 제시한다

"하나님의 나라는 먹는 것과 마시는 것이 아니요 오직 성령 안에서 의와 평강과 희락이라 이로써 그리스도를 섬기는 자는 하나님께 기뻐하심을 받으며 사람에게도 칭찬을 받느니라 이러므로 우리가 화평의 일과 서로 덕을 세우는 일을 힘쓰나니 식물을 인하여 하나님의 사업을 무너지게 말라 만물이 다 정하되 거리낌으로 먹는 사람에게는 악하니라 고기도 먹지 아니하고 포도주도 마시지 아니하고 무엇이든지 네 형제로 거리끼게 하는 일을 아니함이 아름다우니라"(롬 14:17-21).

식물로 인하여, 곧 먹고 마시는 것으로 인하여 하나님의 사업을 망치지 말라는 것이다. 그러므로 포도주도 마시지 않아야 한다. 술로 형제를 거리끼게 해서는 안 되며 실족하게 해서도 안 된다. 그러므로 술을 마시지 않는 자가 진정한 기독교인이며, 아름다운 사람이고, 진정한 멋쟁이이고, 신사인 것이다.

5. 술 취하는 것은 곧 방탕한 일이다

성경은 분명히 '술 취하지 말라'고 했다. 그래서 사람들이 술을 마시되 적당히 마시면 되고 취하지만 않으면 된다는 생각을 하게 된다. 그러나 술이 어떤 성분의 음료수인 것을 분명히 아는 성도는 이 말씀의 영적 의미를 잘 해석할 수 있을 것이다. 우리나라 속담에 "바늘 도둑이 소 도둑 되며 술 취함도 한 잔 술부터 시작된다"는 말이 있다. 이사야 선지자는 부정사를 쓰면서 비유를 하고 있지만, 결국 술은 취하게 하는 것이라고 정의하고 있다.

> "너희는 놀라고 놀라라 너희는 소경이 되고 소경이 되라 그들의 취함이 포도주로 인함이 아니며 그들의 비틀거림이 독주로 인함이 아니라"(사 29:9).

다시 말해 포도주와 독주를 마시면 취하게 되고, 취하면 비틀거린다는 것이다. 술 마시고 취하지 않을 장사 있는가? 없다. 술에 취한 후 비틀거리지 않을 위인 있는가? 없다.

오히려 성경은 술 취한 것을 방탕과 동일 선상에 두고 있다.

> "술 취하지 말라 이는 방탕한 것이니 오직 성령의 충만을 받으라"(엡 5:18).

성경에서는 방탕이 곧 죄이고, 술 취함이 죄라고 말씀하고 있다. 그러면 술을 한두 잔 마시는 것은 방탕이 아니고 죄가 아니라는 말인가? 그게 아니다. 그 이유는, 악은 그 모든 모양이라도 버려야 하기 때문이다. 누구든지 술을 마시거나 취하게 되면 그 마시는 것 자체가 방탕이다. 마약을 마시거나 투여하면 잘못이다. 그렇다고 중독이 되지 않을 만큼 적당히 사용하면 되는가? 아니다. 그런 마약은 아예 시작부터, 아예 생각 자체를 하지 말아야 한다. 담배와 술도 중독성이 있기 때문에 마찬가지이다.

"너희는 스스로 조심하라 그렇지 않으면 방탕함과 술 취함과 생활의 염려로 마음이 둔하여지고 뜻밖에 그 날이 덫과 같이 너희에게 임하리라"(눅 21:34).

"낮에와 같이 단정히 행하고 방탕과 술 취하지 말며"(롬 13:13).

"너희가 음란과 정욕과 술 취함과 방탕과 연락과 무법한 우상 숭배를 하여 이방인의 뜻을 좇아 행한 것이 지나간 때가 족하도다"(벧전 4:3).

6. 한때 방탕하던 어거스틴의 회심이 무슨 말씀으로 이뤄졌는가

성 어거스틴은 예수님을 개인의 구주로 받아들이기 전에 마니교를 믿었고, 한때 연상의 하녀와 놀아나면서 아이까지 낳았던 탕자였다. 그가 주후 385년 이태리 밀라노의 집 정원을 거닐 때 'Tolle Lege' 곧 '펼쳐 읽으라'는 음성을 듣고 집으로 들어가 펼쳐 읽은 성경이 바로 로마서 13장 11-14절 말씀이다.

"또한 너희가 이 시기를 알거니와 자다가 깰 때가 벌써 되었으니 이는 이제 우리의 구원이 처음 믿을 때보다 가까웠음이니라 밤이 깊고 낮이 가까웠으니 그러므로 우리가 어두움의 일을 벗고 빛의 갑옷을 입자 낮에와 같이 단정히 행하고 방탕과 술 취하지 말며 음란과 호색하지 말며 쟁투와

시기하지 말고 오직 주 예수 그리스도로 옷 입고 정욕을 위하여 육신의 일을 도모하지 말라"(롬 13:11-14).

이 말씀이 어거스틴의 마음을 내리쳤다. 그는 그동안 술 취하고 방탕한 삶을 살고 있었기 때문이다. 그 이후 그는 다시는 방탕하지 않았다. 다시는 술에 취하지 않았다. 그리고 회심하여 새사람이 되어 예수님 이후, 그리고 사도 바울 이후 신·구교를 막론하고 가장 존경받는 최고의 신학자가 되었다.

7. 술 취하는 일은 밤과 어두움에 속한 일이다

"너희는 다 빛의 아들이요 낮의 아들이라 우리가 밤이나 어두움에 속하지 아니하나니 그러므로 우리는 다른 이들과 같이 자지 말고 오직 깨어 근신할지라 자는 자들은 밤에 자고 취하는 자들은 밤에 취하되 우리는 낮에 속하였으니 근신하여 믿음과 사랑의 흉배를 붙이고……"(살전 5:5-8).

예수님께서는 우리에게 세상의 빛이 되라고 말씀하셨다. 그래서 모든 행실로 빛의 열매를 맺고, 그 빛의 열매로 하나님께 영광을 돌리라고 하셨다. 옛날에는 술을 마실 때 모든 일을 마치고 저녁에 마셨는데 지금은 술 마시는 데 낮과 밤이 따로 없다. 이미 언급했듯이 판검사들도 근무 중인 점심 시간에 폭탄주를 마시는 나라는 세계에서 대한민국밖에 없을 것이다. 대통령도 근무 시간이 끝났을 때 청와대 안가에서 야간 근무 중인 참모들을 불러 마셨으니 밤에 마시면 된다는 말이 아니다. 성도는 밤의 사람이 아니고 낮의 사람이기 때문에 낮이나 밤이나 술을 마시면 안 된다.

8. 술친구를 사귀지 말라는 것이다

"만일 그 악한 종이 마음에 생각하기를 주인이 더디 오리라 하여 동무들을 때리며 술친구들로 더불어 먹고 마시게 되면 생각지 않은 날 알지 못하는 시간에 그 종의 주인이 이르러 엄히 때리고 외식하는 자의 받는 율에 처하리라 거기서 슬피 울며 이를 갊이 있으리라"(마 24:48-51).

사람이 친구를 잘못 사귀면 인생을 망친다. 노름 친구 사귀면 재산 날리고 패가망신하지 않는가? 마약 친구도 마찬가지이다. 그러므로 기독교인은 친구를 잘 사귀어야 한다. 바울이 고린도 교회 성도들에게 사귀지 말아야 할 친구의 대상을 다음과 같이 제시하고 있다.

첫째, 음행하는 자들을 사귀지 말라고 했다.

죄라는 것은 혼자서 짓는 것으로 끝나지 않는다. 하와가 선악과를 따먹고 그 남편에게도 주었듯이, 다른 사람들과 함께 짓는 것이 바로 죄이다. 노름을 하는 사람도 절대 혼자 하지 않는다. 노름할 상대를 찾는다. 음행도 마찬가지이다.

"내가 너희에게 쓴 것에 음행하는 자들을 사귀지 말라 하였거니와"(고전 5:9).

"이제 내가 너희에게 쓴 것은 만일 어떤 형제라 일컫는 자가 음행하거나……사귀지도 말고 그런 자와는 함께 먹지도 말라 함이라"(고전 5:11).

그러므로 주변에 음행하는 친구가 있다면 관계를 끊어야 한다.
둘째, 탐람하는 자, 우상 숭배하는 자, 후욕하는 자, 토색하는 자, 술 취하는 자와는 사귀지 말라고 했다.

사람은 친구를 잘 사귀어야 한다. 그 이유는 친구를 보고 그 사람의 인격을 판가름하기 때문이다. 특히 다음의 친구들과는 먹고 마시지도 말아야 한다.

"만일 어떤 형제라 일컫는 자가 음행하거나……술 취하거나 토색하거든 사귀지도 말고 그런 자와는 함께 먹지도 말라 함이라"(고전 5:11).

"술을 즐겨 하는 자와 고기를 탐하는 자와 더불어 사귀지 말라"(잠 23:20).

술친구는 토색, 곧 남의 돈이나 물건을 불법으로 탈취하는 자와 똑같이 취급당하고 있다. 이런 친구들과 사귀지만 말 것이 아니라 그런 사람들과는 함께 먹고 마시지도 말아야 한다.

"그런 자와는 함께 먹지도 말라"(고전 5:11).

여기에 내가 《윤리야, 이제 그만 돌아와야지》(가남사)에 쓴 내용을 소개한다.

대통령과 친구 사형수

어느 날 저녁, 두 친구가 뉴저지 콜드웰 거리의 뒷골목에 위치한 유흥가를 배회하고 있었다. 그들이 배회한 것은 그날 밤도 하라는 공부는 안 하고 유흥가에서 세속적인 즐거움을 만끽하기 위해서였다.
그런데 한 친구가 갑자기 가던 길을 멈추고 오뚝이처럼 우뚝 섰다. 앞서간 친구가 뒤를 돌아다보니 그 친구가 네거리에서 목석처럼 멍청하게 서 있는 것이 아닌가! 그래서 그 친구를 향해 외쳤다.
"야! 너, 거기서 뭐해. 빨리 와라."
그래도 그 친구는 오지 않고 감정 없는 말로 이렇게 대꾸했다.
"야! 나, 도저히 못 가겠다."
그래서 그만 그는 친구와의 동행을 포기하고 가려던 유흥가를 향하여 발길을 재촉하여 사라져 갔다.
그 친구는 부모가 보낸 학비를 가지고 허구한 날 친구들과 함께 유흥가를 배회하며 방탕의 길을 걷고 있던 현대판 탕자였다. 그러나 이 친구는 홀어머니를 모시고 사는 가난한 학생이었다. 어쩌다가 친구를 잘못 사귄 바람에 그만 한 발을 세속에 들여놓고 이성을 잃고 무감각하게 한동안 방탕한 것이었다. 이 친구가 길을 가다가 갑자기 멈춰 선 것은 네거리 건너편에 있는 조그마한 교회가 눈에 들어왔기 때문이었다. 그리고 그 교회 앞에 있는 빨간 네온사인이 밤거리에 번쩍거리고 있었다. "죗값은 사망이라."

그는 그 붉은 글씨를 보는 순간 가슴이 꽉 미어 오는데 숨이 막힐 것 같아서 더 이상 길을 걸을 수 없었다. 그래서 그만 걸음을 멈춰 서고 만 것이다. 그는 친구를 떠나보내고 길을 건너 곧장 교회당 안으로 들어갔다. 그리고 지금까지 지은 잘못을 회개하고 집으로 돌아와 마음을 잡고 공부하기 시작했다. 그리고 그는 고등학교를 졸업했다. 그의 집은 가난했고, 홀어머니를 모시고 사는 형편이었기 때문에 대학에 진학할 경제적인 여유가 없었다. 졸업 후 그는 버펄로에 있는 한 법률회사에 사무원으로 취직하여 일하면서 틈틈이 고학으로 법학을 공부했다.

그리하여 그는 1859년 변호사 자격 시험에 합격하여 변호사로 활동하다가 민주당에 입당했다. 그는 1881-1882년에 버펄로 시장으로 재직하면서 부정부패의 척결자로 명성을 얻는다. 그 후 1882년에 뉴욕 주지사로 선출된다. 어떤 정치적인 조직에도 소속되지 않았던 그가 1884년 마침내 민주당 대통령 후보로 지명되어, 1886년에 미국 역사상 민주당 출신으로는 최초로 제22대 대통령으로 당선되었다. 그는 23대를 건너뛰고 제24대에 재선되었다.

당신은 그가 누구인지 아는가. 그가 바로 스티븐 그로버 클리블랜드이다.[21] 클리블랜드가 대통령에 당선되었다고 보도된 신문이 미국 전역에 안 가는 데가 없이 다 갔다. 물론 휴스턴 근처 감옥에도 그 신문은 배달되었다. 그리고 그 신문은 사형 집행날만을 기다리고 있는 한 사형수의 감방에도 전달되었다. 조간신문을 펼쳐 든 사형수의 얼굴은 상처 투성이였다. 그때 그는 신문에 대문짝처럼

---

21) Stephen Grover Cleveland, 1837. 3. 18 미국 뉴저지 콜드웰-1908. 6. 24. 뉴저지 프린스턴.

쓰인 "클리블랜드 미국의 제22대 대통령에 당선되다"라는 기사를 보는 순간 눈이 휘둥그레졌다. 급하게 숨을 몰아쉬었다. 그러고는 신문을 움켜쥔 채 머리를 벽에 처박으며 황소울음을 터뜨렸다.

 그가 바로 지난 어느 날 밤 선택의 기로에서 유흥가로 향한 후 돌아오지 않은 탕자 친구였다. 그는 머리가 좋은 친구였다. 대학을 졸업한 후 변호사 시험에 합격하여 개업을 하여 많은 돈을 벌었지만, 결국 뇌물과 살인 범죄에 관련되어 사형 선고를 받고 휴스턴의 감옥에 수감되어 있었던 것이다. 클리블랜드는 미국 뉴저지의 프린스턴 대학에 가면 지금도 교정에 그의 동상이 우뚝 서 있다. 그가 은퇴한 후 그 대학에서 공공 문제를 강의했기 때문이다. 대학은 그를 기념하여 동상을 세워 놓았다.

 인생은 선택의 네거리와 같고 갈림길과도 같다. 오늘 우리 청소년들에게 네거리와 갈림길은 어디든지 있다. 학교에도 있고, 거리에도 있고, 친구들 중에도 있고, 교회에도 있다. 선택의 자유는 누구에게나, 언제 어디에나 다 있는 법이다. 그러나 그 선택의 결과에 대한 책임은 분명히 자신이 져야 하고, 그 결과가 결국 인생을 성공과 실패로 갈라놓는다.

 가장 행복하고 보람 있는 인생이 어떤 인생이냐고 한다면 그건 돈이 아니고, 명예와 권세가 아니다. 그렇다고 학문과 지위도 아니다. 물론 건강도 아니다. 바로 한 점 후회 없이 사는 인생이다. 악한 일과 죄는 인간에게 막대한 손실과 후회만을 안겨다 줄 뿐이다. 그리고 그 죗값은 항상 어디서나 사망이다. 그런 사망의 길을 오늘날 분별력 없는 청소년들이 걷고 있다. 물론 때로는 방탕할 수도 있을 것이다. 그러나 육체가 성장하고, 지성을 가지고 옳고 그름의 사리를 판단할 때쯤 되면 그것이 악이냐 선이냐를 구별할 줄 알아야 하고, 죄와 악의 정도 차이를 구별하며 사물의 가치 기준을 결정할 수 있어야 한다. 그러므로 인간의 선택은 무척이나 중요하다. 정말 선택은 잘해야 한다. 한 번의 선택은 영원한 행복이기도 하고, 영원한 불행이기도 하기 때문이다.

시대가 점점 험악해져 가고 있다. 해가 바뀌면 좀 나아질까 하는 것은 세상 물정 모르는 사람들의 한낱 희망사항일 뿐이다. 기성세대들에게는 인간의 상상을 초월할 만한 끔찍한 일들이 일어나는 것조차도 관심 밖이 되고 있다. 그런 것들이 감각적으로 무뎌져 버린 현대인들에겐 하나의 자극제도 되지 못하고 있다. 그런 것들이 바로 인간이 짊어져야 할 분명한 책임인데도 불구하고 악하고 무감각해진 20세기를 보내고 21세기를 맞이하고 있는 인간들에겐 정말 별 관심이 없다. 그래서 오늘의 인간이 앓고 있는 질병을 진단하기를 치료 불가능한 암 말기라고 하는 것인가!

거기다 내일의 소망이어야 하고 등불이어야 할 청소년들의 방황과 탈선은 그 위험 수위를 넘어선 지 이미 오래고, 오히려 염병처럼 퍼져 가는 세속화는 세계의 청소년들에게 분초를 다투면서 노도처럼 밀려오고 있다.

한 독일 언론은 오늘의 청소년들이 허약하기 그지없고 선과 악에 대한 분별력과 결단의 의지가 없으므로 마치 장마 후의 토담처럼 힘없이 무너져 가고 있다고 한탄했다. 어디 유럽뿐인가. 한국 신문을 접하니 우리나라 학생들이 모두 병들어 가고 있다고 한다. 남학생들은 물론 여학생들까지도, 아니 초등학생들에게까지도 폭력조직이 있다고 하니 이게 웬말인가. 그래서 기성세대가 청소년들에게 건 일말의 기대마저도 꺼져 가는 등불처럼 그 빛이 점점 희미해져 가고 있다. 그런데 더 심각한 것은 기성세대들이 아직도 정신을 차리지 못하고 오히려 갖은 악에 죄를 더해가며 세상을 더럽히고 있다는 사실이다.

그런 의미에서 나는 방탕의 길을 걷던 두 친구의 순간적인 선택이 영원한 성패의 갈림이 되었다는 내용의 실화를 통해, 오늘의 나의 친구들인 대한의 청소년들에게 권면하며 도전하고 싶다. 그리고 솔로몬이, "내 아들아 악한 자가 너를 꾈지라도 좇지 말라"(잠 1:10)고 했다는 잠언을 잊지 말기 바란다.[22]

"내가 주의 말씀을 지키려고 발을 금하여 모든 악한 길로 가지 아니하였사오며 주께서 나를 가르치셨으므로 내가 주의 규례에서 떠나지 아니하였나이다"(시 119:101-102).

9. 타락하고 술 취한 것은 예수님을 믿지 않았을 때 한 것으로 족한 줄 알라는 것이다

"너희가 음란과 정욕과 술 취함과 방탕과 연락과 무법한 우상 숭배를 하여 이방인의 뜻을 좇아 행한 것이 지나간 때가 족하도다"(벧전 4:3).

---

22) 이상은 1995년 7월 14일 함부르크와 킬 한인선교교회 주보의 칼럼과 1996년 1월 4일 〈국민일보〉 유럽판 "김승연 목회자 칼럼"에 게재한 내용임(번호 0020). 또한 김승연, 《윤리야, 이젠 그만 돌아와야지》(가남사)에서 옮긴 것임.

그러므로 예수님을 믿은 후엔 그런 일을 행하지도 말고, 입 밖에 내지도 말라는 것이다. 예수를 믿은 후에 그런 구습을 버리면 사람들이 가만히 있지 않는다. 그러면 "이러므로 너희가 저희와 함께 그런 극한 방탕에 달음질하지 아니하는 것을 저희가 이상히 여겨 비방하나 저희가 산 자와 심판하기를 예비하신 자에게 직고하리라"(벧전 4:4-5)는 말씀을 기억해야 한다.

성경은 술 취함과 방탕과 음행과 음란을 피하라고 하며 혹시 그런 데 빠져서 어거스틴처럼 인생을 살았던 자가 있으면 그런 일은 한때로 족하기 때문에 예수님을 믿고 구원받은 백성이 된 후에는 다시는 어두운 데 가지 말고 낮처럼 단정하고 정직하게 행하라고 강조한다.

"또한 너희가 이 시기를 알거니와 자다가 깰 때가 벌써 되었으니 이는 이제 우리의 구원이 처음 믿을 때보다 가까웠음이니라 밤이 깊고 낮이 가까웠으니 그러므로 우리가 어두움의 일을 벗고 빛의 갑옷을 입자 낮에와 같이 단정히 행하고 방탕과 술 취하지 말며 음란과 호색하지 말며 쟁투와 시기하지 말고 오직 주 예수 그리스도로 옷 입고 정욕을 위하여 육신의 일을 도모하지 말라"(롬 13:11-14).

우리 집 손님이 많은 교회

그런데 어디 교인들이 그렇게 사는가? 1994년에 읽은 글이다. 이 이야기는 서울 S동에 있는 S교회에서 실제 있었던 일이다. 어느 주일 예배가 끝난 후, 한 자매가 담임목사를 만나 뵙기 원했다. 목사님을 만난 이 자매는 너무나 충격적인 사실을 폭로했다.

"목사님, 저는 이 동네 룸살롱에서 일하는 여자입니다. 어느 아주머니가 하도 전도를 해서 저는 주일이면 이 교회를 다니기 시작했습니다. 그런데 목사님, 이 교회에 저희 집 손님들이 너무 많아요. 그래서 영 은혜가 안 돼요."

오늘날 한국 교회는 이 자매의 말을 심각하게 음미해 볼 필요가 있고, 심각하게 되새겨 보아야 할 위기에 직면해 있다. 흔히 은혜는 목사의 설교로 받는다고 할 수 있다. 물론 설교를 통해 은혜를 받는다. 그러나 일반적인 은혜는 성도들을 통해서 받는다. 전도도 마찬가지이다.

그 자매가 다니는 교회의 안내하는 집사도 우리 집 손님, 성가대원도 우리 집 손님······등이었으니 그 자매는 예배를 드리는 내내 안내하는 집사와 기도하는 장로들 그리고 찬양하는 성가대원들과 헌금 위원들을 보면서 어떻게 은혜가 되었겠는가? 당연히 은혜가 안 되었다. 오히려 충격이었을 것이다. 그래서 예배드리는 동안 고민에 잠겼을 것이다. 그래서 종내는 목사를 만난 것 아닌가?

그렇다면 도대체 교회는 어떤 장소인가? 하나님께 신령과 진정으로 예배하는 곳이 아닌가? 그 교회의 '사마리아 우물가'라는 선교회가 술집 여자들을 전도하는데, 바로 그 교회 성도들은 그런 술집을 드나들고 있었다. 얼마나 아이러니한 일인가? 오늘의 문제는 세상과 사회가 문제가 아니라 이미 수차례 언급했듯이, 바로 교회와 성도들의 문제인 것이다.

10. 천국에 못 간다는 표현까지 나온다

"불의한 자가 하나님의 나라를 유업으로 받지 못할 줄을 알지 못하느냐 미혹을 받지 말라 음란하는 자나 우상 숭배하는 자나 간음하는 자나 탐색하는 자나 남색하는 자나 도적이나 탐람하는 자나 술 취하는 자나 후욕하는 자나 토색하는 자들은 하나님의 나라를 유업으로 받지 못하리라"(고전 6:9-10).

바울은, 본문에서 언급되는 죄인들은 하나님의 나라인 천국을 유업으로 받지 못한다고 못 박고 있다. 그러므로 구원받은 기독교인, 하나님의 자녀는 위 본문에서 언급한 죄를 짓지 않고 자기 성결을 유지하며 산다는 것이다. 하나님께서 최후의 심판을 하실 때 술 취하여 죄를 짓는 자들을 분명히 심판하신다. 그러니까 구원받은 백성들, 천국 시민들은 종내에 술 취하고 방탕한 자신의 삶을 회개하게 되어 있다.

11. 성찬식 때 취한 추태이다

"이는 먹을 때에 각각 자기의 만찬을 먼저 갖다 먹으므로 어떤 이는 시장하고 어떤 이는 취함이라"(고전 11:21).

영어에 보면 'drunk'라고 나와 있다. 한문에서는 술 주(酒)자 변을 사용하였으므로 분명히 술에 취(醉)한 것이다. 취한다는 것은 술에 노예가 된다는 의미로 '술 주'(酒)자에 '졸병 졸'(卒)자를 사용한다. 성찬식 때 포도주를 쓰고, 잔치 때 술을 마시니까 만취한 사태가 벌어진 것이다.

그래서 바울은 취함을 금한다. 어떤 주석에 보면, 주석가가 애주가인지는 몰라도 이 구절의 주석을 피해 넘어간 경우가 있다. 그러나 분명히 주석을 해야 한다.

12. 천국의 심판 광경을 미리 볼 수 있다

요한계시록은 내세의 현상을 미리 보여주신 예언서이다. 그런데 요한계시록에는 심판의 조건 가운데 천사가 일곱 대접을 쏟을 때마다 술에 관한 이야기가 나온다.

"또 다른 천사 곧 둘째가 그 뒤를 따라 말하되 무너졌도다 큰 성 바벨론이여 모든 나라를 그 음행으로 인하여 진노의 포도주로 먹이던 자로다 하더라"(계 14:8).

"그도 하나님의 진노의 포도주를 마시리니 그 진노의 잔에 섞인 것이 없이 부은 포도주라 거룩한 천사들 앞과 어린양 앞에서 불과 유황으로 고난을 받으리니"(계 14:10).

"큰 성이 세 갈래로 갈라지고 만국의 성들도 무너지니 큰 성 바벨론이 하나님 앞에 기억하신 바 되어 그의 맹렬한 진노의 포도주 잔을 받으매 각 섬도 없어지고 산악도 간데없더라"(계 16:19-20).

"또 일곱 대접을 가진 일곱 천사 중 하나가 와서 내게 말하여 가로

되 이리 오라 많은 물 위에 앉은 큰 음녀의 받을 심판을 네게 보이리라 땅의 임금들도 그로 더불어 음행하였고 땅에 거하는 자들도 그 음행의 포도주에 취하였다 하고"(계 17:1-2).

"이 일 후에 다른 천사가 하늘에서 내려오는 것을 보니 큰 권세를 가졌는데 그의 영광으로 땅이 환하여지더라 힘센 음성으로 외쳐 가로되 무너졌도다 무너졌도다 큰 성 바벨론이여 귀신의 처소와 각종 더러운 영의 모이는 것과 각종 더럽고 가증한 새의 모이는 곳이 되었도다 그 음행의 진노의 포도주를 인하여 만국이 무너졌으며 또 땅의 왕들이 그로 더불어 음행하였으며 땅의 상고들도 그 사치의 세력을 인하여 치부하였도다 하더라"(계 18:1-3).

"또 내가 들으니 하늘로서 다른 음성이 나서 가로되 내 백성아 거기서 나와 그의 죄에 참예하지 말고 그의 받을 재앙들을 받지 말라 그 죄는 하늘에 사무쳤으며 하나님은 그의 불의한 일을 기억하신지라 그가 준 그대로 그에게 주고 그의 행위대로 갑절을 갚아주고 그의 섞은 잔에도 갑절이나 섞어 그에게 주라"(계 18:4-6).

요한계시록의 진노의 포도주는 피할 수 없는 하나님의 심판을 의미한다. 그러면 예수님께서 피할 수 없는 심판을 표현하실 때 수많은 사물 중에서 왜 진노의 포도주를 인용했다고 생각하는가? 그 의미는 이 세상에서 술과 포도주는 음행과 불가분리의 관계이기 때문이다.

나는 '그냥 술이 나쁘다, 술을 마시면 안 된다'고 막연하게 말하고 싶지는 않다. 이상과 같이 성경을 종합하여 정리해 보고 나름대로 묵상하고 난 후에 '하나님의 뜻이 과연 어느 쪽일까?'를 정리해 본 것이다.

이상의 말씀을 읽고 난 당신은 어느 쪽인가? 세상 사람들이 마신다고 해서 다 술을 마실 수는 없다. 성경은 성도들에게 말하기를 "악은 모든 모양이라도 버리라"(살전 5:22)고 호소하고 있다. 그러므로 비단 술과 담배뿐 아니라 모든 악한 것들은 그 모양이라도 버리는 것이 성경적이고 하나님의 뜻대로 사는 성도들의 본분이고 자세이다.

외경에도

내가 외경을 인정하는 것은 아니지만, 외경에 나오는 포도주에 관한 글을 참고해 볼 필요가 있기 때문에 여기에 그 일부를 인용한다.

"미카엘이 20만, 그리고 3명의 천사를 지휘해서 에덴 동산에 나무를 심었는데 미카엘이 올리브나무를, 가브리엘이 사과나무를, 우리엘이 밤나무를, 라파엘이 멜론을, 사타나엘(사탄)이 포도나무를 심었다. 그는 하와와 아담을 타락시킨 나무는 사타나엘이 심은 포도나무이고 하나님은 사타나엘이 포도나무를 심은 데 대해 화가 나서 포도나무를 저주했고, 그 때문에 아담에게 그 나무에 손을 대지 말라고 금지했다고 말했다."

"또한 그는 대홍수 때 하나님이 40만 9천 명(슬라브어 필사본에는 10만 4천 명)의 거인들을 멸망시켰고, 물이 산꼭대기보다 15큐비트 더 높이 올라갔으며, 물이 낙원으로 들어가 모든 꽃을 죽였고 포도나무를 낙원 밖으로 내몰았다고 말했다. 노아가 그 포도나무를 발견한 뒤, 그것을 심어야 좋을지 가르쳐 달라고 40일 동안 기도했다."

"하나님이 파견한 사라사엘 천사가 노아에게 그것을 심으라고 말하고 '이것이 쓴맛이 단맛으로 변하고 그 저주가 축복이 될 것이다. 그 열매는 하나님의 피가 될 것이고, 이것을 통해서 인류가 단죄되었던 것과 마찬가지로 이것 안에서 예수 그리스도를 통해 낙원으로 부름을 받을 것이다' 라는 하나님의 말을 전했다."

"또한 인도하는 천사가 바룩에게 포도나무를 통해서 아담이 단죄되고 하나님의 영광을 잃었던 것과 같이 포도주를 한도 없이 마시는 사람들은 아담보다 더 큰 죄를 짓는 것이 되고 하나님의 영광을 잃을 뿐 아니라 영원한 불에 떨어질 것이라고 말했다. 또한 천사는 바룩에게 포도주 때문에 형제끼리, 아버지가 아들에게, 자녀들이 부모에게 자비를 베풀지 않게 되고 살인, 간통, 간음, 위증, 절도, 기타 이와 유사한 죄악을 사람들이 범하게 된다고 충고했다."[23]

외경에 술에 대한 이야기가 이상과 같이 나오고 있는데도 천주교에서 술을 허용하는 것을 보면 참으로 이상하다. 이해할 수 없다. 하기야 술을 금하는 기독교인 중의 일부도, 목사 중의 일부도 술을 마시니까 할 말은 없다.

그리고 이런 이야기도 있다.

술(악마의 심벌)

한 사람이 포도나무를 심고 있었다. 그때 악마가 다가와서 물었

---

23) 이동진 편저, 《제2의 성서 - 구약시대》(애누리, 2001), 777-778.

다. "포도나무가 무엇인가?"

그 사람은 친절하게 설명해 주었다. "단맛과 신맛이 나는 열매를 맺는 나무다. 그리고 그 열매를 발효시키면 술이 된다. 사람이 술을 마시면 마음이 즐거워진다."

악마는 살며시 그 포도나무 밑에 양, 사자, 돼지, 원숭이의 피를 뿌렸다. 그때부터 사람이 술 한 잔을 마시면 처음엔 양처럼 순해지고, 두 잔을 마시면 사자처럼 사나워지고, 세 잔을 마시면 돼지처럼 추잡해지고, 네 잔을 마시면 원숭이처럼 떠들게 되었다. 술은 사람을 광대로 삼아 멋대로 연극을 하게 한다.

술을 많이 마시면 잃는 것이 여섯 가지다. 건강, 재물, 지혜, 사랑, 신용, 평화다.

술집 주인은 술꾼을 좋아한다. 그러나 아무도 술꾼을 사위로 삼으려고 하지 않는다. 술을 많이 마시는 사람의 유산은 질병과 가난뿐이다. 우리나라 금언에 "처음에는 사람이 술을 마시고, 다음에는 술이 술을 마시고, 그 다음엔 술이 사람을 마신다"는 말이 있다.

바로 술이 그런 것이다. 그래도 술을 찾는 사람들을 보면 답답하기 그지없다.

더 심각한 문제는 제사장과 선지자 그리고 성직자들의 음주

술이 모든 사람에게 유익하지 않은 것은 자명한 사실이다. 그런데 구약성경에 보면 하나님의 선택받은 유다 사람들뿐 아니라 하나님의 제사 직분을 감당하는 제사장들, 하나님의 말씀을 대언하고 예언하는 선지자들이 모두 포도주와 독주에 취해 엉망진창이었다.

"이 유다 사람들도 포도주로 인하여 옆걸음 치며 독주로 인하여 비틀거리며 제사장과 선지자도 독주로 인하여 옆걸음 치며 포도주에 빠지며 독주로 인하여 비틀거리며 이상을 그릇 풀며 재판할 때에 실수하나니 모든 상에는 토한 것, 더러운 것이 가득하고 깨끗한 곳이 없도다"(사 28:7-8).

천주교 신부들 중에 알코올 중독자가 많은 것은 이미 공개된 사실이다. 그런데 기독교인들은 말할 것도 없고 성직자인 목사들 중에도 술을 즐겨 마시거나 중독 초기에 이른 자들이 많다. 세상 사람들도 술을 마시면 안 되는 판국에 소위 종교 지도자들, 성직자들이 술을 마셔서야 되겠는가? 성직자들이 술을 마시니 일부 신학생들도 양심의 거리낌 없이 술을 마신다고 한다.

그러면 술을 마시지 말아야 할 결론적 이유를 성경 본문을 통해 살펴보도록 하자.

성경적 종합 결론(기독교인의 경우)

1. 몸을 거룩한 산 제사(번제)로 드리고, 세대를 본받지 말고 하나님의 뜻을 분별하라

"그러므로 형제들아 내가 하나님의 모든 자비하심으로 너희를 권하노니 너희 몸을 하나님이 기뻐하시는 거룩한 산 제사로 드리라 이는 너희의 드릴 영적 예배니라 너희는 이 세대를 본받지 말고 오직 마음을 새롭게 함으로 변화를 받아 하나님의 선하시고 기뻐하시고 온

전하신 뜻이 무엇인지 분별하도록 하라"(롬 12:1-2).

2. 먹든지 마시든지 무엇을 하든지 다 하나님의 영광을 위하여 하라

"그런즉 너희가 먹든지 마시든지 무엇을 하든지 다 하나님의 영광을 위하여 하라"(고전 10:31).

3. 양식 아닌 것을 위해 돈을 쓰지 말라

"너희가 어찌하여 양식 아닌 것을 위하여 은을 달아 주며 배부르게 못할 것을 위하여 수고하느냐 나를 청종하라 그리하면 너희가 좋은 것을 먹을 것이며 너희 마음이 기름진 것으로 즐거움을 얻으리라"(사 55:2).

4. 악은 그 모양이라도 버리라

"범사에 헤아려 좋은 것을 취하고 악은 모든 모양이라도 버리라"(살전 5:21-22).

5. 술은 멸망의 원인이다

먹고 마시고 시집 가고 장가 가고 사고 팔고, 노아 홍수 전과 소돔과 고모라 때가 바로 그런 때이었고, 그로 인해 멸망하고 만다.

"노아의 때에 된 것과 같이 인자의 때에도 그러하리라 노아가 방주에 들어가던 날까지 사람들이 먹고 마시고 장가들고 시집 가더니 홍수가 나서 저희를 다 멸하였으며"(눅 17:26-27).

"또 롯의 때와 같으리니 사람들이 먹고 마시고 사고 팔고 심고 집을 짓더니 롯이 소돔에서 나가던 날에 하늘로서 불과 유황이 비오듯 하여 저희를 멸하였느니라"(눅 17:28-29).

제7장
술은 치료약인가?

"독주는 죽게 된 자에게, 포도주는 마음에 근심하는 자에게 줄지어다 그는 마시고 그 빈궁한 것을 잊어버리겠고 다시 그 고통을 기억지 아니하리라"(잠 31:6-7).

"자주 나는 병을 인하여 포도주를 조금씩 쓰라"(딤전 5:23).

옛날에는 맹물(생수) 외에는 마땅히 마실 물이 없었다. 그래서 농촌에서는 막걸리를 담가 마셨다. 그러나 지금은 음료수가 얼마나 많은지 모른다. 그러니까 꼭 술을 마시지 않아도 건강을 위해, 피로를 풀기 위해 마실 음료수가 얼마든지 있다.

KBS '아침마당'에서 술 문제에 대한 주제 토론이 있었다. 사회자가 의사에게 물었다. "의사 선생님은 주량이 얼마나 되십니까?" 그러니까 그 의사 선생이 이런 말이 있다며 소개했다. "의사의 말은 따르되, 의사의 행동은 따르지 말라."[24]

그 의사는 "술이 나쁘다, 과음하면 안 된다"고 말하면서 자신은 음주자뿐 아니라 애주가라는 것이다. 이게 바로 논리적 모순인 것이다. 예를 들어, 만약 의사가 담배를 피우면서 환우들에게는 담배가 건강에 나쁘니 피우지 말라는 말과 같다. 구체적으로 말하면, 아버지는 세상에서 온갖 나쁜 짓을 다 하면서 자식들에게는 그런 일은 나쁘니까 하지 말라는 것과 같다.

물론 구약에서도 이스라엘 백성들에게 축제를 할 때 술을 마시라고 했다. 왕에게 술을 허용하기도 했다. 잠언에 보면, 독주는 죽게 된 자에게, 포도주는 마음에 근심이 있는 자에게 주라고 하면서 그런 사람이 그것을 마시면 죽고 싶도록 빈궁한 것을 잠시 잊어버릴 것이며, 마음에 근심을 잠시라도 달랠 수 있기 때문이라고 했다. 그렇다고 술을 항상 허용한 것은 아니다.

> "독주는 죽게 된 자에게, 포도주는 마음에 근심하는 자에게 줄지어다 그는 마시고 그 빈궁한 것을 잊어버리겠고 다시 그 고통을 기억지 아니하리라"(잠 31:6-7).

그리고 호세아에는 다음과 같은 말씀이 나온다.

---

24) 2006년 12월 18일 아침.

"우리 왕의 날에 방백들이 술의 뜨거움을 인하여 병이 나며……"
(호 7:5).

술로 인해 병을 고치는 것이 아니라 병이 생긴다는 것이다.

요즈음 술로 인한 병이 얼마나 많은가? 사람들이 술을 마시지 않으면 그런 질병에 걸리지 않을 텐데, 술을 마시고 취하다 보면 온갖 질병에 걸리게 된다. 그뿐 아니라 질병 치료를 위해 약을 복용하면서 술을 마시면 백약이 무효가 되거나 부작용과 합병증으로 더 고생을 한다.

신약성경의 경우 단 한 곳에서 술을 허용하는 구절이 나온다. 그러나 그것도 전면적인 허용이 아니라 조건적이고 지극히 제한적인 허용이다.

"네가 자주 나는 병을 위하여 포도주를 조금씩 쓰라"(딤전 5:23).

즉 치료용으로 술을 마시되 취하거나 중독이 되도록 마시지 말고 의사의 처방전에 의해 조금씩 쓰라는 것이다. 여기서 한국말로 '마시라'는 말과 '쓰라'는 말의 차이를 생각해야 한다. 독일어 성경에 보면, "트링케 니흐트 메어 누어 바써, 존더른 브라우헤 아인 베니그 와인 움 다이너스 마겐스 빌렌, 운트 바일 두 오프트 크랑크 비스트"(Trinke nicht mehr nur Wasser, sondern brauche ein wenig Wein um deines Magens willen, und weil du oft krank bist)라고 기록하고 있다. 독일어 성경에는 자주 나는 병도 아무 병이 아니라, 마겐크랑크

(Magenkrank) 즉 위장병이라고 번역해 놓았다. 다른 모든 질병에도 포도주를 쓰라는 것이 아니다. 오직 위장병만을 위해서인데 그것도 무제한으로 얼마든지 마시라는 것이 아니라 '조금씩'(ein wenig, Little by little) 마시고, '가끔씩'(oft, offen or sometimes) 마시라고 했다.

바울이 디모데의 자주 나는 병, 즉 위장병을 위하여 맹물(생수)만 마시지 말고 포도주를 조금씩 쓰라고 한 말은 곧 약용을 의미하는 처방이다. 특정 질병에 대한 제한적인 양의 조건부적인 허용이다. 미국의 주석가 헨드릭슨은, 원어의 '부에스트'(Wuest)라는 말은 원래 '평상시 포도주를 음료수처럼 마시지 말고 약용으로 마시라는 말'이라고 해석해 놓았다. 이미 언급한 것처럼, 잠언에서도 솔로몬은 "독주는 죽게 된 자에게, 포도주는 마음에 근심하는 자에게 줄 것이니라"(31:6)고 말하고 있다.

포도주는 디모데처럼 심한 위장병에 걸려 일반 약물로 치료가 불가능한 자나 심한 우울증에 걸려서 불안해하는 자, 심한 충격을 받아서 안정을 찾지 못하고 안절부절못하는 자 등에게 일회용 또는 약용으로 사용할 수 있다는 것이다.

만약에 바울과 디모데가 사역했던 그 시절에 일반 성도들은 물론 사도들에게 술이 허용되었다면 바울이 구태여 디모데에게 그런 부탁이나 그런 허락을 할 필요가 있었겠는가? 사회 통념상 경건한 성도들과 주의 사명을 부여받아 말씀을 선포하는 목회자들은 금주였기 때문에 특별히 그것도 자주 나는 병, 곧 위장병을 위해서 병이 나을 때까지만 약으로 포도주를 조금씩 쓰라고 한 것이다.

약이란 무엇인가? 치료제이다. 누가 약을 복용하는가? 아픈 사람, 병든 사람이 그 아픔과 병을 고치기 위해 복용한다. 의사나 약사가 아픈 증상을 듣고 난 다음에 진찰을 통해 이런 병에는 이런 약, 저런 병에는 저런 약을 복용하라는 처방을 해준다. 그리고 환자는 그 병이 다 나으면 그 약을 더 이상 먹지 않는다. 만약 그 약을 계속하여 먹으면 득이 되는 것이 아니라 독이 되고 해가 된다. 오히려 건강을 해치고 다른 부작용이 나타날 수 있다. 바로 술이 그런 것이다. 혹시 약으로 술을 마신 후 그 병을 고쳤으면 병이 나은 후에는 술을 마시지 말고 끊어야 한다.

혹시 위장병으로 고생해 본 적이 있는가? 나는 그런 환우에게 틀림없이 독일에서 유명한 국화차(Kamillentee)나 남아공의 로이보스차(Roibustee)를 하루에 세 잔씩 마시라고 권하고 싶다. 그리고 정도에 따라 위장약을 복용하라. 그래도 안 되면 내게 찾아오라. 내가 진단해서 영 안 될 것 같으면 나도 사도 바울처럼 목회자로서 '집사님, 자주 나는 위장병을 위하여 위가 나을 때까지 포도주를 아주 조금씩(ein wenig) 마시라'고 허락하겠다. 그러나 완치된 후엔 포도주를 쓰면 안 된다. 바로 약용으로 마시던 환자들이 병을 고친 다음에도 병들 때처럼 계속 알코올을 마시면 영원히 고치지 못할 알코올 중독자가 된다.

뇌졸중과 술

2001년 12월 17일 영국 뇌졸중학회는 술을 하루에 한 잔 정도 마시는 것은 뇌졸중의 약 90%를 차지하는 허혈성 뇌졸중을 막는 데는 도움이 되지만, 만약 하루에 5잔 이상의 술을 마시게 되면 오히려 뇌졸중으로 사망할 위험이 2배 이상 높아진다는 연구 보고서를 발표했다. 그러나 전체 뇌졸중 환자의 10%를 차지하는 출혈성 뇌졸중에는 소량의 음주라도 전혀 도움이 되지 않는다고 밝혔다. 이런 의학적 증거는 한도 끝도 없이 많다.

술, 중년 남성 사망 원인 1위

술이 어느 특정 환자에게는 치료적인 차원에서 도움이 되기도 하지만 결론은 술이 인간에게 악하다는 것이다. 마약과 담배 그리고 술은 식품이나 식물이 아니며 일반 의약품도 아니다. 그러므로 이 모든 것은 이 세상에서 퇴치되어야 마땅한 품목이다.

술이 일부 병을 고치거나 소량의 음주는 건강에 유익할 수 있으나 결론은 사망의 원인이다. 음주가 40-50대 중년 남성 사망의 가장 큰 원인이라는 주장이 나왔다. 김광기 인제대 음주연구소장은 의사협회가 주최한 심포지엄에서 "우리나라 성인의 5대 사망 원인 가운데 음주와 관련 있는 간암과 간 질환을 합치면 40-50대 사망 원인 1위가 된다"고 주장했다. 김 소장은 간암과 간 질환을 포함해 음주로 인한 사망자를 추산하면 2000년 한 해만 2만 2천 7백여 명에 달한다고 말했다. 작년 기준으로 우리나라 인구 10만 명당 간암 사망자는 21.3명, 간 질환 사망자는 22.3명으로 세계 최고 수준이다.[25]

물론 바울 사도가 목회자 디모데에게 "네 자주 나는 병을 위하여 포도주를 조금씩 쓰라"고 한 것처럼 포도주는 특정한 병에 걸린 사람에게 약이 될 수 있다. 술은 약으로 얼마든지 쓸 수 있다. 그러나

---

25) MBC(2002.12.13), 현원섭 hyunny@imbc.com

지금까지 술이 인간에게 유익한가, 아니면 해로운가에 대한 의학적 연구는 오락가락하고 있다. 언제 또 어떤 박사가 술이 치매에 결정적으로 해롭다는 연구 결과를 발표할지 모른다. 그 이유는 지금까지 그래 왔기 때문이다.

만약 술에 대한 긍정적인 연구 결과에 영향을 받고 우왕좌왕하는 애주가들이 그런 연구 결과만을 믿고 음주를 했다고 가정하자. 또는 평소에 술을 전혀 마시지 않던 사람이 그런 정보에 의해 술을 마시기 시작했다고 하자. 그러다가 상습적인 애주가가 되거나 폭주가가 되어 술로 인해 알코올 중독자가 되고, 다른 병도 얻고, 사고도 냈다고 하자. 그러면 그 엄청난 건강적, 재산적 피해를 가져다 준 박사들이 모두 다 자기 책임이라면서 피해자에게 보상을 할 수 있는가? 없다. 지금까지 그런 경우도 없었거니와 만약 누가 그런 보상을 청구한다면 학자의 연구에 대한 법적 보장을 운위하면서 항변할 것이다.

물론 지금까지 일부 학자들은 술이 인간의 건강에 도움이 된다, 또는 다른 학자들은 도움이 되지 않는다는 연구 결과를 밝혔지만, 치매뿐 아니라 모든 것을 종합적으로 비교 분석해 볼 때 진정으로 술이 인간의 건강과 인류 사회에 유익한가는 우리 스스로가 답변해야 한다. 다시 말해, 술이 치료약이 아니라 질병을 가중시키는 원흉이고 사망의 원인이다.

성도들의 고차원의 삶

사실 기독교인들에게 모든 것이 허용되었다고 해서 모든 일을 할 수 있는 것은 아니다. 성경은 하나님께서 모든 식물을 창조해 주셨다고 해서 모든 식물을 먹어도 된다고 교훈하지는 않는다. 구약에서는 정결한 짐승과 부정한 짐승을 엄격히 구분할 뿐 아니라 부정한 짐승은 이스라엘 백성들에게 먹지 말라고 율법으로 금해 놓았다. 그러므로 성도는 먹을 것과 먹지 말 것을 가려서 먹어야 한다. 그 예가 선악과이며, 우상의 제물이며, 술이다.

"여호와 하나님이 그 사람을 이끌어 에덴 동산에 두사 그것을 다스리며 지키게 하시고 여호와 하나님이 그 사람에게 명하여 가라사대 동산 각종 나무의 실과는 네가 임의로 먹되 선악을 알게 하는 나무의 실과는 먹지 말라 네가 먹는 날에는 정녕 죽으리라 하시니라"(창 2:15-17).

"이러므로 우리가 화평의 일과 서로 덕을 세우는 일을 힘쓰나니 식물을 인하여 하나님의 사업을 무너지게 하지 말라 만물이 다 정하되 거리낌으로 먹는 사람에게는 악하니라 고기도 먹지 아니하고 포도주도 마시지 아니하고 무엇이든지 네 형제로 거리끼게 하는 일을 아니함이 아름다우니라"(롬 14:19-21).

"우리 각 사람이 이웃을 기쁘게 하되 선을 이루고 덕을 세우도록 할지니라"(롬 15:2).

"모든 것이 내게 가하나 다 유익한 것이 아니요 모든 것이 내게 가하나 내가 아무에게든지 제재를 받지 아니하리라"(고전 6:12).

"모든 것이 가하나 모든 것이 유익한 것이 아니요 모든 것이 가하나 모든 것이 덕을 세우는 것이 아니니 누구든지 자기의 유익을 구치 말고 남의 유익을 구하라"(고전 10:23-24).

"그런즉 너희가 먹든지 마시든지 무엇을 하든지 다 하나님의 영광을 위하여 하라"(고전 10:31).

바울은 자신보다는 남의 유익을 구하는 삶을 살았기 때문에 많은 부분에서 말과 행동뿐 아니라 때로는 먹고 마시는 것까지 자제했다. 기독교는 구원의 종교로서 하나님의 사랑과 예수님의 은혜로 구원받은 성도들이 죄에서 용서함 받고 구원받은 그 사랑과 은혜에 감사 감격한다.

뿐만 아니라 기독교는 이 세상을 살아갈 때 성령의 역사하심으로 빛과 소금의 사명을 다할 뿐 아니라 도처에 그리스도의 향기를 날리면서 선한 일을 행하며 올바로 살아가는 것이다. 그리하여 지극히 상식적이며, 세상에 윤리를 행하고 덕을 쌓아 도덕적인 사회를 형성하는 종교이다. 믿음만 있고 행함이 없으면 그 믿음은 곧 헛된 것이다. 왜냐하면 그 사람의 내적 믿음이 외적 행함 없이는 세상에 나타나지 않기 때문이며, 하나님께 영광을 돌리지 않기 때문이다.

그러므로 성도의 삶은 사회에 덕도 쌓기 위한 것이어야 한다. 주일이면 자기들끼리 모여서 경건하게 예배드리고, 기도하고, 찬양하고, 헌금드리는 삶은 세상 사람과는 아무런 상관이 없다. 세상 사람들은 우리가 교회당에서 예배를 드리든지, 잔치를 하든지 상관하지 않기 때문이다. 그러나 일단 기독교인들이 세상에 흩어지면 그때부터 세상 사람들은 기독교인들을 상관한다. 말과 행동을 예의 주시하여 본다. 그리고 평가한다. 빛과 소금의 사명을 다하고 있는지, 주님의 냄새를 풍기고 있는지를 일일이 확인한다.

미국 칼빈 신학교 교장 크로밍가 박사

오래 전 미국의 미시간 주 그랜드 래피즈에 있는 칼빈 신학교 교장은 크로밍가 박사였다. 그는 목사요 신학자로서 평소에 아무 거리낌 없이 담배를 피웠다. 내가 총신대학교에 다닐 때인 1973년에 그가 학교를 방문하여 설교도 하고 특강도 했다. 그때 그는 채플에서 설교를 마치고 강대상에서 내려오자마자 담배를 꺼내 아무 거리낌 없이 피웠다. 그 순간 교수들이나 학생들이 깜짝 놀랐다. '아니, 세상에 저럴 수가……'

그로 인하여 그분을 초청한 교수가 교단으로부터 혼이 났다. 왜냐하면 초청 조건으로 한국에 와서는 담배를 피우지 않기로 사전에 약속했는데, 크로밍가는 그런 약속을 까마득하게 잊어버리고 평소의 습관대로 담배를 꺼내 피웠던 것이다.

그 후 그 목사는 미국으로 돌아갔다. 원래 그 박사 부부는 모교회(母敎會)에서 40여 년 동안 성가대를 하고 있었는데, 한국을 다녀간 몇 년 후, 어느 주일에 성가 연습을 마치고 담배를 피우는 것을 어느 평신도가 보고 깜짝 놀라면서 말했다. "어머! 세상에 크로밍가 박사가 담배를 피우다니?"

그는 그 소리를 듣는 순간 담배를 끊고 말았다. 성경은 형제를 실족하게 하는 것은 차라리 연자 맷돌을 달아 바다에 빠뜨리는 것이

낫다고 했기 때문이다.

"또 누구든지 내 이름으로 이런 어린아이 하나를 영접하면 곧 나를 영접함이니 누구든지 나를 믿는 이 소자 중 하나를 실족케 하면 차라리 연자 맷돌을 그 목에 달리우고 깊은 바다에 빠뜨리우는 것이 나으니라 실족케 하는 일들이 있음을 인하여 세상에 화가 있도다 실족케 하는 일이 없을 수는 없으나 실족케 하는 그 사람에게는 화가 있도다 만일 네 손이나 네 발이 너를 범죄케 하거든 찍어 내버리라 불구자나 절뚝발이로 영생에 들어가는 것이 두 손과 두 발을 가지고 영원한 불에 던지우는 것보다 나으니라 만일 네 눈이 너를 범죄케 하거든 빼어 내버리라 한 눈으로 영생에 들어가는 것이 두 눈을 가지고 지옥 불에 던지우는 것보다 나으니라 삼가 이 소자 중에 하나도 업신여기지 말라 너희에게 말하노니 저희 천사들이 하늘에서 하늘에 계신 내 아버지의 얼굴을 항상 뵈옵느니라"(마 18:5-10).

다시 말해, 예수를 믿고 교회에서 직분을 맡아 일하는 자들이 형제에게 시험을 주거나 실족하게 하는 것은 큰 잘못이다. 담배를 피우는 것이 자신에게는 아무렇지 않을 수 있어도 성도들에게나 세상 사람들에게 덕이 되지 않는다면 당연히 끊어야 한다는 것이다. 요즈음은 담배가 덕이 되지 않을 뿐만 아니라 본인과 주위 사람들에게 엄청난 해가 된다. 결론은 술이 제한적 질병에 대한 제한적인 치료약은 될 수 있어도 일반인 모두에게 유익한 음료는 분명히 아니라는 것이다.

모르핀과 치료

병원에 가면 수술을 받은 환자가 심한 통증으로 고통을 견디지 못할 때 의사가 환자의 고통을 잠시 잊게 하기 위해 모르핀이라는 마약을 사용한다. 그러므로 사회 통념상 마약이 보통 사람에게는 해가 되지만, 고통받는 환자에게는 진통제가 되고 죽을 사람에게는 생명을 연장해 주는 특효약이 된다.

그러나 마약이 사람에게 좋다고 해서 조금만 아파도 상시 복용을 하면 그것은 특효약이 아니라 독약이 되고, 종내엔 중독자가 되고 만다. 그런 의미에서 마약은 병원에만 있어야 하고, 의사의 처방에 의해서만 사용되어야 한다. 그런데 악덕업자들이 이걸 비밀리에 제조하여 일반인들에게 판매한다. 그들이 인류의 건강과 고통을 치료하기 위해서 그런 일을 하고 있는가? 아니다. 그들은 불법으로 일확천금을 해 흥청망청 돈을 쓰고 살면서 인류를 망하게 만드는 아주 못된 부류이다. 그래서 세계가 마약 때문에 골치를 앓고 있지 않은가? 미국은 마약 때문에 콜롬비아의 마약조직과 전쟁까지 하지 않는가? 그러니까 그런 것은 처음부터 단호하게 막아야 한다.

술도 마찬가지이다. 애주가들의 수가 많아질수록 퇴치가 힘든 일이다. 그러기 전에 차단해야 한다. 우리나라도 술, 담배, 마약이 들어온 다음에 막으려니까 너무 힘이 든다. 이미 수백만 명의 중독자들이 생겨난 이후라 퇴치하려니 골치가 아픈 현실이다. 그리고 퇴치하는 데 엄청난 비용과 희생이 따른다. 지금 세계는 마약 퇴치 운동을 전개하고 있다. 그래서 미국의 주석가들도 금주 운동만큼은 기독교인들이 벌여야 할 아주 정당한 운동이라며 적극 권장하고 있다.

그런데도 불구하고 한 가지 슬픈 사실은, 우리나라의 경우 알코올 중독자들 가운데 청소년과 여성 인구가 급증하고 있다는 사실이다. 초등학생에서부터 시집도 안 간 처녀들이 알코올에 중독되어 있다. 이제 막 결혼한 신부들이 알코올에 중독되어 있다. 그러면 아기를 어떻게 낳겠는가? 그리고 자녀들을 다 키운 엄마들이 술에 중독되어 있다. 시간적으로 늦었지만 교회는 이제라도 외쳐야 한다. 술을 마시지 말라는 금주 운동을 교회는 적극적으로 펼쳐야 한다.[26]

적당한 음주가 치매 예방에 좋은가

네덜란드 로테르담에 있는 에라스무스 대학교 의과대학의 모니크 브르텔 박사는 영국 의학 전문지 〈랜싯〉 최신호에 다음과 같이 밝혔다. 매일 술을 1잔에서 3잔을 마신 자는 전혀 술을 마시지 않는 사람에 비해 치매에 걸릴 위험이 절반까지 낮아지며, 하루에 6잔 이상 마시는 자는 그렇지 않은 자에 비해 치매에 걸릴 위험이 1.5배 높은 것으로 나타났다.

브르텔 박사는 치매 증상이 없는 55세 이상의 남녀 5,395명을 대상으로 8년간(1990-1994, 1997-1999) 음주 습관을 조사한 뒤, 이들을 6년 동안 지켜본 결과 이 같은 사실을 밝혔다. 6년 후 치매 증상이 나타난 사람은 모두 197명으로, 이들 중 하루에 술을 1잔에서 3잔 마시는 자가 비음주자에 비해 치매 발병률은 42%, 일주일에 1잔 이상 음주자는 25%, 일주일에 1잔 이하는 18%이나, 매일 6잔 이상 음주

---

[26] 임산부가 알코올을 소량만 마셔도 태아에게 미치는 치명적 손상에 대해선 다음에 자세하게 구체적으로 언급하겠다.

자(165명)는 비음주자에 비해 치매 발병률이 1.5배나 높은 것이다. 그러나 적포도주가 심장병 예방 효과가 매우 높다는 것은 증명할 수 없다고 덧붙였다.[27]

---

27) 〈조선일보〉(2002. 1. 25).

제8장
술을 마시지 않은 사람들이 받은 복

"유다 왕 요시야의 아들 여호야김 때에 여호와께로서 말씀이 예레미야에게 임하니라 가라사대 너는 레갑 족속에게 가서 그들에게 말하고 그들을 여호와의 집 한 방으로 데려다가 포도주를 마시우라 이에 내가 하바시냐의 손자요 예레미야의 아들인 야아사냐와 그 형제와 그 모든 아들과 레갑 온 족속을 데리고 여호와의 집에 이르러 익다랴의 아들 하나님의 사람 하난의 아들들의 방에 들였는데 그 방은 방백들의 방 곁이요 문을 지키는 살룸의 아들 마아세야의 방 위더라 내가 레갑 족속 사람들 앞에 포도주가 가득한 사발과 잔을 놓고 마시라 권하매 그들이 가로되 우리는 포도주를 마시지 아니하겠노라 레갑의 아들 우리 선조 요나답이 우리에게 명하여 이르기를 너희와 너희 자손은 영영히 포도주를 마시지 말며 집도 짓지 말며 파종도 하지 말며 포도원도 재배치 말며 두지도 말고 너희 평생에 장막에 거처하라 그리하면 너희의 우거하는 땅에서 너희 생명이 길리라 하였으므로 우리가 레갑의 아들 우리 선조 요나답의 우리에게 명한 모든 말을 순종하여 우리와 우리 아내와 자녀가 평생에 포도주를 마시지 아니하며 거처할 집도 짓지 아니하며 포도원이나 밭이나 종자도 두지 아니하고 장막에 거처하여 우리 선조 요나답의 우리에게 명한 대로 다 준행하였노라 그러나 바벨론 왕 느부갓네살이 이 땅에 올라왔을 때에 우리가 말하기를 갈대아인의 군대와 수리아인의 군대가 두려운즉 예루살렘으로 가자 하고 우리가 예루살렘에 거하였노라"(렘 35:1-11).

혹자는 성경을 읽어보면 술 마시는 사람들의 이야기가 많이 나오지 않느냐고 강변한다. 그러나 꼭 그렇지만은 않다. 성경에 보면 술을 마시지 않는 사람들도 얼마든지 있다. 나실인은 말할 것도 없고 성전에서 일하는 자들은 금주해야 했다. 물론 어떤 사람은 처음부터 술을 입에 대지 않는 사람이 있는가 하면, 어떤 사람은 술을 마시다가 깨닫고 난 다음에 술을 끊은 사람이 있다. 사람들이 술이 없으면 무슨 맛으로 세상을 살며, 술 마실 줄 모르면 사업은 어떻게 하느냐고 하는데, 결코 그렇지 않다. 평생 술을 입에 대보지도 않고 사는 사람들이 얼마든지 있다는 사실을 알아야 한다.

레갑의 자손들

예레미야를 읽어보면 거기에 레갑 족속이라는 사람들이 나온다.

유다 왕 요시야의 아들 여호야김 때에 여호와의 말씀이 예레미야에게 임했다. 하나님은 예레미야에게 하나님께서 주신 말씀을 레갑 족속에게 가서 그대로 전하라고 명령하셨다.

예레미야 선지자는 하나님의 명령대로 레갑 족속에게로 내려갔다. 그리고 하바시냐의 손자요 예레미야의 아들인 야아사냐와 그 형제와 그 모든 아들과 레갑 온 족속을 데리고 여호와의 집에 이르러 한 방으로 모이게 했다. 예레미야 선지자는 레갑 족속들 앞에서 포도주가 가득한 사발과 잔을 놓고 그들에게 마시라고 권했다. 선지자가 권했는데도 불구하고 그들은 포도주를 사양했다. 선지자의 마시라는 명령을 어떻게 거절하게 되었는가? 레갑 족속은 예레미야 선지자에게 자기들의 선조 요나답이 후손들에게 내린 명령을 상기시키면서 자세하게 소개한다.

"너희와 너희 자손은 영영히 포도주를 마시지 말며 집도 짓지 말며 파종도 하지 말며 포도원도 재배치 말며 두지도 말고 너희 평생에 장막에 거처하라"(렘 35:6-7)

이후 레갑의 자손들은 선조 레갑의 아들 요나답이 명한 모든 명령에 순종하면서 "우리와 우리 아내와 자녀가 평생에 포도주를 마시지 아니하며"라고 확인 서약을 했다. 그 말씀이 예레미야 35장 1-11절에 나온다. 다시 한번 읽어보기 바란다.

"유다 왕 요시야의 아들 여호야김 때에 여호와께로서 말씀이 예레미야에게 임하니라 가라사대 너는 레갑 족속에게 가서 그들에게 말하고 그들을 여호와의 집 한 방으로 데려다가 포도주를 마시우라 이에 내가 하바시냐의 손자요 예레미야의 아들인 야아사냐와 그 형제와 그 모든 아들과 레갑 온 족속을 데리고 여호와의 집에 이르러 익다랴의 아들 하나님의 사람 하난의 아들들의 방에 들였는데 그 방은 방백들의 방 곁이요 문을 지키는 살룸의 아들 마아세야의 방 위더라 내가 레갑 족속 사람들 앞에 포도주가 가득한 사발과 잔을 놓고 마시라 권하매 그들이 가로되 우리는 포도주를 마시지 아니하겠노라 레갑의 아들 우리 선조 요나답이 우리에게 명하여 이르기를 너희와 너희 자손은 영영히 포도주를 마시지 말며 집도 짓지 말며 파종도 하지 말며 포도원도 재배치 말며 두지도 말고 너희 평생에 장막에 거처하라 그리하면 너희의 우거하는 땅에서 너희 생명이 길리라 하였으므로 우리가 레갑의 아들 우리 선조 요나답의 우리에게 명한 모든 말을 순종하여 우리와 우리 아내와 자녀가 평생에 포도주를 마시지 아니하며 거처할 집도 짓지 아니하며 포도원이나 밭이나 종자도 두지 아니하고 장막에 거처하여 우리 선조 요나답의 우리에게 명한 대로 다 준행하였노라 그러나 바벨론 왕 느부갓네살이 이 땅에 올라왔을 때에 우리가 말하기를 갈대아인의 군대와 수리아인의 군대가 두려운즉 예루살렘으로 가자 하고 우리가 예루살렘에 거하였노라"(렘 35:1-11).

나는 레갑 족속이 도대체 어떤 족속이기에 선지자가 마시라는 포도주를 거절하고 자신뿐 아니라 온 가족이, 지금뿐 아니라 영원토록 포도주를 마시지 아니하겠다고 했을까 궁금했다. 그래서 족보를 거꾸로 추적해 올라가 보았다. 그랬더니 레갑 족속은 바로 갈렙 장군의 후손이었다(대상 2:50-55).

나는 성경을 읽으면서 손바닥을 치며 아멘을 했다. '역시 훌륭한 조상은 훌륭한 후손을 낳는구나!' 물론 레갑 족속은 함맛에게서 나온 겐 사람이다. 함맛은 모세의 장인 이드로를 뜻한다. 곧 모세의 처족(妻族)인 겐 족속의 어떤 사람이 홉의 계통(유다 족속)의 어떤 사람의 딸과 결혼하고 귀화한 결과로 생긴 족속이란 뜻이다.

그러면 홉은 또 누구인가? 이스라엘 백성들이 여호수아를 대장으로 앞장세워 아말렉과 전쟁을 할 때 지도자 모세는 산에서 손을 들고 기도했다. 그때 모세가 너무 피곤하여 손이 내려오니까 이스라엘이 지고 아말렉이 이겼다. 그래서 모세를 돌 위에 앉게 하고 모세의 손이 내려오지 않도록 붙잡아 준 자 중에 홉이 있지 않은가?(출 17:8-13)

겐 족속은 어떤 족속인가. 겐 족속인 레갑 자손들이 이스라엘과 가까이 거주한 사실에 대해서는 다음 성경에서 언급하고 있다.

"시스라가 도보로 도망하여 겐 사람 헤벨의 아내 야엘의 장막에 이르렀으니 하솔 왕 야빈은 겐 사람 헤벨의 집과 화평이 있음이라"(삿 4:17).

"겐 사람 헤벨의 아내 야엘은 다른 여인보다 복을 받을 것이니 장막에 거한 여인보다 더욱 복을 받을 것이로다"(삿 5:24).

"사울이 겐 사람에게 이르되 아말렉 사람 중에서 떠나 내려가라 그들과 함께 너희를 멸하게 될까 하노라 이스라엘 모든 자손이 애굽에서 올라올 때에 너희가 그들을 선대하였느니라 이에 겐 사람이 아말렉 사람 중에서 떠나니라"(삼상 15:6).

"라갈에 있는 자와 여라므엘 사람의 성읍들에 있는 자와 겐 사람의 성읍들에 있는 자와"(삼상 30:29).

또 그들의 조상 갈렙이 누구인가? 이스라엘 민족이 출애굽하여 가나안 땅에 들어가기 전에 열두 명의 정탐꾼을 보냈는데, 열 사람은 부정적인 불신앙의 보고를 했다. 그러나 갈렙은 여호수아와 함께 긍정적인 믿음의 보고를 했던 사람이 아닌가?(민 13:30, 14:6-10)

한 번 실수는 영원한 실수라고 했다. 실수도 실수 나름인데 믿음에는 실수를 해서는 안 된다. 그러면 그 실수의 결과를 보라. 가나안 땅 입성 시 부정적이고 불신앙적인 열 명의 정탐꾼은 들어가지 못하고 광야에서 죽었다. 오직 긍정적이고 신앙적인 여호수아와 갈렙만이 약속의 땅 가나안에 들어갔다.

한 가지 분명한 사실이 있다. 의인의 조상에게서 의인의 후손이 나온다. 경건한 가정에서 경건한 자손이 나온다. 그러므로 오늘날도 경건하고 의롭게 살아야 한다. 그러면 술을 영원토록 마시지 않는 레갑과 같은 의로운 후손이 우리의 신앙적 혈통에서 나올 줄 믿는다.

에스더와 아하수에로 왕의 잔치

유다 민족이 바벨론의 포로로 잡혀갔을 때 에스더도 함께 잡혀갔다. 그때 왕은 아하수에로였다. 물론 에스더는 나중에 왕후가 되었다. 그 왕이 수산 궁에 즉위한 후 3년 만에 127도 치리자를 초청하여 7일 동안 대잔치를 베풀었다. 그때 준비한 어주(御酒; 왕이 하사한 술)가 한이 없었다.

"……금잔으로 마시게 하니 잔의 식양이 각기 다르고 왕의 풍부한 대로 어주가 한이 없으며 마시는 것도 규모가 있어 사람으로 억지로 하지 않게 하니 이는 왕이 모든 궁내 관리에게 명하여 각 사람으로 마음대로 하게 함이더라"(에 1:7-8).

이상의 대잔치는 두 가지로 해석할 수 있다. 꼭 바벨론 방식대로를 고집하지 않고 각 나라의 마시는 방식대로 자유롭게 마시게 했다는 해석도 있고, 다른 해석은 누구든지 무조건 술을 마셔야 하는 강제성이 아니라 각자의 취향에 따라 마시라는 뜻도 있다. 전자의 해석이라고 할 때, 각 도의 방식에 따라 자유를 허락한 왕이라면 어주를 모든 사람에게 강제로 마시게 하지 않았다는 의미도 된다. 술은 음료수가 아니기 때문에 벌써 고대의 왕실에서도 신하와 부하에 대하여 강제로 술을 마시게 하지 않았다는 것이다.

그렇다. 모든 잔치나 파티에서 음식을 먹는 일이나 음료수를 마시는 데 있어 각자의 자유가 허용되어야 한다. 그런데 우리나라 음주 풍속도는 어떤가? 본인의 의사와는 전혀 관계없이 무조건 마셔야 한다. 이 얼마나 비신사적인가? 이런 때 기독교인들은 강하게 저항해야 한다.

다니엘과 세 친구

우리는 다니엘과 그의 세 친구, 사드락과 메삭과 아벳느고 이야기를 잘 알고 있다. 그 이야기는 미국 클린턴 대통령이 술과의 전쟁을 선포하기 수천 년 전에 다니엘이 이미 이방에서 술과의 전쟁을 선포한 사건이다.

바벨론이라는 나라가 이스라엘을 침략해 와 이스라엘 백성들은 하루아침에 나라를 잃고 성전도 훼파되고 말았다. 그리고 똑똑한 청소년들과 건장한 백성들은 포로로 잡혀갔다. 그중에 다니엘과 그의 세 친구, 사드락과 메삭과 아벳느고도 포함되어 있었다. 다니엘과 세 친구는 남달리 영특하여 왕궁에 스카우트되어 일정 기간 교육을 받은 후, 국정에 참여하게 되었다. 그런 기간에 왕이 주는 포도주와 진미를 먹고 마시라는 명령이 떨어졌다.

그런데 다니엘은 감히 거기가 어디라고 제멋대로 '뜻을 정하여' 왕의 진미와 포도주를 먹고 마시지 않을 것을 천명한다. 환관장 아스부나스는 한번 뜻을 정하고 난 후 그 어떤 역경과 위협과 타협과 협상에도 굴하지 아니한 다니엘과 세 친구를 보고 10일 조건부로 허락한다. 다니엘과 세 친구는 10일 동안 고기를 먹지 않았으며 포도주를 마시지 않았다. 그러나 그들의 얼굴은 고기를 먹은 다른 사람들보다 더 윤기가 나고, 더 혈색이 좋았다.

이것이 바로 세속에 물들지 않고 하나님의 뜻대로 살기 위해 일편단심, 일사각오, 백절불굴, 사생결단하는 자들에게 임하는 하나님의 은혜이고 간섭이다. 그래서 다니엘과 세 친구는 일정 기간뿐 아니라 바벨론 포로 생활 내내 왕의 진미와 포도주를 먹고 마시지 않아도 되도록 보장받게 되었다.

오늘 기독교인들이 살고 있는 이 시대와 환경이 다니엘과 그의 세 친구가 처한 시대와 상황은 아니다. 그러므로 얼마든지 거절할 수 있다. 바라기는, 하나님을 믿을 뿐 아니라 성경을 진리로 믿고 따르는 모든 기독교인들은 다니엘과 그의 세 친구처럼 되기를 바란다. 다시 말해, 이 시대에도 다니엘과 그의 세 친구가 학교마다, 직장마다 있어야 한다는 뜻이다.

그러면 여기서 그 실례를 미국의 에이브러햄 링컨 대통령과 나의 몇 가지 간증, 그리고 몇 사람의 사례를 통해 알아 보고자 한다.

간증 1 : 미국 대통령 에이브러햄 링컨의 금주[28]

다음은 《백악관을 기도실로 만든 대통령 링컨》에서 인용한 내용이다.

"술은 사회를 병들게 하는 암으로, 사회를 파괴하기 위해 벼르고 있다."-A. 링컨

링컨은 하원의원으로 재직했을 당시 처가가 있는 켄터키 렉싱턴 지역을 방문했다. 그때 마차를 함께 타고 가던 육군 대령이 링컨에게 시원한 위스키 한 잔을 권했다. 링컨은 정중하게 사양하며 이렇게 말했다. "대령님, 고맙습니다만 저는 위스키를 마시지 않습니다."

---

28) 전광, 《백악관을 기도실로 만든 대통령 링컨》(생명의말씀사, 2008) 75-78.

그러자 대령은 주머니에서 담배를 꺼내더니, "술을 마시지 않는다면 그럼 담배라도 한 대 피우시지요. 이 담배는 켄터키에서 가장 좋은 담배입니다"라며 링컨에게 권하는 것이었다.

"죄송합니다, 대령님. 저는 담배도 피우지 않습니다. 왜 제가 술과 담배를 안 하는지 이유를 말씀드려도 되겠습니까? 제가 열 살 때였습니다. 어느 날 어머니께서 저를 침대 곁으로 부르시고 말씀하셨습니다. 그때 어머니께서는 몸이 많이 불편하셨습니다. '에이브, 의사 선생님께서 내가 회복되지 못할 거라고 하시는구나. 나는 네가 훌륭한 사람이 되어 주기를 진심으로 소원하며 기도하고 있단다. 내가 죽기 전에 나와 약속 하나 해줄 수 있겠니? 평생 동안 술과 담배를 입에 대지 않겠다고 말이다.' 저는 그때 어머니께 그렇게 하겠다고 약속을 드렸습니다. 그때 이후로 저는 지금까지 어머니와의 약속을 지켰습니다. 이것이 제가 술과 담배를 사양하는 이유입니다."

함께 마차를 타고 있던 대령은 어렸을 때 한 어머니와의 약속을 지키는 링컨에게 머리 숙여 존경의 뜻을 표했다. 그리고 링컨이 16대 대통령에 당선되었을 때 기쁨과 감격에 환호하던 지지자들이 링컨의 당선을 축하하기 위해 링컨의 집으로 모여들었다. 링컨의 가까운 사람들은 이미 그가 신앙인으로서 그리고 어머니와의 약속을 지키기 위해 술과 담배를 하지 않는다는 사실을 알고 있었다.

그렇지만 링컨의 참모들은 축하객들에게 오늘만큼은 포도주나 위스키를 제공해야 하지 않겠느냐고 제안했다. 그 말을 들은 링컨은 이렇게 대답했다. "우리 집에는 아무 술도 없습니다."

"알고 있습니다. 저희가 장만하겠습니다."

"아닙니다. 나는 나 자신이 하고 싶지 않은 일을 여러분에게 하라고 명령하고 싶지 않습니다."

그럼에도 불구하고 대통령 당선을 축하하는 술이 링컨의 집으로 배달되자, 링컨은 정중하게 감사를 표시하고는 모두 되돌려 보낸 후 청중에게 이렇게 인사했다.

"사랑하고 존경하는 여러분! 저는 오늘 포도주나 위스키로 여러분을 대접하지 못함을 죄송하게 생각합니다. 그러나 그것은 저의 신앙이며, 어릴 적 어머니와의 약속을 지키기 위함입니다. 오늘은 제가 평소에 포도주 대신 애용하고, 가족에게도 권장하는 건강 음료를 여러분에게 대접하려고 합니다. 이 음료수는 샘에서 방금 길어 온 생수인데 시원하고 건강에도 참 좋습니다. 자, 함께 마십시다!"

링컨은 냉수 잔을 들고 마시며 그들에 대한 최고의 존경을 표시했다. 링컨을 축하하기 위해 모인 많은 사람들도 비록 그에게서 술과 고기로 좋은 음식 대접을 받지는 못했지만, 대통령의 진실한 신앙과 검소함과 끝까지 어머니와의 약속을 지키려는 모습에 큰 감동을 받았다. 이처럼 그가 국민들로부터 변함없는 존경과 신뢰를 받을 수 있었던 것은 작은 약속이라도 소중하게 여기는 그의 진실한 신앙 때문이었다.

"포도주는 거만케 하는 것이요 독주는 떠들게 하는 것이라 무릇 이에 미혹되는 자에게는 지혜가 없느니라"(잠 20:1).

간증 2 : 신고식에서 김 이병의 술잔의 결투

나는 오늘도 다니엘과 그의 세 친구 그리고 링컨과 같은 믿음을 가지고 사는 신실한 기독교인들에게 다니엘과 동행하신 하나님께서 함께해 주시고 역사해 주신다고 확실히 믿는다. 그런 의미에서 이 책은 어떤 의미로 내가 1960년대 후반부터 지금까지 금주·금연 운동을 해오면서 겪은 간증서이기도 하다. 그리고 여기에 내가 군대에서 겪은 이야기를 다시 옮긴 것은, 기독교인들은 강하고 담대한 용기를 가지고 이 시대를 대항해 나가야 하기 때문이다.[29]

김 이병이 백골사단 정보처에 배속을 받고 난 후, 어느 날 신고식이라는 게 있었다. 신고가 다 끝난 다음에 정보처의 최고 고참인 이병철 병장이 양재기에다 막걸리를 한 그릇 듬뿍 푸더니 김 이병의 바로 턱 밑에다 딱 대는 것이었다. "환영한다, 김 이병. 너를 환영하는 의미로 이 고참이 내린 술잔이다. 받아라."

김 이병은 순간적으로 생각했다. '아니다. 나는 기독교인이고 지금까지 술이라곤 단 한 방울도 마신 적이 없다. 그런데 여기서 나의 신앙과 지조가 무너질 수는 없지.'

그래서 이 병장에게 분명하게 대답했다. "저는 크리스천입니다. 지금까지 술을 한 모금도 마셔본 적이 없습니다. 그러므로 술잔을 받을 수 없습니다." 결의적인 어투로 아주 단호하게 그리고 아무지게 거절했다. 그랬더니 "뭐 크리스천? 자식, 크리스천 같은 소리하네. 지금까지 예수 믿는 것들이 술은 더 잘 마시더라. 임마, 잔소리 말고 어서 받

---

[29] 이미 출간된 《백골사단의 용가리 통뼈 김 이병 이야기》(쿰란출판사)라는 책에 자세한 내용이 나온다. 그러나 여기선 간략하게 언급하겠다. -참고로 나는 1970년 3월 15일에 육군에 입대하여 1973년 3월 8일자로 육군 병장으로 제대했다. 그때가 바로 1968년 1월, 북한의 124군부대가 침투하여 청와대를 습격하고 당시 박정희 대통령을 암살하려는 일이 일어난 후였다. 당시 목책이었던 125마일 선상이 미국의 원조로 철책으로 설치되었고, 우리나라 군대도 북한의 124군부대를 능가하는 군대로 훈련해야 한다고 해서 모든 훈련이 강화되고, 군기가 살벌했던 때였다.-

아 마셔."

　　이미 신고식이 끝났는데 고참이 더 큰 소리로 고함을 지르고 있었다. 사실 군대라는 곳은 고참이 명령하면 무슨 명령이든지 간에 죽는 시늉이라도 해야 군대생활이 괴롭지 않았던 때였다. 김 이병은 계속해서 자신의 주장과 고집을 꺾지 않았다. 결국 이병철 고참과 김 이병 사이에 일종의 숨 막히는 신경전이 벌어지고 있었다. 물론 이상만 병장을 제외한 다른 고참들은 부동자세로 서서 모든 광경을 지켜보고 있었다. 그러나 김 이병은 계속해서 '절대로 술을 마실 수 없다'고 버텼다.

　　그랬더니 술잔을 계속 조금씩 비우면서 말했다. "고참의 명령에 순종 안 하면 너는 앞으로 군대생활이 괴로워. 야, 임마 이 정도만 마셔."

　　"아닙니다. 저는 지금까지 술을 입에 대 본 적이 없습니다. 그러므로 절대로 마실 수 없습니다."

　　아직 한 번도 술을 마셔본 적이 없다는 말에 더욱 흥미를 느꼈는지 더욱 집요하게 강요하면서 억지로라도 김 이병에게 술을 마시게 하려는 것이었다. 그래도 김 이병은 그 자리에서 한 발자국도 물러서지 않았다. 아니, 절대로 물러나지 않았다. 그런 신경전이 몇 번 계속되다가 결국 이 병장은 술잔에서 막걸리를 한 방울도 남기지 않고 모두 술통에다 부어 버렸다. 그래서 김 이병은 내심 '야, 이젠 끝났는가 보다. 드디어 승리했구나' 하고 안도의 숨을 막 쉬려는데, 이 병장이 이렇게 말하는 것이었다.

　　"그럼 좋아. 군대는 명령 사회야. 고참의 명령에 순종한다는 뜻으로 이 빈 술잔에 입만 갖다 대. 그러면 술을 마신 것으로 간주해 주겠다. 만약 그것도 못한다면 너는 내게 빠따 이십 대를 맞는 거야. 자, 어떻게 할 작정이냐? 고참 명령에 순종한다는 의미로 형식적으로 술잔에 입만 댈래, 아니면 빠따 이십 대를 맞을래?"

'빠따 이십 대!' 아, 생각만 해도 끔찍한 매였다. 정말 군대에서의 빠따 이십 대는 숨 넘어갈 정도로 매서운 매였다. 사실 그런 매는 상상만 해도 소름이 쫙 끼칠 정도였다. 사단 사령부 고참들의 빠따 중에서 이병철 병장의 빠따가 제일 셌다고 한다. 나중에 실제로 맞아 보니까 그 말은 빈말이 아니고 사실이었다. 그는 경기도 대공분실에서 고문 기술자 이근안(李根安) 씨가 데모 대학생 김근태 씨와 당시 민주 인사들을 고문하는 것마냥 빠따를 치는데, 그냥 단순하게 치는 것이 아니었다. 고도의 기술을 개발하여 쳤다. 그러니까 맞을 때나 맞고 난 후나 아프기는 되게 아픈데, 맞고 나서 뼈가 부러지거나 어디가 어긋나는 일이 없도록 쳤다. 병신 안 되게 치는 전문 기술자였다. 아직 그에게 빠따 이십 대는 고사하고 열 대를 연속으로 맞거나 제대로 맞은 졸병이 없었다.

그렇지만 가만히 생각해 보니, 군에 입대하여 예수 믿는 사람으로서 신앙과 양심을 지키기 위해 술잔을 거부하는 일로 빠따 이십 대를 맞는다는 것은 어쩜 영광이었다. 그래서 김 이병은 빠따를 맞았으면 맞았지 도저히 술잔 근처에라도 입을 댈 수 없었다. 마음에 없는 흉내라도 낼 수가 없었다. 그래서 순간적으로 하나님께 기도를 드리고 시멘트 바닥에 철썩 엎드려 버렸다. "하나님! 여기서 저는 고참들에게 예수 믿는 사람이 어떤 사람인지를 확실하게 보여주고 말겠습니다. 용기를 주십시오. 도와주십시오."

김 이병은 입으로 가느다랗게 "주여~!" 하고 부르짖으면서 순간 엉덩이에다 성령 기합을 넣었다. 그리고 눈을 질끈 감아 버렸다. 얼마간의 시간이 흘렀을까. 맞을 각오를 하고 엎드려서 빠따가 엉덩이에 쏟아지는 것을 기다리고 있는데, 기다리는 빠따는 쏟아지지 않고 이상한 소리가 들리는 것이 아닌가! "야, 김 이병! 일어나."

아니, 이게 웬말인가? 천사의 외침이 아닐까? 귀를 의심했다. 너무 당황한 김 이병은 벌떡 일어섰다. 김 이병이 일어서자 곧바로 또 기가 찬 음성이 들려온 것이다. "오늘 내, 니한테 졌다."

아니, 지다니. 군대에서 고참이 졸병에게 지는 것 보았는가? 아니, 져본 일이 있는가? 없다. 그런데 일어나 보니 일렬횡대로 서서 옴짝달 싹을 못하고 부동자세를 취하고 있는 졸병들을 향해 이 병장은 일종의 법령을 선포하는 것이었다. "오늘부터 누구든지 김 이병에게 술을 마시게 하는 놈은 내게 죽을 줄 알아! 알았어?"

졸병들을 쭉 둘러보면서 고래고래 고함을 지르는 것이었다. 졸병들은 고참의 명령이 떨어지자 "옛! 알았습니다" 하고 소리를 지르는 것이었다.

간증 3 : 독일에서도 마시지 않은 맥주

"포도주는 붉고 잔에서 번쩍이며 순하게 내려가나니 너는 그것을 보지도 말지어다"(잠 23:31).

나는 맥주가 음료수라고 말하는 나라 독일에 가서도 술은 고사하고 맥주 한 모금도 입에 넣지 않았다. 다음에 《독일 간 김 목사》(코올의 편지)에 수록된 내용을 그대로 옮긴다. 여기에 군대에서도 맥주 한 모금을 입에 넣지 않은 이야기가 곁들여 나온다.

1983년 무더운 어느 여름날, 그때 내가 목회했던 구라파 한인선교 교회의 두 분 장로께서 "목사님, 전도하러 안 가시렵니까? 여기서 조금 먼 곳에 한인학교 교장 선생님이 한 분 사시는데, 그분은 파독 광원 동기입니다. 가서 전도합시다"라고 했다.

목사야 성도들이 전도하자고 하면 아무리 할 일이 많아도 핑계를 대거나 피할 수 없지 않은가. 그리고 그때 새로 목사가 오니까 성도들이 얼마나 열심을 내는지 교회는 매 주일 부흥에 부흥을 거듭했다. 그래서 나는 내심 좋다고 따라나섰다. 그 도시가 바로 내가 살고 있는 곳에서 약 60여 킬로미터 떨어져 있는 묀센그라트바흐라는 소도시였다. 거기에 유 장로와 함께 광산 근로자로 왔던 친구가 살고 있었는데, 그분이 그 지역 한인학교 교장 선생이었다.

바로 그분을 전도하기 위해서 장점섭, 유봉두 장로와 함께 그 도시를 찾아간 것이다. 독일에 도착할 때 탔던 유 장로 자동차로 동행했다. 물론 승용차 메르세데스였는데 에어컨이 없는 차였다. 그날도 바깥 날씨가 어찌나 더운지 차 안에서 숨이 콱콱 막힐 것 같았다. 나는 평소에 조금만 더워도 땀을 잘 흘리는 체질이다. 거기다 목사이다 보니 와이셔츠에다 넥타이를 매고 정장 차림으로 나섰다. 그날 차 안에서 얼마나 땀을 많이 흘렸는지 엉덩이에 땀이 나서 바지까지 젖어 나중엔 척척했다.

그 집에 도착하니 김 교장 선생이라는 분이 기다리고 있다가 아주 반갑게 영접해 주었다. 그리고 정중하게 안내를 해서 응접실에 들어가니까 이미 탁자 위에 커다란 물 잔 네 개가 놓여 있었다. 그리고 그 잔 속엔 노리끼리한, 아니 꼭 갓난아기 오줌 색깔 같은 음료수가 가득 차 있었다. 위엔 아직 가라앉지 않은 거품이 조금 남아 있었다. 소파에 앉으라고 해서 앉으니까 "이렇게 먼 곳까지 방문해 주셔서 감사합니다. 오늘은 날씨가 참 덥습니다. 자, 어서 시원한 것 한 잔씩 드시지요"라면서 이미 준비된 음료수를 권하는 것이다.

그 말이 떨어지기가 무섭게 나의 일행 두 장로는 마치 약속이라도 한 듯이 동시에 그 잔을 입에다 대더니 단숨에 들이켰다. "아이, 시원해!"

나도 너무 덥고 목이 타서 컵을 들고 한 모금 마시려는데 그 물이 입에서 목구멍으로 내려가려는 순간 갑자기 뇌에서 긴급 신호가 왔다. '이게 아닌데. 아니, 꼭 어디서 맛본 것 같은……' 하는 생각이 든 것이다. 물론 생소하지는 않으나 내가 마실 음료수는 아니라는 판단이 이미 내려졌다. '이게 바로 독일 사람들이 음료수처럼 즐겨 마신다는 맥주로구나' 하는 생각이 곧바로 뇌에서 내려지고, 그 판단이 금방 작은뇌로 전달이 되어 이내 나는 작은뇌의 명령에 순종했다.

다행히 나는 그 잔을 입에다 대고 들이키기는 했지만 그 맥주가 한 방울도 목구멍을 타고 식도를 통과하여 위장으로 내려가지는 않았다. 멋모르고, 아니 순간적으로 입에 대고 들이마셨던 그 맥주를 주인이 눈치채지 못하도록 머금었던 입에서 다시 조용히 잔에다 뿜어냈다. 그랬더니 맥주잔에서 다시 거품이 일기 시작했다. "여기는 냉수가 없습니까?" "아니, 독일에서는 그게 음료수인데 마시지 그러십니까?"

나는 마음속으로 다짐했다. '내가 여기서 무너지면 안 되지! 내가 군대에 가서도 고참들의 험악한 공포 분위기 속에서 막걸리 잔에 입도 안 댄 용가리 통뼈 김승연인데.'

그런 생각을 하고 나니 도저히 김 교장 선생의 정성스런 권유를 받아들일 수가 없었다. 그래도 기어코 냉수를 달라고 하니까 톡 쏘는 탄

산가스 물을 가져다주었다. 이것도 술인가? 나는 이제 완전히 술 공포증에 걸린 모양이다. 그래서 그 물도 한 모금 마시다가 "이게 냉숩니까?" 하고 물었다. 그랬더니 그게 물이란다. 그리고 보니 서울에서 대학에 다닐 때 친구들과 오색 약수터에 가서 약수를 마신 경험이 생각났다. 그 물맛과 비슷했다. 정말 설탕만 타면 꼭 사이다 같은 그런 물이었다.

독일에 와서 그 물맛도 모를 수밖에 없는 것이 나의 가족은 독일에 와서 처음부터 생수를 사서 마시지 않았다. 물론 그 후 10년이 넘도록 시장에서 파는 생수를 사서 마시지 않았다. 그냥 수돗물을 걸러서 보리차를 끓여 마셨다. 그리고 그때는 나의 가족만 그런 것이 아니라 그 지역 교포 교인 가정 모두가 그렇게 물을 마시고 살았다. 그러니까 목사가 심방을 가도 오렌지 주스나 포도 주스를 내놓은 적은 있어도 가스 물이나 맹물을 사서 내놓지는 않았다. 그리고 냉수 찾으면 으레 보리차를 끓여서 냉장고 속에 넣어 두었다가 꺼내 주었다. 사실 따지고 보면 보리차가 더 비쌌다. 볶은 보리를 한국에서 소포로 부쳐와 끓였으니 물값, 전기료까지 합산하면 더 비싼 음료수일 수밖에.

그날 내가 그 맥주 맛을 알아차릴 수 있었던 사건이 예전에 이미 있었다. 내가 쓴 《백골사단의 용가리 통뼈 김 이병 이야기》라는 책에 잘 표현되어 있지만, 나는 군복무 시 글씨 잘 쓰는 것 때문에 참 바빴다. 휴식 시간에도 제대로 놀지 못하고 사병들에게는 가장 유일하게 휴식이 보장된 밥 먹는 시간에도 여유 있게 잡담을 나누지 못했다. 잠자는 시간도 마음 편하게 자 본 적이 거의 없었다. 그저 눈뜨고 일어나면 잠자리에 들기 전까지 하루종일 글씨 쓰는 것이 나의 일과였다.

1970년에 내가 근무하던 제3사단 사령부에 제1군 사령관인 한신

대장과 육군 참모총장인 서종철 대장이 방문한 적이 있었다. 그때 사단에서 사단 종합 브리핑 준비를 했다. 브리핑은 맨 먼저 16개 직할대 참모가 참모장에게, 참모장이 사단장에게, 사단장이 제1군 사령관과 참모총장에게 하는 순서였는데 그 브리핑 준비를 위해 장장 8일 동안 잠도 제대로 못 자고 준비한 적이 있었다. 열심히 준비한 결과 제1차로 참모장이 하는 사단장 브리핑에 통과되었다.

그랬더니 당시 사단 참모장이었던 강무원 대령30)께서 내게 그동안 수고했다면서, 자기 당번에게 "야, 집에 가서 김 일병에게 시원한 음료수 좀 갖다줘라"라고 명령을 하는 것이 아닌가! 얼마 있으니까 당번이 왔다. 오는데 보니까 손에 무슨 깡통을 몇 개 들고 왔는데 구멍 난 플라스틱으로 연결된 캔을 하나 빼서 탁 트더니 "야, 김 일병! 마셔라"라고 했다.

마침 목도 마르고 참모장이 준 것이니까 감사하기도 해서, 군대에서 이게 웬 떡이냐며 감지덕지하게 무심코 받아 입에 대고 한 모금 들이켰다. 그런데 그 물맛이 이상한 것이었다. 생전 맛보지 못한 음료수였다. 그래서 목구멍에 정지 명령을 내렸다. 입에 머금고 있는 것을 깡통 속에다 다시 내뿜었다. 그리고 그 당번에게 물었다. "이게 무슨 음료수입니까? 음료수 맛이 왜 이렇습니까?"

그랬더니 그 당번이 깔깔대며 웃고만 있지 가르쳐 주지를 않았다. 그러면서 몸에 아주 좋은 음료수라고만 말하는 것이었다. "야, 참모장이 너 수고했다고 갖다 준 물이 무슨 독약인 줄 아냐? 마셔 둬. 다 몸에 손해는 없을 거니까."

---

30) 새문안교회 강신명 목사의 조카. 나중엔 진급해서 제3사관학교 교장도 하고, 들으니 소장이나 중장까지 진급한 후 예편했다고 한다.

그도 그럴 것이 그때까지만 해도 나는 맥주라는 것이 있는 줄은 알았지만 그 맛이 어떤 것인지를 전혀 모르고 살았다. 지금도 그렇지만 맥주뿐 아니라 일평생 술이라곤 한 모금도 입에 넣어보지 않고 살았기 때문이다. 모양새를 보니까 영어로 쓰여 있는데 캔이 여섯 개였다. 미제 맥주였던 것이다.

그때 그 당번도 정동감리교회에 열심히 다니다가 군대에 온 상병이었는데, 내가 안 마신다고 주니까 건네준 깡통을 받자마자 입에 대더니 단숨에 들이켰다. 사실 그 깡통 안엔 내 입에서 내뿜은 맥주가 섞여 있었는데도 아랑곳하지 않았다. 그리고 나머지 다섯 개는 그 당번이 차지했다. 아마 지금도 그 참모장은 그 맥주를 내가 다 마신 걸로 알 것이다. 언제 만나면 그 사실을 꼭 이야기해 주고 싶다. '그때 그 맥주 내가 안 마셨다'고.

오늘 맛본 그 맛이 바로 그때 그 맥주 맛과 틀림없었다. 순간적으로 이런 생각이 들었다. '야, 이게 맥주구나! 독일은 맥주가 음료수라더니 정말 맥주를 맹물처럼 마시네.'

물론 한국에서 독일로 떠나기 전에 목사 친구들이 "야, 김 목사, 너는 좋겠다. 독일 가면 맥주를 맹물처럼 마실 텐데 안 그러냐?"고 했다. 그때마다 나는 "맥주도 술인데 어떻게 마시냐?"고 맥주 금주론을 제시했다. 물론 몇 년 있다가 귀국하니까 친구들이 밥 사준다고 만나자고 해서 식당에 갔는데, 맨 처음 묻는 질문이 두 가지였다. 목사들이 그게 그렇게 궁금했던 모양이다. "너, 그동안 맥주 얼마나 마셨냐?" "차범근 축구하는 데 몇 번이나 가 보았냐?"

그러나 나는 맥주도 안 마셨지만, 차범근 씨가 축구하는 데도 함부르크에 원정 경기를 왔을 때 딱 한 번 가본 것이 전부다. 그랬더니 나

더러 순 촌놈 노릇만 하다가 왔다고 놀렸다.

나는 그때 그 맥주를 입에 대고 생각하기를, '여기서 내가 넘어지면 끝장이다' 싶었다. '모두들 독일에선 맥주를 음료수로 마신다고 하지 않는가? 마셔도 괜찮다'고 해도 나에게 있어선 한국의 하나님과 독일의 하나님이 다를 수가 없었다.

그런데 그날 나의 그 행동이 놀라운 역사를 일으켰다. 내가 그 교회에 부임해 오기 전까지는 그 교회 교인들과 집사들은 물론이고 장로들까지도 모이면 맥주는 물론이고 포도주 한두 잔씩은 예사로 마셨다는 것이다. 그러나 장로들이 막 부임해 온 목사와 함께 전도를 갔을 때 자기들은 덥고 갈증이 나서 예사로 맥주잔을 들고 꿀꺽꿀꺽 들이마셨는데, 새로 온 목사는 멋모르고 마신 맥주를 그 입에 있는 한 방울까지도 남김없이 뿜어내는 것을 목격한 것이다. 그래서 그 후 '아하, 이 목사님을 모시고 신앙생활하고 교회를 섬기려면 술 마셔서는 안 되겠구나'라는 생각을 하고 술을 끊었다는 것이다.[31]

한국에서 독일에 가면 음료수가 맥주라는 말을 이미 들었는데 막상 와 보니까 누구든지 맥주를 음료수처럼 마시는 것은 아니었다. 톡 안 쏘는 맹물부터 시작해서 톡 쏘는 물까지 그 종류가 다양했다. 목사 중에 누가 그런 말을 만들어서 한국에다 소문으로 퍼뜨렸는지 몰라도 아마 독일에 와서 자기가 맥주를 맹물처럼 마시니까 그랬던 모양이다.[32]

---

31) 나중에 알고 보니 그 교회 성도들은 물론 중직자들이 맥주나 포도주를 예사롭게 마신 것은 다 목회자의 영향이었다.
32) 나는 1970년에 군에 입대하여 술잔과의 결투를 벌였다. 이 내용은 김승연의 《백골사단의 용가리 통뼈 김 이병 이야기》(가남사)에 수록되어 있다.

간증 4 : 북한 방문 시 평양 만찬에서의 물잔 고집[33]

나는 2003년 3월 북한을 방문하여 평양 고려호텔에서 두 차례의 만찬을 가졌다. 만찬 시 건배를 할 때도 물잔을 들고 건배를 했고 2시간 가까이 진행되는 만찬 동안 줄곧 물만 마셨다. 그랬더니 김성일 상임위원이 "김 목사님, 목사도 술을 마시면서 대화를 해야 대화가 풀립니다. 자, 한 잔 하시지요" 하면서 술을 권했지만, 끝까지 물만을 고집했다. 다음은 북한 방문기이다.

> 2003년 3월 15일 19시 고려호텔 3층 조선 전문 음식칸에 만찬실이 있었다. 북한에서는 호텔 식당을 음식칸이라고 했다. 중국에서 시차가 난 시간을 바꾸어 놓은 바람에 7시로 약속된 만찬장에 제때에 가지 못했다. 호텔 로비엔 한 시간 일찍 내려왔지만, 기념품점에서 구경을 하는 순간 시간이 지났던 모양이다.
>
> 기념품점에서 이것저것 구경을 하고 있는데 일행이었던 서울교회 박순영 목사가 헐레벌떡 나를 찾아와 숨 넘어가는 소리를 했다. 지금 만찬장 앞에서 일행이 기다리는데 내가 나타나지 않아서 호텔 객실과 로비 이곳저곳을 찾아보고 있었다는 것이다. 늦었으니 빨리 가자고 재촉했다. 헐레벌떡 만찬장 입구에 갔더니 모두들 기다리고 있었다. 좀 미안했다.
>
> 물론 북측 사회문화부 상임위원이라는 김성일 상임위원장이 이미 도착했다. 도착하자마자 7명 가운데 나를 보더니 "김승연 목사님이시

---

[33] 김승연, 《김 목사 북한 방문기》 참고.

오?" 하며 손을 내밀어 인사를 청했다. 만찬 시간 7분 정도 늦게 도착하여 미안해하고 있었는데 상임위원장이 나의 이름을 불러주어 깜짝 놀라 되물었다. "아니, 상임위원장 선생께서 내 이름과 얼굴을 어떻게 아십니까?"

"아니, 김 목사 선생님같이 유명하신 분을 내레 어떻게 모르갔습네까? 국내에서도 유명하지만 해외에서도 유명하신 분 아니십니까?" 하고 추켜 세워주었다. 아마 미리 이름과 사진, 그리고 이력과 경력을 보면서 사람을 익혀 놓았겠지만, 어쨌든 북한 사람은 사람을 알아보는 은사가 있는 모양이다. 며칠 지나고 보니 북한에서는 상대방을 애드벌룬처럼 띄우는 데 이력이 나 있고 일가견이 있었다. 하기야 자신을 알아주고 칭찬해 주는데 기분 나빠 할 사람은 이 세상 천지에 아무도 없을 것이다.

고려호텔 만찬실엔 둥그런 탁자가 놓여 있었는데, 사람과 사람 사이가 아주 넓었다. 그날은 우리 일행과 북한 일행 4명 모두 11명이 식사를 했다. 서너 명의 여자 접대원들이 정중히 맞이하여 인사를 했다. 그들은 화사한 하늘색 한복을 입고 있었다. 그때 누군가가 선녀처럼 예쁘다고 칭찬을 했다. 북한에 와서 느낀 것이 역시 한국은 남남북녀(南男北女)였다.

만찬 시작 전에 남쪽에서 간 우리민족서로돕기 이용선 사무총장이 만찬 순서에 대한 설명을 했다. 먼저 김성일 위원장 선생이 환영사를 하고, 그다음에 서로를 소개한 이후 남측 방북 대표 단장인 김승연 목사께서 답사를 한 다음, 김승연 단장이 식사 기도를 하고 나면 만찬이 시작된다고 했다.

방북 시 내가 방북 대표단장이라는 사실도 북한에 와서 알았고, 또한 북한에 와서 내가 답사를 하고 첫 번째 식사를 하기 전에 식사 기도를 한다는 사실에 대해 알고 감격했다. 전혀 예상치 않았던 일이었다.

북쪽 상임위원의 환영사는 원고도 없이 일사천리로 이어졌다. 정말 놀랄 정도로 논리적으로 환영사를 했다. 주된 내용은 지금은 남과 북이 전쟁 위기에 처해 있으니 남과 북이 하나 되어 전쟁만큼은 막아야 한다는 내용을 중심으로, 평양에 오신 것을 진심으로 환영하니 평안히 계시다 가라는 것이었다.

이 사무총장의 양측 소개가 있은 후, 나는 답사를 했다. "나는 20년 전 독일에 가서 오늘까지 남북통일을 위해 기도했습니다. 그러나 지금 북쪽이 전쟁 위험에 처해 있으나 우리 한반도에 그 어떤 이유로든지 전쟁이 다시 일어나서는 안 됩니다. 북쪽에 와서 보니 북쪽 사람은 남 같지 않고 꼭 이웃에 사는 사촌 같습니다."

그리고 식사 기도를 했다. "하나님, 우리가 이번에 평양을 방문하여 북쪽을 보게 되어 감사합니다. 하나님께서 우리 한반도를 지켜주시기 바랍니다. 그리고 우리가 북쪽을 돕고자 하나, 하나님께서 더 큰 은혜와 은총을 베풀어주십시오."

만찬은 함부르크 한인선교교회에서 링거를 위한 냉동 특수 탑차(3만 5천 달러 상당)를 기증한 내용과 초코파이 5천 상자, 분유 19톤, 그리고 정성제약공장 설립에 대한 이야기, 경수로와 원자력 발전소 문제를 중심으로 풍력 발전소에 대한 이야기와 태양열 주택 등에 대한 폭넓은 이야기를 허물없이 주고받았다. 물론 나는 독일에서 이미 풍력 발전이나 태양열 주택에 대한 것을 많이 보아서 대화가 아주 부드러웠다.

북쪽 사람들과 이야기를 해보니 아주 인간적이고 동족이라는 사실이 더 확인되었다. 그동안 많은 교류가 있었기에 남북 분단의 감정이 거의 없었다. 마치 한동네 사람들이 모여 앉아 흉허물 없이 대화하는 정자나무 아래 같았다.

　김성일 위원장 선생께서 "김승연 방북단장 목사 선생께서 평양에 오신 것을 열렬히 환영하기 위해 우리 모두 축배를 들자"고 했을 때, 나는 물잔을 들고 축배를 했다. 그랬더니 위원장 선생께서, "김 목사 선생님께서는 술을 안 하시는군요"라고 말하더니, "우리 모처럼 만났는데 술을 마시면서 건배를 해야지 어떻게 물잔을 들고 건배를 할 수 있습니까? 김 목사님, 그 물잔 내려놓고 술잔을 드십시오" 했다.

　그래도 나는 "지금까지 술을 입에 댄 적이 없는데 어떻게 술을 마십니까? 나는 물이오"라고 했더니, "사실 음식을 먹으면서 대화를 하려면 술을 마셔야 하는데 목사 선생께서 술을 마시지 않으니 인간관계가 정겨워지지는 않습니다"라고 했다.

　물론 나는 계속해서 물잔을 들고 끝까지 고집했다. 그랬더니 김 위원장이 "김 목사 선생님, 고집 대단하십니다. 그러면 김 목사 선생님은 물잔을 들고 우리 모두 건배합시다"라고 했다.

　이미 들은 정보로는 북쪽 사람들이 어떻게 해서든지 목사들에게 술을 마시게 하려고 집요하게 요구한다는 것이었다. 그러나 나는 '내가 군대에서 빠따를 맞으면서도 술을 입에 대지 않았는데' 하면서 끝까지 물잔만을 고집했다. 만찬은 1시간 40분 정도 계속되었다. 북한 사람들은 술을 아주 좋아했다. 새로운 음식이 나오면 '건배', 돌아가면서 한마디씩 하고 나면 '건배', 그저 한 끼니 식사를 하면서 십수 번의 '건배'를 했다. 그 말은 그만큼 술을 많이 마신다는 것이다. 그러나 나는 방북 활동이 끝날 때까지 술잔은 고사하고 단 한 모금의 술도 마시지 않았을 뿐 아니라 물잔만을 고집하여 들고 건배를 했다.

식사를 하면서 대화는 격의 없이 자유롭게 했다. 이미 북쪽을 수없이 드나들고 있는 이용선 사무총장이 동행했기 때문에 분위기를 이끌어 가고 부드럽게 만드는 데 일조를 했다.

내가 이렇게 몇 가지 간증을 소개하는 것은 우리 모두 술과의 전쟁에서 아군이 되어 승리하자는 뜻에서이다. 그러나 이미 앞에서 잠깐 언급했듯이 한국의 K목사는 북한에 가서 허구한 날 술을 마셔대니 북한 안내원들이 불평하며 하는 말이 "아니, 남쪽에서 온 저 K목사는 무슨 놈의 술을 허구한 날 그렇게 많이 마시노. 우리도 퇴근을 해야 내일 일을 할 건데. 저녁이 되면 늦게까지 술을 마셔대니 퇴근을 할 수도 없고. 제발 술 좀 그만 마셨으면 좋겠네"라고 하는 것이다. 이런 경우가 되어서는 안 된다는 뜻이다.

간증 5 : 제임스와 술

이것이 비단 내게만 일어난 일은 아니다. 제임스라는 미국의 한 소년이 집이 너무 가난하여 열두 살 때 선원이 되었다. 선원들은 그 소년에게 술을 권했다. 그러나 그는 굳이 사양했다. 이를 보고 있던 선장이 강권하여도 그는 절대로 술을 마시지 않았다.

나중에는 선장이 화가 나서 그를 체벌하도록 명령했다. 동료 선원들은 제임스를 죽지 않을 만큼 때린 다음 돛대 끝에 매달아 놓았다. 그래도 그는 끝까지 술을 거부한 채 아무 말도 하지 않고 매달려 있었다. 나중에 선원들이 그가 죽은 줄 알고 놀라서 그를 풀어주었다. 그는 죽은 것이 아니라 너무 많이 맞아서 기절한 것이었다.

선원들은 기절한 그를 응급 처치하여 회복시켰다. 선장은 또다시 그에게 술을 권했다.

이때 제임스는 술잔을 거절하고 눈물을 흘리며 호소했다. "선장님! 우리는 전에 잘살았습니다. 그러나 아버지가 술을 마시기 시작하면서 마침내 알코올 중독자가 되고 말았습니다. 그리하여 우리 집은 패가하고 어머니는 아버지를 걱정하던 끝에 병으로 돌아가시고 말았습니다. 어머니께서 임종 전에 제게 단 한마디 유언하셨는데, '제임스, 너는 절대로 술을 마시지 말라' 는 말씀이었습니다. 저는 어떤 일이 있더라도 어머니의 유언대로 술을 마시지 않을 것입니다."

숨을 죽이며 소년의 고백을 듣고 있던 선원들과 선장은 제임스의 간증에 큰 감동을 받았다. 그 후부터 그 배 안에서 제임스에게 술을 권하는 일은 없었고, 선원들은 이전처럼 제임스를 함부로 대하지 않았다. 그를 이해하며 그를 불쌍히 여기면서 사랑해 주었다.

성도들의 경우 직장에서 회식 때 높은 분이 술을 권하면 거절하지 못하고 엉거주춤 술잔을 받는 경우가 있고, 또 어떤 사람은 아예 처음부터 적극적으로 담대하게 받아 마시는 경우가 있다. 그래서 기독교인이라는 첫인상을 심어주지 못한다. 왜 그런지 아는가? 직장에서는 상사가 자기에게 높은 사람이기 때문이다. 또 그 상사에게 잘 보여야 하고 찍히면 안 되기 때문이다.

그러나 기독교인은 그렇게 생각하면 안 된다. 회사의 사장보다 세상에서 그 어떤 위대한 사람보다 더 높으신 하나님이 계시며, 그 분이 나의 일거수일투족을 지켜보고 계신다는 것을 알아야 한다. 기독교인으로서 직장이나 세상에서 권하는 술을 받아 마시는 성도는 그런 하나님을 믿지 않고 자기중심적이며 이기주의의 하나님을 믿기 때문이다. 자기 형편에 따라 자기 유리할 대로 해석하고 합리화시키며, 경우에 따라 이해해 주시고 눈감아 주시는 하나님으로 믿기 때문이다.

간증 6 : 옛 서울은행에서 일어난 일

1970년대 초 서울은행과 신탁은행이 합병되어 서울신탁은행이 되기 전 서울은행에서 일어난 일이다. 신임 은행장 취임 파티가 열렸다. 본점 전 직원이 모인 자리에서 신임 은행장이 직원들을 일일이 찾아가서 술잔을 권했다. 그러면 직원들은 자기 이름과 직책을 말하고 은행장이 부어준 술잔을 받았다.

모든 직원들이 그렇게 하고 있는데 은행장이 어느 한 직원 앞에 가서 술잔에 술을 따르려고 했다. 그러자 그 직원은 "저는 기독교인입니다. 그래서 술을 마실 줄 모릅니다" 하고 정중하게 거절했다.

그때 모든 직원들은 숨을 죽이고 그 직원의 돌출적이고 당돌한 행동에 시선을 집중시켰다. 개중에 비기독교인들은 '아니, 하필이면 이 자리에서 기독교인이라고 말할 필요가 뭐가 있나? 일단 술잔을 받아 놓고 안 마시면 될 게 아닌가? 오늘 술맛 다 버렸군' 하는 눈치였고, 개중에 어느 기독교인은 '야, 너만 기독교인이냐? 나도 예수 믿어. 꼭 이런 때 기독교인 티를 내야 하나?' 하는 분위기였다.

그런데 은행장은 정중하게 거절하는 기독교인에게 더 이상 억지로 술을 따르지 않고 "아, 그러세요" 하더니 그냥 지나갔다.

그런데 문제는 모든 파티가 끝나고 은행장이 집에 돌아가 잠을 자려고 하는데, 그 기독교인의 얼굴이 선명하게 떠오르면서 "저는 기독교인입니다. 그래서 술을 마실 줄 모릅니다"라는 말이 귀에 쟁쟁한 것이다. 그 다음 날 출근해서 일을 처리하는데도 그 직원의 얼굴과 말이 귀에 쟁쟁했다.

그래서 은행장은 그 사람의 신원을 파악하여 은행장실로 불렀다. 그리고 은행장은 그에게 중요한 일이 있을 때마다 불러서 의견을 듣고 그 일을 맡겼다. 그는 모든 일을 최선을 다해 성실하게 해냈다. 결국 은행장은 그의 성실함과 추진력을 높이 평가하여 요직에 발탁했으며, 근무 실적이 좋아 승진에 승진을 거듭했다는 이야기이다.

바로 이것이 하나님의 스카우트이다.

"그 후에 저희가 왕을 구하거늘 하나님이 베냐민 지파 사람 기스의 아들 사울을 사십 년간 주셨다가 폐하시고 다윗을 왕으로 세우시고 증거하여 가라사대 내가 이새의 아들 다윗을 만나니 내 마음에 합한 사람이라 내 뜻을 다 이루게 하리라 하시더니 하나님이 약속하신 대로 이 사람의 씨에서 이스라엘을 위하여 구주를 세우셨으니 곧 예수라"(행 13:21-23).

바로 하나님은 그런 자를 귀하게 여기신다. 만약 그 직원이 그 일로 인하여 미움을 받아 승진은 고사하고 그 은행에서 쫓겨났어도 그 일은 높이 평가해야 할 일이다. 오늘날 그런 기독교인들이 많지 않기 때문에 교회가 세상의 빛과 소금이 되지 못하며 오히려 세상이 기독교인들을 우습게 본다.

자기를 분명히 나타내야 알아주게 되고 인정받게 된다. 그렇지 않고 기독교인들이 모든 부정과 부패에 연루되고, 앞장서고, 노골적으로 밝히니까 사회가 기독교인들을 우습게 보는 것 아닌가? 지금이 어느 때인가. 지금은 기독교인들이 술을 마시지 않는다고 하면 다들 인정해 주고, 건강상 술을 끊었다고 하면 더 이상 권하지 않는 사회 풍토이다.

나는 기독교인들이 이렇게 살았으면 한다. 성경에 선으로 악을 이기라고 했으니 세속적인 것과 잘 싸워 이기기를 바란다. 당신의 자녀들이 자라면서 죄와 싸워 승리하기를 원하는가, 아니면 힘이 없으니까 그냥 포기하고 죄와 세속에 물들어 패배하기를 원하는가? 왜 술에 대한 사건이나 이야기가 한국만 아니라 동양을 비롯하여 세계 각국에 많겠는가? 그것은 바로 술이 개인과 가정 그리고 사회에 끼친 영향이나 결과가 좋지 않기 때문이다.

많은 사람들은 술을 적당히 마시면 된다고 말한다. 그러나 모든 사람이 술을 적당히 마시는 것은 아니다. 물론 술뿐 아니라 다른 물건이나 식물 그리고 약품도 적당히 쓰기만 하면 된다. 그러나 중독성이 있는 식물이나 습관은 절대로 그렇게 되지 않는다.

또한 사람들은 말하기를, "미국 교회는 술을 금지하지 않는다. 유럽의 교회도 봐라. 목사들도 교인들과 함께 술을 마시지 않느냐"고 한다. 맞는 말이다. 그러나 나는 유럽과 미국의 복음주의 교회나 경건한 목사들 그리고 성도들은 술을 마시지 않는 것을 확인했다.

히브리서에 보면 "이런 사람은 세상이 감당치 못하도다"(히 11:38)라는 말씀이 나온다. 그럼 그런 사람들이 어떤 사람들이었는가. 믿음의 사람들이었다. 그러면 그런 사람들이 그 시대에만 필요하고 이 시대에는 필요없는가? 아니다. 필요하다. 하나님께서 이젠 필요없다고 하시면서 이 시대엔 그런 사람들을 찾지 않고 계시는가? 아니다. 찾고 계신다.

이 시대는 홍수로 멸망한 노아의 시대보다, 유황불로 멸망한 소돔과 고모라 성의 시대보다, 어쩌면 더 타락하고 더 범죄하고 더 패역한 시대인지도 모른다. 그러므로 하나님께서 홍수 시대의 의인 노아를 찾듯이, 소돔과 고모라 시대에 아브라함과 함께하는 의인 열 명을 찾듯이, 지금도 의롭게 살며 올바르게 살고자 하는 의인을 찾고 계신다. 소돔과 고모라는, 처음에는 세상 사람들이 죄를 지어서 멸망하게 되었지만 나중엔 그 시대에 의인 열 명이 없어서 멸망한 것이다.

누가 이 시대의 의인인가. 어떤 사람들이 오늘 이 시대에 세상이 감당치 못할 사람들이 될 수 있을까? 바로 말씀의 사람, 믿음의 사람, 사명의 사람, 헌신의 사람, 희생의 사람이다. 우리 모두 그런 사람이 되자.

신입생 환영회의 음주와 만취

지금 한국의 대학가는 술 때문에 전쟁을 치르고 있다. 일반 대학교든지 기독교계 대학교든지 이 문제에서 해방되지 못하고 있다. 기독교계 대학에서조차 신입생 환영회 때 술을 마시게 하여 결국 사망하는 사건이 연례행사로 발생하고 있다. 전주의 어느 미션계 대학에서는 신입생 오리엔테이션 때 학생이 냉면 그릇에 소주를 붓고는 마시라고 강요하여 한 여자 권사 교수 외에 모든 교수들이 마셨다고 한다. 지구촌에 이런 대학이 있는 나라는 없을 것이다.

서울 S여자대학교 동창회장인 이 모 권사께서 직접 전해 준 이야기이다. 2007년 신입생 오리엔테이션이 있었는데, 총장이 강당에 모인 신입생들 앞에서 강의를 하는데 단 한 학생도 제대로 듣는 학생이 없고 모두들 고개를 떨어뜨리고 자고 있었다는 것이다. 그 이유는 지난밤에 모두 술을 마셔 만취되었기 때문이란다. 그러면서 내게 부탁하기를 "김 목사님, 올바살 운동과 금주·금연 운동을 지방에서만 하지 말고 빨리 서울과 대학교에 와서 해달라"는 것이었다. 비단 그 부탁은 S여자대학뿐이 아니다. 기독교계 대학교인 E대학에서도 Y대학에서도 마찬가지이다.

앞서 언급했듯이 우리나라 대학생들은 유리로 만든 반잔 술잔과 절주 포스터를 들고 술집을 찾아다니면서 절주 운동을 벌인 나라이다. 그 이유는 각 대학교 신입생 환영회에서 선배들이 신입생 및 후배들에게 억지로 술을 마시게 하다가 사망하는 사고가 매년 발생하고 있기 때문이다. 일반 대학은 그렇다 치고 기독교계 학교에서조차 술 마실 줄 모르는 학생과 심지어는 교수들에게까지 강제로 술을 마시게 하기 때문이다.

직장의 회식과 술 문화

한국은 공무원이든지, 일반 회사든지 회식이 문제다. 일단 회식이 열리면 낮이든 밤이든 술이 등장한다. 그리고 직장에서 신입 내지는 경력사원을 뽑기 위한 인터뷰에서 남녀 불문하고 공공연하게 음주 여부와 주량을 묻는 세상이 되었다. 아니, 어느 나라 기업이 이런 인터뷰를 한단 말인가. 그리고 기독교인들에게 불이익을 주고 있다.

S기업의 모 차장은 회식 때 술을 마시지 않을 뿐 아니라 끝까지 거절함으로 차별 대우를 받았으나, 사표를 내는 한이 있을지라도 소신을 굽히지 않고 있다. 결국 실력으로 대결하여 나중에는 인정받는 회사원이 되었다. 지금 기업이나 직장에서 목사의 자녀들도 술에는 승리자가 없을 정도로 술이 이 시대를 병들게 하고 있다.

직장 상사의 술 권유는 인권 침해

최근에는 직장 회식 시 직장 상사가 종교적인 이유로 술을 거부했을 때 강제로 권하는 것은 인권을 침해할 뿐 아니라 정신적인 부담을 준다는 이유로 3천만 원의 위자료를 지불하라는 고등법원 판결이 나왔다.[34]

또한 회식 자리에서 음주를 강요하거나 합리적 이유 없이 근무 시간 이후에 회식 자리를 마련해 일찍 귀가하지 못하도록 하는 것은 개인의 인격을 침해하는 불법 행위로 손해 배상의 책임이 있다는 판결이 나왔다.

2004년 4월 유명 게임 제작 업체에 입사한 J씨(여)는 평소 주량이 맥주 2잔으로 소주는 전혀 마시지 못했지만, 입사 전부터 관례상 '술 면접'을 치러야 한다는 간부들의 말에 따라 새벽까지 술을 마셔야 했다. 입사 첫날 자신의 입사 환영 회식에서 부서장인 최 모 씨가 "술을 마시지 않으면 흑기사를 하는 남자 직원과 키스를 시키겠다"고 해서 억지로 소주 2-3잔을 마셨고, 5월 회식 때에는 생리

---

34) 2007년 5월 6일 KBS 뉴스이다.

중이었음에도 최 씨 강요로 어쩔 수 없이 술을 마셔야 했다.

이 같은 술자리는 J씨가 입사한 이후 1주일에 2회 이상 별 안건 도 없이 회의 명목으로 계속됐고, J씨와 직원들은 새벽 3, 4시까지 술을 마셔야 했다. 부서장의 말을 듣지 않으면 '기피 부서'에 보낼 것 같아 거절할 수도 없었다.

2년 전 위염을 앓은 적이 있는 J씨는 급기야 미리 준비한 위 보호 약을 복용해 가며 술을 마셨고, 술자리 도중 토한 것은 물론이고 위염 치료약을 다시 복용하기에 이르렀다. 그러나 최 씨는 술 강요는 물론 술자리에서 J씨를 만지는 등의 신체 접촉과 성희롱 발언을 하는가 하면, 담배를 피우라고 강요하기도 하고, 워크숍에 가서는 여직원들이 자는 방에 와서 같이 자는 일도 서슴지 않았다.

참다못한 J씨는 입사 두 달 만에 장출혈을 이유로 회사에 출근하지 않았고, 사직 의사를 표시하면서 회사 측에 최 씨에 대한 적절한 조치를 취해 줄 것을 요청했다. 그리고 최 씨를 상대로 소송을 냈다.

서울고법 민사26부(강영호 부장판사)는 6일 J씨가 최 씨를 상대로 낸 손해 배상 청구 소송에서 700만 원의 지급을 판결한 1심을 깨고 "최 씨는 원고에게 3천만 원을 지급하라"며 원고 일부 승소 판결했다.

재판부는 "체질, 종교, 개인 사정 때문에 술을 전혀 못하거나 조금밖에 마시지 못하는 사람에게 그 의사에 반해 음주를 강요하는 것은 그 사람에게 건강이나 신념 또는 개인적인 생활을 포기하라고 강요하고 인격적 자율성을 침해하는 것으로, 상대방이 정신적 고통을 느꼈다면 불법 행위를 구성한다"고 밝혔다.

재판부는 "원고가 소주를 전혀 못한다고 분명하게 밝혔음에도 1

주일에 2회 이상 마련된 새벽까지 이어지는 술자리에서 술을 강요함으로써 심한 정신적 고통을 느끼게 하고 건강까지 해치게 한 것은 원고에 대한 인격권 침해와 신체에 대한 상해를 가한 것으로 위법하다"고 판시했다.

재판부는 또 "회사원도 근로 관계 법령 및 고용 관계에서 정한 근무 시간 외에는 여가를 자유롭게 사용해 행복을 추구할 권리가 있는데도 원고가 새벽까지 귀가하지 못한 것은 피고의 평소 언행에 의한 강요된 결과로, 원고가 행복을 추구할 권리를 침해당한 것은 경험칙상 분명하다"고 덧붙였다.

한편 최 씨는 2004년 6월 회사로부터 징계 면직됐고, 성폭력 범죄의 처벌 및 피해자 보호 등에 관한 법률 위반으로 고소돼 2005년 6월 벌금 200만 원을 선고받았다.[35]

기독교 문화를 이룰 때

이제 기독교인들은 사명을 가지고 학원과 직장에 기독교 문화를 이뤄 나갈 때이다. 모든 기독교인들이 연대하여 이 세상에서 사회악을 추방하는 데 앞장서야 한다. 그리고 목사들은 강단에서 축복 설교만 하지 말고 성도들로 하여금 세상과 싸워 사회악을 추방하는 데 앞장서도록 인도해야 한다. 하기야 목사들도 술에 빠져 있으니 그런 설교가 입에서 나오겠는가.

---

35) [연합뉴스]

제9장
종교의 금주 교리와 법

"이것이 마침내 뱀같이 물 것이요 독사같이 쏠 것이며 또 네 눈에는 괴이한 것이 보일 것이요 네 마음은 망령된 것을 발할 것이며 너는 바다 가운데 누운 자 같을 것이요 돛대 위에 누운 자 같을 것이며 네가 스스로 말하기를 사람이 나를 때려도 나는 아프지 아니하고 나를 상하게 하여도 내게 감각이 없도다 내가 언제나 깰까 다시 술을 찾겠다 하리라"(잠 23:32-35).

술은 비단 기독교에서만 금지하는 것이 아니다. 여러 종교가 금하고 있으며, 각 나라에 음주에 대한 금지법이 제정되어 있다. 많은 경우 기독교가 술을 금하니까 너무한다고들 한다. 그러나 우리나라는 왕이 금주령을 내렸고, 복음 전도 초기에는 여성들이 남성들의 음주와 흡연, 그리고 도박을 문제 삼고 금주·금연의 절제 운동을 벌였다.

조선시대 영조

조선시대의 영조는 백성들이 술을 너무 마시니까 금주법을 만들었다. 그래서 누구든지 술을 마시다가 걸리면 참형에 처했다. 윤구현, 이시현 같은 벼슬아치들도 술을 마시다 참형에 처해졌으며, 벼슬아치들이 술을 마시면 서민으로 강등시켜 버렸다. 그리고 제사에도 술을 올리지 못하도록 조처하여 왕궁 제사에도 술을 올리지 못하게 했다. 그러다가 백성들의 원성이 너무 심하니 음주의 양에 따라 형벌의 정도를 정하기도 했다.

불교의 금주

불교 역시 10계에서 술을 금하고 있다. 소승불교 십계의 제5계에서는 '술을 마시지 말라'고 되어 있다. 우리나라의 팔만대장경에는 술의 추잡함을 지적했다. 즉 술은 번뇌의 아버지요, 더러운 것들의 어머니라고 기록했다. 그래서 스님들은 술을 마시면서 절대로 술을 마신다고 하지 않는다. 곡차를 마신다고 한다. 곡차는 곡식을 가지고 만든 음료수인데, 곡식을 가지고 만든 술을 그렇게 부른 것이다. 물론 절에서는 스님들이 마시는 곡차를 따로 제조하기도 한다.

그러면 따져보자. 곡식을 가지고 만들지 않는 술이 어디 있는가?

이게 바로 이율배반이다. 귀에 걸면 귀걸이, 코에 걸면 코걸이이다. 진리는 패러독스(역설)일 수는 있어도 이율배반일 수는 없다. 스님들이 굳이 술을 곡차로 칭하면서 마시는 이유는 술을 마시게 되면 불교 10계 중 제5계를 범하기 때문이다. 그래서 술잔을 들면서 꼭 '곡차 한 잔 마시겠습니다'라며 '곡차'임을 강조한다. 지금 불교의 지도자들인 스님들의 음주 문제도 정도를 넘어 위험 수위에 이르렀다고 한다.

대승불교의 십계 중 제5계는 '술을 마시는 것을 금하는 것'은 물론 '술을 사거나 팔지도 말라'고 되어 있다. 그러니까 불교의 경우 술을 마셔서도 안 되지만 술을 사거나 팔아서도 안 되게 되어 있다.

지금은 일반화가 되었지만 1960년대 이전에 보면 스님들이 산속에서만 머물지 않고 속세로 내려왔다고 한다. 물론 스님들이 시주를 받거나 사무를 보기 위해서는 승복을 입고 내려오는데 그렇지 않을 때는 변장을 하고, 머리에 가발을 쓰고 택시를 타고 내려왔다고 한다. 물론 지금은 고급 승용차가 아니면 외제 자가용을 타고 다니지만 말이다.

1960년대의 어떤 스님은 산에서 내려올 때 보따리를 들고 내려와 화장실에서 옷을 꺼내 평복으로 갈아입고, 가발을 쓰고, 극장을 가기도 했다고 한다. 그때 한 스님이 무더운 어느 여름날에 불고기집에서 고기를 잡수시다가 땀이 나니까 그만 물수건으로 땀을 닦는다는 것이 실수하여 가발이 벗겨진 바람에 혼비백산한 적도 있었다고 한다. 어떤 스님은 속세에 내려와 연애를 할 때 변장을 하고 연애를 해서 결국 승복을 벗고 결혼한 스님도 있다고 한다.

이런 일들은 불교뿐 아니라 어느 종교를 불문하고 일어나는 일이다. 따지고 보면 다 정직하지 못한 일들이다. 그러나 이미 언급했듯이 불교도 송월주 스님 같은 큰스님들은 술을 전혀 마시지 않는다.

게르만 민족의 금주 사상

우리는 이 한 가지 사실을 분명히 알아야 한다. 많은 사람들이 독일은 맥주를 음료수처럼 마시고 포도주를 즐기는 나라라고 한다. 물론 그렇다. 그러나 독일 민족의 조상인 게르만 민족이 처음부터 그런 것은 아니었다. 시오노 나나미의 《로마인 이야기》 중 카이사르가 갈리아 총독으로 재임 시 게르만 민족을 징벌하게 되는데 그때 게르만 민족 중에 아주 강한 수에비족이 있었다. 이들은 우유와 고기가 주식이었다. 그런데 더 놀라운 것은 그 부족에게는 '포도주는 사람을 나약하게 만들 뿐이다'라고 하여 음주와 포도주 수입이 금지되어 있었다.[36]

이슬람의 금주

불교뿐 아니라 이슬람교에서도 도박이나 우상 숭배와 함께 술을 금하고 있다. 이미 이슬람 국가인 이란, 이라크, 터키, 사우디아라비아, 요르단은 물론 이슬람이 전파되어 국교화된 모든 나라에는 술을 금하고 있다. 그래서 그런 나라들에서는 술 파는 가게가 있을 수 없고, 술집이 있을 수 없고, 사창가가 있을 수 없다. 술을 마시는 것

---

36) 시오노 나나미, 《로마인 이야기》 제4권(한길사, 1999).

은 물론 팔거나 사게 되면 코란에 저촉되고 이슬람 국가의 법에도 저촉되기 때문이다. 만약 그런 일이 자행되면 코란경에 따라 엄중한 벌을 받는다.

힌두교 국가의 금주 운동

물론 힌두교도 금주이다. 그런데 힌두교가 세속화되어 신도들이 술을 많이 마시니까 힌두교 국가인 인도 남부 케랄라 주에서는 소수 기독교회들이 주도가 되어 금주 가두시위를 펼치고 있다. 이 시위는 기독교, 정교회, 가톨릭으로 구성된 '반알코올 연맹'(ALF)이란 단체가 주도했다.

이들이 금주 시위를 벌이게 된 이유는, 인도가 세계적인 술 소비 국가인 것을 비판하고 정부의 강력한 금주 정책을 요구하고 나섰기 때문이다. 한 달 넘게 진행된 음주 반대 가두시위는 640영문으로의 도보 대장정으로 1월 6일 케랄라 주에서 시작돼 2월 9일에 끝났다.[37] 결론적으로 정신이 제대로 박혀 있는 사람과 신앙심이 온전한 종교인은 어떤 종교를 불문하고 술을 마시지 않는다.

칭기즈칸과 몽골의 금주법

한때 유라시아 대륙을 제패하여 대제국을 이뤘던 칭기즈칸이 술 금지법을 만들어 공포하여 실천했다. 몽골의 다자시크라는 집단 생

---

37) 〈기독신문〉(2002. 2. 6).

활에 관한 조항 제33조와 칭기즈칸의 빌리크(격언) 제20조에 보면 다음과 같은 조항이 나온다. "만약 술을 끊을 수 없으면 한 달에 세 번만 마셔라. 그 이상 마시면 처벌하라. 한 달에 두 번 마신다면 참 좋고, 한 번만 마신다면 더 좋다. 안 마신다면 정말 좋겠지만 그런 사람이 어디 있으랴."[38]

다시 말해, 술은 중독되기 때문에 습관성, 중독성 음주를 금하기 위함이다.

아이러니

2010년 지구촌의 인구는 이미 70억 명을 넘어섰다. 그중에 종교 인구가 약 40억 명(66%)이라고 한다. 기독교도 술을 금하고 있고, 불교도 술을 금하고 있다. 이슬람교와 힌두교도 마찬가지이다. 마시는 것뿐 아니라 제조 내지는 판매까지 금하고 있다. 그런데도 갈수록 술꾼들이 늘어나고 있고, 술이 온 세상 천지에서 판을 치고 있는 이유는 무엇일까?

그 이유는 사탄이 세상과 인간들을 술을 통해 멸망시키고자 하기 때문이다. 그리고 모든 종교인들이 신앙생활을 제대로 하고 있지 않으며, 각 종교의 계명을 제대로 지키지 않고 있다는 증거이다.

지금 이 글을 읽고 있는 당신은 종교인인가, 아니면 비종교인인가? 종교인이라면 비단 기독교인뿐 아니라 그 어떤 종교를 믿든지 간에 한 번쯤은 금주를 결단해 볼 필요가 있지 않을까? 기독교에서

---

[38] 김종래,《CEO 칭기즈칸》(삼성연구소), 102, 105.

스님들의 잘못과 음주에 대한 비판을 하면 불교에서는 기독교 목사의 음주와 잘못을 적나라하게 공격한다. 종교가 이래서야 어떻게 사회를 올바로 지도해 나갈 수 있겠는가? 그런데도 앞서 언급했듯이 한국의 양대 술 회사의 사장이 천주교인과 기독교인이라니 참으로 가소롭다.

음주 운전

아무리 음식을 많이 먹고 운전을 해도, 아무리 물을 많이 마시고 운전을 해도 법에는 저촉이 안 된다. 그러나 전 세계적으로 술을 마시고 운전을 하게 되면 불법이다. 만약 경찰 조사에서 일정치 이상의 알코올 농도가 나오면 운전면허를 정지시키고 상당액의 벌금을 부과한다. 그러다가 더 심하거나 횟수가 거듭되면 정신 감정을 하거나 정신병원에 보낸다. 더 심하면 영원히 운전면허를 취소하고 만다. 이는 술에 취하여 운전하게 되면 자신은 물론 남에게 돌이킬 수 없는 피해를 주거나 사람의 생명을 죽이기 때문이다. 그래서 나는 음주 운전을 통해 상대방에게 돌이킬 수 없는 재산적, 인명적 피해를 준 사람을 미워한다.

근무 중 금주 : 폭탄주

공직자나 근무자가 낮이건 밤이건 근무 시간에 술을 마시면 불법이다. 지난날 서울 장안에서 대검찰청 검사들이 대낮에 폭탄주를 마시다가 취중에 주요 기밀을 발설하여 언론에 대서특필된 바람에 그 검사는 감옥에 갔다. 그는 취중에 한 말이라며 선처를 요구했지만 정상이 참작되지 않았다. 그런데 그 일이 있은 후에도 그런 일은 비일비재하다. 아직도 정신을 차리지 못한 나라가 우리나라다.

폭탄주가 발생하는 문제들

북한의 장성택 부부장의 거취도 결국 2002년 10월 경제시찰단으로 남한 방문 시 발렌타인 30년산으로 폭탄주를 거의 매일 마시고, 그 술버릇을 북한으로까지 가져가 건강을 상함으로 쉬게 했다는 김정일 위원장의 발설로 신문에 나기도 했다. 참고로, 여기에 〈중앙일보〉 기사를 그대로 옮긴다.

"남조선 폭탄주 먹고 몸 버려 쉬도록 조치" 김 위원장, 숙청설 나돈 장성택 거취 언급. 작년 6월 남측과의 오찬 때 밝혀. 정부 관계자 "복귀 가능성 커"

숙청설이 나돈 장성택 노동당 조직지도부 제1부부장의 거취에 관해 김정일 국방위원장이 언급한 사실이 확인됐다. 지난해 6월 방북한 정동영 통일부 장관 일행과 평양 백화원 초대소에서 오찬을 하는 자리에서다. 12일 정부 핵심 관계자에 따르면 김 위원장은 장 부부장을 먼저 화제에 올렸다. 김 위원장은 '장 부장(부부장)이 남조선에서 폭탄주를 너무 먹고 몸을 버리는 바람에 한동안 쉬도록 했다'고 말했다.

장 부부장은 김 위원장의 매제(여동생인 김경희 노동당 경공업 부장의 남편)다. 핵심 실세였던 장 부부장은 2003년 7월 이후 공개 석상에서 사라졌다. 그러자 권력 다툼에서 밀려 숙청됐다느니 김 위원장 전용 시설을 무단 사용하다 근신 조치됐다는 등의 설이 난무했다. 조직지도부 간부인 아들의 호화 결혼식이 문제됐다는 등 신변 이상설까지 나왔다.

김 위원장이 언급한 남한 방문은 2002년 10월 경제시찰단으로 왔을 때의 일을 말한다. 장 부부장은 9일간 서울과 부산, 포항 등에서 머물렀다. 한 당국자는 '장 부부장이 발렌타인 30년산으로 폭탄주를 거의 매일 마시고 숙소를 벗어나 유흥주점을 찾는 등 술을 즐긴 건 사실'이라고 당시 상황을 전했다. 정부 당국은 김 위원장의 언급이 숙청설을 해명하려는 뜻에서 나왔다고 보고 있다. 또 '남조선에서 폭탄주를 너무 마셨다'는 대목은 장 부부장이 남한 방문과 그 이후 지나치게 방만한 생활을 한 게 문제가 됐음을 암시한 것이란 관측도 내놓는다.[39]

바로 술이 문제이다. 이제 북한도 술이 문제가 된 고위층을 징계와 함께 퇴출시키는 판국인데 어찌된 영문인지 남한에서는 그런 사람들의 출세 가도가 더 승승장구이다.

남침(南侵) 못하는 7가지 이유

남한 사람들이 얼마나 술을 즐기는지 다음과 같은 유머가 만들어질 정도이다. 북한의 김정일이 남침을 못하는 7가지 이유는 다음과 같다. 첫째, 서울 거리마다 총알택시가 시도때도 없이 다니기 때문

---

39) 〈중앙일보〉(이영종 기자, yjlee@joongang.co.kr).

이다. 둘째, 골목마다 대폿집(대포를 설치한 집)이 꽉꽉 들어 차 있기 때문이다. 셋째, 대폿집에는 창녀(창을 든 여자)들이 득실거리고 있기 때문이다. 넷째, 식당마다 활어(활을 든 고기)들이 활개를 치고 있기 때문이다. 다섯째, 애주가들의 집집마다 폭탄주가 숨겨져 있기 때문이다. 여섯째, 밤낮을 가리지 않는 비행 청소년들이 밤낮을 가리지 않고 종횡무진하며 정신없이 날아다니기 때문이다. 일곱째, 핵가족(가족마다 핵)이 되어 가정을 파괴하기 때문이다. 대한민국의 술 마시는 일이 오죽했으면 이런 유머가 만들어졌겠는가.

사업과 술, 불가분리의 관계인가?

어떤 사람은 술이란 사업상, 사교상 필요하다고 말한다. 그러나 꼭 그런 것일까? 꼭 그런 것은 아니다. 1994년에 어떤 사업가가 이런 이야기를 했다. 나는 그 이야기를 《윤리야, 이젠 그만 돌아와야지》(가남사)에서 다음과 같이 공개하였다.

외국 사업가들이 한국을 방문하고 나면 무슨 말을 하는지 아는가? 나는 그 말을 들은 후 분개했다. 왜 돈을 물 쓰듯이 쓰고도 인정도 못 받고, 무시와 멸시 천대를 받는지 모르겠다는 것이다. 참 이상한 백성들이라는 것이다. 물론 그들도 한국에 와서 황제와 같은 융숭한 대접을 받고 나면 자기들도 인간인지라 기분이 좋긴 할 것이다. 그러나 진짜 기업을 천직으로 알고 소비자를 임금처럼 받드는 기업인들의 시각은 분명히 다르고, 한국의 접대 문화에 대한 그들의 평가는 냉소적이고 비판적이라는 사실을 귀담아 듣고 이후로는 정말 정신을 차려야 한다.

그들의 말을 그대로 한번 옮겨 볼 테니 21세기에 한국 기업이 세계 시장 속에서 살아남으려면 꼭 기억하고 실천해야 한다.

"한국 사업가들을 잘 이해하지 못하겠습니다. 잘못되어도 상당히 잘못되었습니다. 나는 지난번 한국에 가서 참으로 놀라운 일을 당했습니다. 나의 사업 파트너가 어느 날 저녁에 나를 식당으로 초대했습니다. 물론 나는 저녁밥을 먹기 위해서 그를 따라갔습니다. 그런데 그곳은 단순히 저녁밥만 먹는 식당이 아니었습니다. 술도 마시는 곳이었는데 내 옆에 예쁜 아가씨들이 앉아 있었습니다……. 그리고 그날 밤에 나에게 식사 대접하기 위해 쓴 돈이 어지간한 직원 한 사람 한 달치 봉급보다 더 많았습니다……. 나는 그날 저녁에 이런 생각을 했습니다. '이 회사하고 거래를 하면 안 되겠구나. 오늘 저녁에 나에게 식사 대접해 주고 술 사준 저 돈이 무슨 돈이겠는가. 자기 돈은 아니지 않은가. 바로 회사의 공금이 아닌가! 그렇다면 바로 그 돈이 결국 물건을 생산하는 원가에 산입되든지 아니면 공장에서 일하는 직원들의 임금에 영향을 줄 것이 아닌가! 그것도 아니면 수출하는 계약가를 올리든지 할 것이니 그렇다면 결국 우리 소비자가 피해를 입게 되는 것이다. 만약 생산가에서나 수출 계약가로 인해 소비자에게 피해를 입힌다면 안 되지.' 한국 기업가들 정신 차려야 합니다."

대략 이런 내용이다. 그리고 그는 "한국의 기업 풍토가 개선되지 않고는 세계 경쟁에서 살아남을 수 없다"라고 말했다. 바로 외국 사업가들은 봉사 정신을 가지고 일한다. 즉 어떻게 하면 소비자들에게 좋은 물건을 값싸게 공급해 줄 것인가가 그들 기업과 사업의 목적이다. 그러니까 자연히 불고기 백반 한 그릇이면 될 것을, 먹고 젊어지고 갈 것도 아닌데 다 먹지도 못할 식탁 앞에서 한 끼 식사를 위해 상상할 수 없는 돈을 낭비하고, 거기다 여자까지 끼고 지나치게 많은 팁을 줄 때 제정신인 사람이라면 그런 생각을 안 하겠는가?

자, 그러면 한 가지 물어보자. 밤마다 유흥 음식점에서 수십만 원, 아니 수백만 원씩 여자 끼고 술 마시고 팁 주는 돈이 그 사람의 봉급에서 나가는 건가? 아니다. 자기 돈이면 절대로 그렇게 못 쓴다. 바로 국가의 세금 제도와 회사의 재무 구조가 잘못되어 있으니까 그렇게 펑펑 쓰고 낭비하고 탕진하는 것이다.

앞으로 우리나라 기업이 국제 경쟁을 뚫고 살아남으려면 이런 잘못된 관행을 고쳐야 되겠는가, 아니면 그대로 놔둬야 되겠는가? 그것도 아니면 현행의 제도를 더 발전시켜야 되겠는가? 이 글을 읽고도 결정을 못하겠다면 다른 것 가지고 국민 투표하지 말고 이런 것을 국민 투표에 부쳐서 결정하자.[40]

물론 사업을 하려면 어느 정도 융통성은 있어야 한다. 그러나 이건 해도 너무하고 그렇게 안 해도 될 것을 쓸데없이 하는 경우가 얼마나 많은가? 우리 한번 냉철하게 그리고 솔직하게 생각해 보자. 이런 사례를 제도적으로 없애고, 한 30년 동안 민족 통일을 위해 투자하고 헌신할 마음이 없는가 말이다.

한국의 자랑스러운 왕따 김성주

우리나라 사업가 중에 김성주라는 분은 국내 기업가는 물론 외

---
40) 필자가 이 글을 쓰고 난 후 IMF가 터졌다.

국 바이어들에게 향응을 전혀 베풀지 않고도 성공적으로 사업을 경영하고 있다. 언론은 "김성주 집사(영락교회)는 성주 인터내셔널이란 패션 유통업을 시작한 후, 세계 각국의 패션업계 대표들이 한국을 방문하면 먼저 그들을 교회로 인도해 신앙을 갖게 하는 데 앞장서고 있으며, 술과 돈봉투로 외국인 사업가들과 국내 거래처를 대접하는 나쁜 사회 풍토를 없애고 하나님의 방법대로 정직하게 사업해서 새로운 사업 풍토를 정착시키겠다는 신념을 가지고 있다"고 소개하고 있다.

세계적으로 유명한 미국의 여성 가정 잡지 편집인이면서 화란인인 E. W. 보크(Bok)라는 사람이 있다. 그는 미국에서 성공했다는 사람들 중 대다수가 술을 입에 대지 않았다는 사실을 발견했다. 이에 흥미를 가진 그는 호기심에 가득 차서 그 사실을 좀더 구체적으로 확실하게 조사, 관찰하기 위해 미국의 일류 실업가 28인을 무작위로 선정하여 설문 조사해 보았다. 놀라운 사실은, 조사 결과 28인 중 22인이 술잔에 입도 대지 않는 사람들이었다.

그는 또 이런 사실에는 분명히 어떤 이유가 있을 거라고 생각했다. 그 이유는 만약 술이 사업을 하는 데 즐거움을 배가시키고 일하는 데 있어 원기 왕성하게 만들었다면 실업계에서 성공한 그들이 술을 멀리하지 않았을 거라는 사실이었다. 이는 술을 마시지 않고도, 술을 대접하지 않고도 얼마든지 성공할 수 있다는 증거이다. 앞으론 한국 사회에서도 모두 그렇게 해야 한다.

올바살 운동 사업가, 보드카 한 잔도 마시지 않는 러시아 사업가 이 장로

올바살 운동 신앙으로 사업하는 이 모 장로는 러시아에 7개의 지점을 두고 있다. 첫 출장을 갔더니 지점장이 준비한 만찬에 보드카가 등장했다. 그때 이 장로는 다음과 같이 말했다. "나는 기독교 장로이므로 술을 마시지 않습니다. 앞으로 나와 식사할 때는 보드카를 마셔서는 안 됩니다."

그 이후 일 년에 수차례 출장을 가지만 7개의 지점에서는 단 한 번도 보드카를 권한 적이 없었다. 그리고 사업상 바이어들을 만나면 지점장들이, 사장이 술을 마시지 않는다는 정보를 주어 그 어떤 식사 자리에서도 술이 등장하지 않았다. 그 사장은 말한다.

"목사님, 목사님이 전도사님이실 때 올바살 운동을 가르쳐 주셨잖아요."

오히려 술을 마시지 않는 사장이 존경받으면서 러시아에서의 사업은 계속 신장되고 있다.

제10장
술 중독과 유해론

"재앙이 뉘게 있느뇨 근심이 뉘게 있느뇨 분쟁이 뉘게 있느뇨 원망이 뉘게 있느뇨 까닭 없는 창상이 뉘게 있느뇨 붉은 눈이 뉘게 있느뇨 술에 잠긴 자에게 있고 혼합한 술을 구하러 다니는 자에게 있느니라"(잠 23:29-30).

"노래하며 포도주를 마시지 못하고 독주는 그 마시는 자에게 쓰게 될 것이며"(사 24:9).

결론적으로 술은 유해하다. 술이 사람에게 좋은가 나쁜가를 굳이 성경으로 그 결론을 내려본다면 나무는 그 열매를 보아 아는 것과 같이 술의 결과는 좋은 것이 없다. 다시 말해, 술로 인한 인간의 건강 문제, 각종 사고 문제, 가정 문제, 사회적 손실 문제 등 그 어느 것 하나 유익한 것이 없다.

학문의 전당 상아탑이 술로

학문의 전당인 상아탑 아래에서 학문 연구와 탐구에 전념해야 할 대학생들이 친구와 술을 마시다 취한 후 시비가 붙자 때려 죽이는 세상이 대한민국이다. 이런데도 술이 유해하지 않은가? 재앙이다. 그런 의미에서 이미 술이 얼마나 유해한 것인지를 성경으로 증명했지만 여기서는 먼저 성경 구절을 제시하고 그다음으로 그 실상을 일일이 공개하겠다.

"재앙이 뉘게 있느뇨 근심이 뉘게 있느뇨 분쟁이 뉘게 있느뇨 원망이 뉘게 있느뇨 까닭 없는 창상이 뉘게 있느뇨 붉은 눈이 뉘게 있느뇨 술에 잠긴 자에게 있고 혼합한 술을 구하러 다니는 자에게 있느니라"(잠 23:29-30).

"그러므로 저주가 땅을 삼켰고 그중에 거하는 자들이 정죄함을 당하였고 땅의 거민이 불타서 남은 자가 적으며 새 포도즙이 슬퍼하고 포도나무가 쇠잔하며 마음이 즐겁던 자가 다 탄식하며 소고 치는 기쁨이 그치고 즐거워하는 자의 소리가 마치고 수금 타는 기쁨이 그쳤으며 노래하며 포도주를 마시지 못하고 독주는 그 마시는 자에게 쓰게 될 것이며 약탈을 당한 성읍이 훼파되고 집마다 닫히었고 들어가는 자가 없으며 포도주가 없으므로 거리에서 부르짖으며 모든 즐거움이 암흑하여졌으며 땅의 기쁨이 소멸되었으며 성읍이 황무하고 성문이 파괴되었느니라 세계 민족 중에 이러한 일이 있으리니 곧 감람나무를 흔듦 같고 포도를 거둔 후에 그 남은 것을 주움 같을 것이니라"(사 24:6-13).

그러니까 술은 개인이나 일개 가정만 망하게 하는 것이 아니라 사회와 나라를 망하게 한다는 것이다.
그러면 술로 인해 나타난 양상들을 구체적 예로 들어보자.

자녀 교육열과 음주

우리나라 사람들은 자녀 교육하면 사족을 못 쓸 정도로 세계적이다. 그런데 부모가 흡연과 음주를 하면 자녀들에게 악영향을 끼치는 줄 뻔히 알면서도 흡연과 음주를 일삼는다. 부모가 임신 중에 담배를 피우고 술을 마시면 자녀의 뇌 발달에 장애를 주어 장애인이 많이 나올 뿐 아니라 머리가 나빠져서 학습 능력이 떨어진다는 연구 결과가 나왔다. 그러니까 지금의 자녀들은 선천적으로 머리가 좋은 아이들이 태어난다고 하기보다는 후천적으로 교육을 통해 공부 잘하는 아이들이 된다고 말할 수 있다.
앞서 언급했듯이, 자기만 술을 마신다고 해서 자기에게만 유해한 것이 아니라 알코올 중독이 자녀들의 뇌에까지 유전된다고 한다. 그러므로 술의 유해론은 비단 개인 건강뿐 아니라 가정, 교육, 재산 등 이젠 개인적이고 가정적인 차원을 떠나서 사회적인 손실로 그 유해성이 확대 내지는 확산되고 있다.

영국의 위스키, 자녀들에게는 공포의 대상

위스키의 나라로 유명한 영국의 어린이들이 성인들의 음주에 대해 두려움을 느끼는 것으로 나타났다. 어른들은 좋아서 즐긴다지만 어린이들 역시 성인이 되면 자신도 모르게 어른들의 음주 습관을 닮아 간다는 것이다.

어린이 전문 기관인 차일드 와이드(Child Wide)가 10-14세 어린이 1,234명을 대상으로 실시한 설문 조사에서, 응답자의 절반은 부모가 술 취한 모습을 목격한 것으로 응답했고, 이들 중 3%는 자신들의 부모가 술 취한 모습을 일 주일에 여러 번 목격했으며, 이들 중 80%는 성인들이 술에 취하면 행동이 이상한 것으로 보였다는 것이다. 그중 16%는 언행이 과격해지는 것을 목격했다고 답했다. 그리고 이들 중 30%는 성인들의 음주가 두렵다고 답했으며, 그래도 성인이 되면 음주를 하겠느냐는 질문에 60%는 예라고, 17%는 적당한 수준으로 하겠다고 했으며, 20%만이 음주를 하지 않겠다고 답했다.

이 설문 조사 결과는 어린이들이 성인들의 음주 습관을 보며 그대로 답습하거나, 더욱 심각한 것은 더 과한 음주자로 전락할 위험성이 크다는 것이었다.[41] 신사의 나라 영국이 이 정도니 그렇지 다른 나라들은 오죽하겠는가. 그런 영국에도 조상들이 술 때문에 망해버린 수많은 이야기가 있다.

---

41) 유로 저널, 단독 영국 뉴스(2010. 7. 7)

신사의 나라 영국이 이 정도라면 우리나라는 어느 정도이겠는가.

음복(飮福)

우리나라 청소년의 음주 문제는 가정에서 시작되고, 명절 차례와 제사에서 발생하고 있다. 왜 차례와 제사가 문제냐 하면, 2011년 추석 명절의 KBS 뉴스에 의하면, 가족이 조상들을 위해 차례와 제사를 드린 후에 남은 술을 가지고 어린 자녀들에게 마시게 한다는 것이다. 이유는, 술은 집에서 어른들에게 제대로 배워야 한다는 것이다. 그래서 아이들은 명절이 되거나 제삿날이 되면 당연히 한 잔 정도의 술을 마시는 줄로 안다는 것이다.

어른들이 가르쳐야 할 예의범절은 가르치지 않고 가르쳐 주지 않아도 될 음주 교육을 이런 식으로 한다면 어려서 술맛을 본 아이들이 성장해서 어떤 인간이 되겠는가? 전문가들의 의견은 어려서 중독이 되면 성장에도 문제가 되지만, 어른이 되어서는 고치기가 더 힘들다는 것이다. 자식들과 가문의 후손들을 귀하게 여기는 부모와 가문의 어른들은 왜 이런 사실을 모르는가? 그리고 전 세계적으로 조상의 차례와 제사 후 어린 자녀들에게 음주 교육을 시킨 나라가 우리나라 말고 또 있겠는가?

나는 예부터 우리나라가 잘살지 못하는 이유는 조상 숭배 신앙인 제사와 차례라고 생각했다. 가난한 후손들은 죽은 조상을 잘 섬겨야 자자손손 화를 입지 않고 복되게 살게 된다는 잘못된 신앙으로, 가난한 장손은 매년 장려 쌀을 빚내어 수많은 제사와 차례를 지내다가 빚더미에 올라 더 못살게 되었기 때문이다. 망할 징조다.

우리나라 공영방송인 KBS(2010. 8. 20)의 '생로병사의 비밀'에서 술이 인간 건강과 사회악이라는 내용으로 대대적인 보도를 하고 있는데도 술이 인간 건강과 사회 질서에 좋은 음료라고 말하겠는가?

술 때문에 인생이 바뀐 예를 들어보겠다.

리빙스턴의 무덤과 통곡하는 노인

1874년 아프리카 탐험가요 선교사일 뿐 아니라 아프리카 대륙 문명화의 선구자인 데이비드 리빙스턴이 영국 런던에 위치한 웨스트민스터 사원에 묻히던 날이었다. 그의 죽음에 경의를 표하려고 수천 명의 사람이 몰려들었다. 그런 군중 사이에서 남루한 옷을 입은 한 노인이 격하게 울고 있었다. 그래서 옆에 있던 한 노인이 다가서서 그 이유를 물었다. "사람들 모두 고인에 대하여 경의를 표하고 있는데 당신은 왜 그렇게 울고만 있습니까?"

"데이비드와 나는 한 고향 사람이었습니다. 한동네에서 태어나 자랐고, 같은 학교에 다녔습니다. 그리고 우리 마을에 있는 교회 주일학교도 같이 다녔습니다. 그런데 데이비드는 저런 길을 걷고 있었는데, 나는 이처럼 되고 말았습니다. 데이비드는 국가적인 영예를 받았는데, 나는 이렇게 초라한 술주정꾼이 되었습니다."

무엇이 그 노인을 그렇게 만들었는가. 바로 술 때문이 아닌가? 그 술꾼이 뒤늦게 깨달은 것은 아무 소용이 없다. 내가 이렇게 외치고 호소하는 것은 늦기 전에 일찍 깨닫자는 것이다. 그리고 어떤 인생을 살았든지 후회하는 인생을 살지 말자는 것이다. 그러면 술로 인한 유해 사례들을 소개하겠다.

1. 알코올 중독

　병 가운데 중독이란 병이 있다. 술을 마시면 가장 위험한 병이 알코올 중독이다. 이미 중독에 대해 언급했다. 노름도 분명히 중독이다. 일조일석에 일확천금을 노리는 사람은 한번 손댄 노름을 끊을 수가 없다. 담배를 피우면 니코틴에 중독된다. 그래서 담배에 중독이 되면 쉽게 끊지 못한다. 그러니 담배를 끊기가 얼마나 힘들고 얼마나 어려운가 하면 처녀에게 '담배를 끊은 남자와는 결혼하지 말라'고 할 정도이다. 그런 남자는 독한 남자이기 때문이다. 그러나 나는 처녀들에게 '담배를 끊은 남자와 결혼하라'고 말하고 싶다. 그런 결단력이 있으면 무슨 일이든지 할 수 있기 때문이다.

　대마초를 피우거나 필로폰을 음료수에 타서 마시거나 코카인을 마시거나 마약 주사를 맞으면 마약 중독자가 된다. 마찬가지로 알코올을 정기적으로 마시면 알코올 중독자가 된다. 그러면 그땐 자신의 의지나 노력으로는 안 된다. 알코올 중독자 요양소나 재활원에 가야만 고칠 수 있다. 그 이유는 처음에는 사람이 술을 마시고, 중간엔 술이 술을 마시고, 마지막엔 술이 사람을 마시기 때문이다.

　로마 가톨릭은 술을 허용한다. 그래서 신부들이 술을 많이 마신다. 결국 많은 신부들이 알코올 중독자이다. 앞서 언급했듯이 허근이라는 한 젊은 신부가 알코올에 중독되었다. 그 신부는 추기경 비서 등 젊은 나이에 요직을 거친 장래가 촉망된 신부였다. 그런데 취중에 실수를 많이 하여 신부직을 수행하지 못할 정도가 되었다. 결국 금주를 결심하고 오랜 세월 노력 끝에 마침내 술을 끊고 말았다. 그는 자신의 쓰라린 경험을 살려 지금은 신부든지 일반 사람이든지 알코올에 중독된 사람들을 위한 알코올 중독자 치료학교를 운영하고 있다. 그러면서 그는 이 세상에서 술의 폐해가 얼마나 심각한가를 실토했다. 그래도 신부들이 술을 마셔야 하는가?

사람이 아무리 밥을 많이 먹어도 중독된 일은 없다. 사람이 물을 아무리 많이 마셔도 중독되지 않는다. 그것들은 해가 없다. 그러나 담배, 술, 마약 같은 것은 매일 많은 양이 아니라 조금씩만 접해도 중독이 된다. 그러므로 중독된 것은 무엇이든지 나쁜 것이다.

(1) 성찬식과 포도주

기독교의 많은 교회들이 성찬식 예식에 포도주를 사용한다. 먼저 목사가 이번 성찬 예식엔 어떤 포도주를 사용할까 하여 이 포도주 저 포도주 맛을 먼저 보고, 성찬 예식이 끝나면 성찬 예식에 사용된 포도주의 생산지와 연도와 질에 대한 토론이 벌어진다. 그런데 교회에서 사용되는 포도주 때문에 알코올 중독자로 치료받는 자에게는 결정적인 타격이 된다.

그래서 미국과 유럽 교회에서는 성찬식 때 알코올 성분이 있는 포도주를 사용하지 않는다. 혹시 포도주를 사용하더라도 알코올을 그대로 사용하지 않고 일단 끓여서 알코올 성분을 모두 증발시킨 다음에 사용한다. 아니면 포도주와 주스를 따로따로 사용하기도 한다. 그 이유는 알코올 중독자가 치료를 받은 후, 만에 하나 알코올을 단 한 잔이라도 마시면 다시 술을 마시고 싶은 충동과 욕구가 생겨 다시 알코올을 마시게 됨으로 재중독자가 되기 때문이다. 만약 재발이 되면 그땐 치료가 거의 불가능하다는 것이다. 결국 담배든지, 술이든지, 마약이든지 일단 중독이 되면 건강을 해치고, 재산을 날리고, 가정이 파괴되고, 심하면 폐인이 되어 인생을 망친다.

자유스럽기 그지없는 독일 국가 교회에서 거행하는 성찬 예식을 보면 포도즙과 포도주를 섞어서 사용한다. 아니면 포도주와 포도즙을 병행하여 사용한다. 이유는 포도주의 알코올 성분을 약화시키거나 증발시키기 위해서이다. 교회의 성찬 예식에서 꼭 포도주를 사용해야 하며 그 포도주도 세계에서 가장 비싼 포도주를 사용해야 하는가에는 반대한다.

(2) 알코올 중독은 유전된다

최근에 이런 연구 결과가 나왔다. 알코올 중독이 유전된다는 것이다. "과음의 유혹을 느끼는 사람들은 술을 마시기 전에 먼저 아이들 생각부터 해야 할 것 같다. 미국 피츠버그대 연구팀은 술을 많이 마시는 가계의 내력이 청소년들의 뇌 구성에까지 영향을 미친다는 연구 결과를 학술지 〈생물 심리학 저널〉 6월호에 발표했다고 로이터가 8일 전했다. 연구 팀은 술을 많이 마시는 집안에서 태어난 청소년 17명과 조상 중에 알코올 중독자가 전혀 없었던 청소년 17명의 뇌를 자기공명영상촬영장치(MRI)를 사용해 검사했다. 그 결과 술 마시는 집안 청소년들의 뇌에 있는 편도체가 더 작다는 사실을 발견했다. 편도체는 감정을 통제하는 오른쪽 뇌의 호두알만한 영역으로 도박, 마약 등 중독적 행동을 통제하는 데 관련된 것으로 알려져 있다. 연구를 주도해 온 셜리 힐 박사는 '술을 입에도 대보지 않은 아이들이 알코올 의존적인 집안 내력 때문에 뇌 구조에까지 영향을 받을 수 있다는 점이 처음 실증됐다'며 '알코올 중독이 대물림되는 것을 막는 방법은 절제뿐이라는 점이 분명해졌다'고 덧붙였다."[42]

다음과 같은 연구 결과도 나왔다. "알코올 중독 유전된다."[43] 가족 중에 알코올 중독자가 있는 사람은 금방 취하지만, 나중에는 술을 더 찾는다는 연구 결과가 나왔다. 미국 인디애나 대학 샌드러 모르조라티 박사는 가족 중 알코올 중독자가 있는 성인 58명과 중독자가 없는 58명을 조사한 결과, 중독자가 있는 사람은 술을 마시기 시작할 때 취하는 강도가 큰 대신 조금 지나 내성이 생겨 더 많은 술을 마시게 된다고 밝혔다. 박사는 실험 결과 알코올 중독 위험이 큰 사람은 적은 술에도 뚜렷한 반응을 보인다는 사실을 알 수 있다고 말했다.[44]

결과적으로 술은 담배처럼 자신만 멸망으로 이끄는 것이 아니라 술과 아무 상관도 없는 자식을 망하게 만들 수 있다. 그러므로 신앙은 둘째 치고 의식이 있는 사람이라면 술을 아예 멀리하든지 아니면 마시던 술을 끊어야 한다.

그뿐 아니다. 최근 미국 남가주대(USC) 의대 마크 조지 교수 팀도 알코올과 뇌의 관계를 규명하기 위해 한 가지 흥미로운 실험을 했다. 알코올 중독자와 일반 음주자에게 알코올 음료(맥주, 와인)와 비알코올 음료(커피, 소다수)의 사진을 보여주면서 MRI로 이들의 뇌 변화를 조사한 것이다. 실험 결과 일반 음주자의 뇌는 거의 반응이 없었지만, 알코올 중독자의 뇌는 술의 사진에 활발한 반응을 보였다. 연구팀은 "뇌에 미치는 알코올 중독의 강도와 심각성을 단적으로 보여주는 사례"라며 "알코올 중독에서 벗어나기 위해선 약물

---

42) 〈조선일보〉(2001. 6. 10), 국제.
43) MBC (2002. 08. 19. 11:37).
44) 왕종명 pilsahoi@imbc.com

치료와 함께 심리적 행동 치료도 반드시 뒤따라야 한다"고 결론을 내렸다.

(3) 알코올 중독은 뇌에 어떤 영향을 미칠까?

알코올 중독은 뇌의 어느 부분과 관련이 있을까? 최근 의학계는 알코올 중독이 장기간 알코올에 노출된 뇌의 변화로 인해 발생한다고 보고 그 과정과 대책을 캐내는 데 골몰하고 있다. 몸 안으로 들어온 알코올은 위와 소장에서 흡수된 뒤 혈액을 타고 간에 도착해 '최종 처리' 과정을 거치게 된다.

그러나 과음으로 '처리 용량'을 초과한 알코올은 온몸의 핏줄을 타고 돌면서 뇌나 심장 등 다른 장기를 공격하게 된다. 뇌에는 이물질의 침입을 막는 방어 체계가 있지만, 지용성 물질인 알코올 앞에선 무용지물이다. 알코올은 뇌세포를 직접 파괴하지 않고 뇌의 신경세포 막을 서서히 녹이면서 신경세포 간의 신호 전달 과정을 교란한다. 이로 인해 신경세포 간의 '정보 교환'이 제대로 안 되는 취한 상태가 된다. 특히 대뇌 옆부분 관자엽(측두엽)의 기억 회로가 알코올로 인해 장애가 발생할 경우 이른바 '필름이 끊기는' 일이 생긴다.

(4) 알코올 중독, 왜 생기는가?

알코올 중독의 정확한 과정은 아직 밝혀지지 않은 상태이다. 현재로선 장기간 알코올에 노출된 뇌의 변화가 주원인이라는 주장이 가장 설득력을 얻고 있다. 알코올과 니코틴 등 중독성 물질은 뇌로 하여금 신경 전달 물질의 하나인 도파민의 분비를 촉진한다. '천연

'마약' 이라고도 불리는 도파민은 각종 스트레스를 해소하고 쾌감을 느끼게 한다.

그러나 장기간 알코올을 남용할 경우, 뇌에서 갈수록 지속적이고 강력한 쾌감을 요구하는 화학적 변화가 일어난다는 것이다. 이로 인해 뇌는 주인의 의지와는 상관없이 알코올에 대한 무한 욕구를 만들어내어 술을 더욱 마시게 한다는 것이다. 이밖에 알코올의 분해 과정에서 생기는 아세트알데히드가 신경 전달 물질과 반응을 일으켜 생기는 물질이 아편 계통의 약물과 비슷한 작용을 일으킨다는 가설도 제시되고 있다.

최근에 연구 발표된 바에 의하면, 스트레스를 풀기 위해 담배를 피우거나 술을 마시면 더 스트레스를 받는다는 결과가 나왔다. 뇌가 의식하여 스트레스를 더 받게 한다는 것이다. 그러면 스트레스를 의식하지 않고 피우고 마시면 될 것이 아니냐는 반론이 나오겠지만 그러면 중독자가 된다.

(5) 유전

우리나라에서도 보면 아버지가 알코올 중독자이면 아들도 알코올 중독자가 된다. 아버지가 노름꾼이면 아들도 노름꾼이 된다. 아버지가 난봉꾼이면 아들도 난봉꾼이 된다. 물론 아들은 어렸을 때 그런 아버지를 보고, 또는 그런 아버지와 결혼하여 고생하는 어머니를 보면서 '나는 자라면 절대로 아버지처럼 되지 않겠다' 고 수없이 다짐하고, 매 순간 각오를 새롭게 하지만 결국 그 아들도 아버지의 전철을 밟게 된다.

나는 과학자도 아니고 의학자도 아니지만 오래 전부터 이 사실을 외쳐 왔다. 그래도 계속 음주와 흡연을 핑계 대는 사람들이야 옛날에는 그런 정보가 없어 몰라서 마시고 피웠다면 이젠 과학적으로 증명이 되었고 그 실상이 만천하에 낱낱이 공개되었다. 그래도 술을 찾겠는가? 술에 대한 유해론은 더 이상 언급하지 않겠다. 지금 WHO에선 오래도록 술에 대해 연구하여 수많은 자료들을 공개하고 있다.

최근 맥주의 나라 독일에서 술이 인간에게 얼마나 해로운가를 발표했는데, 임산부뿐 아니라 아버지가 술을 마셔도 그 정신적, 신체적 영향이 당대만 아니라 3-4대에까지 미친다는 것이다. 그러니 이 세상에서 술이 없어지지 않는 이상 인간들은 갈수록 더욱 지저분해지고, 포악해지고, 악랄해질 것이다.

(6) 코카콜라 창업자 켄들러

코카콜라의 창업자인 아서 켄들러는 본래 알코올 중독자였다. 그는 술에 중독되어 술을 마시지 않으면 정신이 들지 않았다. 결국 알코올 중독자 수용소에 끌려가서 오랫동안 고생했지만 술에 대한 욕망에서 헤어나지 못하고 인생을 포기한 채 살았다.

그런 어느 날 그의 마음속에서부터 들려오는 강한 음성이 있었다. "나 자신의 본능적 욕구를 거절하는 사람만이 성공할 수 있다. 속에서 가지는 이 악한 욕구, 이 욕망을 거절해야만 내가 자유인이 될 수 있다."

그는 그 즉시 집으로 돌아가 아내의 손을 잡고 자기가 깨달은 바를 고백하고 같이 울며 하나님 앞에 기도했다. 그리고 다시 시작했다. 그후 자신의 소득의 십일조를 철저히 바치면서 '코카콜라' 라는 대기업을 이뤄냈다.

(7) 전주 서문교회의 심방 열매

2005년 전주 서문교회에 부임하여 담임목사 부임 심방을 하는데, 한 집사의 집엘 갔더니 남자 집사의 입에서 단냄새가 풀풀 났다. 그러나 차마 술냄새일 거라고는 상상도 못하고 집에서 나는 냄새이겠거니 하고 예배를 드렸다.

예배가 끝나니 누가 묻지도 않았는데 도둑놈 제 발 저리듯 이실직고를 했다. 공직에서 퇴직한 후 친구들이나 집안 어른들과 가끔 술자리를 하는데, 아직 술을 끊지 못하고 술을 마시면 꼭 과음을 한다는 것이다. 실은 아침 일찍 도망을 가려고 했지만 담임목사님이 부임 심방을 하는데 명색이 집사가 그럴 수도 없어서 억지춘향으로 맞이하게 되었다는 것이다.

나는 그 집사에게 술을 마시지 말라는 말보다 퇴직을 하셔서 시간이 많으실 텐데 마음을 굳게 하고 성경을 한 번 통독해 보라고 했다. 그날 그 집사는 다른 집사가 식사 대접을 하기로 약속되어 있었는데도 한사코 자신이 대접하고 싶다며 밥을 샀다.

그 후 그 부인 집사로부터 소식이 왔다. 남편 집사가 담임목사님의 심방을 받은 후 술을 끊고 날마다 성경에 푹 빠져 버렸다는 것이다.

(8) 한 여자의 경우

똑같은 심방이었다. 한 집에 갔더니 아주 가난한 집이었는데 시어머니와 며느리가 함께 심방을 받았다. 며느리는 류머티스 관절염으로 손가락이 완전히 굽어서 펴지지 않았다. 나는 그 굽은 손을 붙잡고 간절히 기도해 주었다.

그런데 심방을 받은 후 시어머니가 주일 예배를 마친 후 나의 손을 잡더니 "목사님께서 저희 집에 심방 오셨다가 며느리의 손을 잡고 기도해 주셨는데, 그동안 포악했던 며느리가 양이 되어 버렸습니다. 얼마나 좋아하는지 모릅니다"라고 했다.

그리고 또 소식이 들려왔다. "그 며느리가 집을 나가 술을 마시면 얼마나 폭음을 하는지 매번 길바닥에 누워 있는 것을 주변 사람들이 발견하여 연락하면 업어 왔습니다. 그런데 목사님 심방을 받은 후 술을 딱 끊어 버렸습니다."

목사는 술 마시는 성도들의 술을 끊게 해야 하고, 알코올 중독에 걸린 성도들을 치료해 주어야 한다.

(9) 알코올 중독 남편을 둔 아내

어느 날 한 여 집사로부터 상담을 하고 싶다는 연락이 왔다. 나의 아내와 함께 상담을 했다. 문제는 알코올 중독에 걸린 남편과 이혼을 해야겠다면서 이야기를 털어놓는데, 목사인 나 자신이 얼마나 괴로웠는지 모른다. 목사들이여! 술로 인해 얼마나 많은 사람들이 폐인이 되고, 가정이 파괴되는지 알기나 하는가.

2. 유해론

(1) 64년생

프랑스 사람들이 그렇게 포도주를 좋아하고, 프랑스 요리 중 가장 값비싼 음식에는 아주 오래된 포도주가 주재료지만, 그들도 포도주를 많이 마시는 사람을 인정하지 않는 때가 있었다. 바로 '64년생'이란 말이다. 그 말은 프랑스의 속어가 되기도 했다. 공부를 못하고 우둔한 사람을 가리켜 '64년생'이라고 놀려댔다. 이 말속에는 충격적인 의미가 담겨 있다.

프랑스는 1964년에 포도가 대풍작이었다. 그로 인해 그 해에 포도주 값이 아주 싸서 사람들이 술을 많이 마셨다. 거리는 매일 밤 흥청거렸다. 그 결과 그 해에 알코올 중독자가 대거 발생했다. 그리고 바로 그 해에 임신하여 태어난 아이들 중에서 신체에 이상이 있거나 머리가 아주 나쁜 아이들이 유난히도 많았다. 곧 알코올의 영향이었다.

그래서 64년생들이 회사나 직장에 취직하기 위해 이력서를 제출하면 64년생이라는 것이 확인될 경우 아예 서류 심사에서 탈락되고 말았다. 지금도 프랑스에서는 고통과 기쁨을 술로 표현하면 '64년생'을 연상한다.

(2) 기내 음주의 유해

최근 독일 마인츠 대학교 디르크 M. 로제 교수 팀의 연구 보고에 의하면, 비행기를 탈 때 지나친 음주는 몸에 해롭다는 주장이 제기되고 있다. 그 이유는 술을 마시게 되면 몸의 에너지를 더 많이 소모하게 되고 그만큼 면역력이 떨어지게 된다는 것이다. 항공기를 오래 타게 되면 비행기가 이륙하는 순간부터 아드레날린과 코르티솔 같은 스트레스 호르몬이 많이 분비된다는 것이다. 스트레스 호르몬이란 사람의 몸이 긴장, 흥분하거나 상처를 입으면 이에 대응

하기 위해 체내에서 자동적으로 분비되는 물질이다.

그런데 비행기를 탄 승객에게 분출되는 호르몬으로 인하여 면역체가 가동되어도 공격 대상인 병균이 없기 때문에 가동이 중단된다. 그러니 백혈구의 면역 반응 수준이 떨어지게 되므로 장거리 비행 시간인 12-24시간 가량 감염에 취약해진다고 한다. 면역력이 떨어지게 되면 여행지에 발생하고 있는 전염병이나 풍토병에 감염되기가 훨씬 쉽다는 주장이다.

결국 항공 여행 중 지나친 음주는 몸의 에너지를 더 많이 소모하여 그만큼 면역력을 떨어지게 만들 수 있으므로, 비행기 여행 중에는 금주가 좋으며 여행 후 하루 정도 푹 쉬는 것이 좋다는 것이 의학적인 연구 결과이다.

그리고 개인적인 유해는 말할 것 없고, 기내에서 술에 취해 부리는 추태로 말미암아 이륙이 중단되거나 비행 중 비상 착륙 사태가 발생한다면 그로 인한 시간적, 경제적, 정서적 손해가 얼마인가? 그래도 비행 중에 술을 마시겠는가?

(3) 필름이 끊긴다

1999년 여름, 한국 KBS 제1TV에서는 6부작으로 "술과 담배, 이래도 끊지 않을 텐가"라는 다큐멘터리를 제작하여 방영했다. 이 연속 다큐멘터리는 술과 담배 스트레스에 대한 첨단 보고서로서, 국내 전문가 50여 명과 미국, 일본, 영국, 호주, 캐나다 등 구미 선진국 전문가 80여 명을 취재한 전문 작품이었다. 뇌의 CT 촬영과 쥐 실험을 통해 술을 마시면 '필름이 끊기는' 이유를 분석했다. 의학적으로는 술이 남성의 발기 부전과 여성의 유방암 발생 확률을 높인다는 분석도 했다. 자세한 내용은 부록에 나오는 "필름을 되돌릴 수 없나요"를 참고하기 바란다.

(4) 임산부와 태아 유해 사례

술은 당대뿐 아니라 가문을 망하게 하는 저주이다. 얼마 전까지는 술이 혈액 순환에 좋은 영향을 주는 것이라는 연구 보고서가 나왔지만, 이젠 그게 아니라 좋지 않은 영향을 준다는 연구 결과 보고가 더 많다. 산업 사회가 된 이후, 공기 오염으로 신생아들이 아토피성 피부병을 가지고 태어난다. 그런 경우 임신한 산모가 호르몬으로 사육하거나 양식한 고기나 생선 그리고 화학 약품이나 농약으로 재배한 채소를 먹었거나 음주와 흡연의 영향으로 나타나는 현상이다. 그러니까 자신이 흡연을 하지 않더라도 흡연 장소를 피해야 한다. 간접 흡연이 직접 흡연만큼 나쁘기 때문이다.

마찬가지로 술은 입에 대지도 말아야 한다. 그리고 술자리에 함께하지도 말아야 한다. 어쨌든 술을 마시고 난 후 그 악영향이 당대로만 끝나면 자신이 그 책임을 지겠지만, 그렇지 않다. 후세에 미치는 영향은 당대보다 더 심각하기 때문이다. 여기에 방송 내용들을 그대로 소개하겠다.

임산부의 음주와 태아

미국의 발명가 에디슨은 "술은 마치 사람의 머리가 어느 기계의 기관처럼 회전축이라면 그 속에 모래를 넣는 것과 같다"고 했다. 〈임신 중의 음주〉라는 미국식품의약국(FDA)의 계몽 책자에 보면,

술을 자주 마시는 어머니로부터 태어난 신생아의 3분의 1이 비정상 아인 것으로 조사되었다. 아이에게 해를 끼치는 알코올 섭취량이 어느 정도인지 수치상 정확한 결론은 없으나, 통계로 볼 때 임산부가 음주를 하거나 과음을 하면 꼭 임신 초기에만 태아가 손상을 입는 것이 아니라고 밝혔다.

예를 들어, 임산부가 하루에 포도주(에탄올 75㎖) 5잔을 마시면 태아 알코올성 증후군과 관련이 있다는 연구 결과로 말미암아 임신 전체 기간 중 일절 술을 금해야 한다고 경고했다. 임산부가 마신 알코올은 1분 이내에 태아에게 도달하며, 태아는 알코올을 스스로 처리할 능력이 없기 때문에 24시간 내내 태아의 체내에 머물며 어머니가 배설한 다음에야 처리할 수 있다는 것이다.

FDA의 조사 결과로는, 임산부가 술을 많이 마시는 경우 신생아의 71%가 약간의 비정상, 53%가 발육에 문제 발생, 29%가 신경 과민 현상을 보였다고 한다. 출생 때 몸집 특히 머리(뇌)가 비정상적으로 작고 정신 지체를 보이며 면역 기능이 저하되어 감염되기 쉽고 얼굴에 특징이 있다는 것이다.

[건강 과학] 태아가 위험하다-제1편 기형아 출산 급증

• 앵커 : 출산율이 급격히 떨어져 사회적 고민으로 떠올랐습니다마는 몇 년 새 기형아 출산율도 높아져 산모들의 부담이 더욱 커지고 있습니다. 태아의 건강을 위협하는 요인들, 연속 기획으로 짚어 보겠습니다. 오늘은 이충헌 의학 전문 기자가 기형아 출산 실태를 취재했습니다.

• 기자 : 임신 8개월째인 35살의 산모입니다. 초음파 검사를 해본 결과, 태아의 콩팥에 이상이 있는 것으로 나타났습니다.

• 의사 : 오른쪽은 자기 자리에 잘 있거든요. 그런데 왼쪽이 확인이 잘 안 돼요.

• 환자 : 위치가 잘못됐을 경우엔 태어나서 뭐…….

• 기형아 산모 : 그런 걸 모르고 저 애를 낳는 것과는 많이 다르죠. 제가 어떻게 할 수 없는 문제라는 것 때문에…….

• 기자 : 최근 수도권 10개 병원의 분만 자료를 분석한 결과, 기형아 출산율이 1999년 1.3%에서 2002년 1.9%로 3년 새 50%나 급증한 것으로 나타났습니다. 유형별로는 선천성 심장 기형이 가장 많았고, 비뇨 생식기 기형과 중추 신경계 기형이 그 뒤를 이었습니다.

• 조정연(삼성제일병원 진단방사선과 전문의) : 이 아기의 경우는 하나의 심실에서 두 개의 혈관이 연결되는 기형입니다.

• 양재혁(삼성제일병원 산부인과 전문의) : 35세 이상의 고령 출산모들이 늘고 있기 때문에 거기에 따른 기형 빈도가 증가한다고 볼 수 있겠고요. 또 여성들의 사회 진출이 증가하면서 음주나 흡연 같은 유해물질에 노출되는 기회가 많아진다는 게…….

• 기자 : 더 문제가 되는 것은 기형이 의심되는 경우 3분의 1 가량은 전문의와 충분한 상담 없이 인공 유산을 시킨다는 사실입니다. 하지만 가장 많은 수를 차지하는 선천성 심장 기형의 경우 절반 이상은 저절로 낫, 30% 정도는 수술로 완치가 가능합니다. 기형아에 대한 근거 없는 불안과 잘못된 상식은 소중한 생명의 탄생을 막고 가정에 또 다른 고통을 안겨 줍니다. 태아 건강을 위한 사회적인 관심과 배려가 필요한 이유가 바로 여기에 있습니다.[45]

---

45) KBS 뉴스 "건강과학" 이충헌 기자(2004. 11. 2, 22:25).

[뉴스 9] 태아가 위험하다-제2편 태아 건강의 적, 알코올

• 앵커 : 태아 건강을 생각해 보는 연속 기획, 오늘은 두 번째 순서로 임신 중에 무심코 마시는 술이 태아 건강에 얼마나 치명적인지 짚어 보겠습니다. 여성들의 음주 기회가 늘어나면서 술은 이제 태아 건강에 최대 적으로 떠오르고 있습니다. 조성훈 기자입니다.

• 기자 : 올해 5살인 이 여자아이는 심각한 얼굴 기형에 시달리고 있습니다. 미간이 넓고 눈이 가늘며 윗입술이 얇은 등 전형적인 태아 알코올 증후군입니다. 임신 중 어머니가 조금씩 마신 술이 원인이 됐습니다.

• 태아 알코올 증후군 환자 보호자 : 한 달에 한 번 정도 (먹었죠.) 직장 생활을 해서 회식을 하니까 조금씩 먹긴 했지만, (많이 먹지는 않았죠.)

• 기자 : 한 대학병원의 조사 결과 임신 기간 중 조금씩이라도 술을 마신다는 임산부가 전체의 30%를 넘는 것으로 나타났습니다.

• 임산부(임신 6주) : 폭음이 아니면 1-2잔 정도는 괜찮다고 생각했거든요.

• 기자 : 그러나 임신 기간 중의 음주는 그 양이나 시기와는 상관없이 태아 건강에 치명적인 영향을 미칠 수 있습니다. 알코올의 독성 물질이 분해되지 않고 거의 그대로 태아에게 전달되는데 이때 알코올 배설 능력이 부족한 태아에게는 산모보다 더 높은 농도의 알코올성 독성 물질이 쌓이면서 장기 손상 등 갖가지 성장 장애를 가져옵니다.

• 인터뷰 : 알코올 자체는 아직 임신 중에 안전량이 없는 상태이기 때문에 가급적 임신 중에는 피하시는 것이 좋습니다.

• 기자 : 특히 미국 워싱턴 대학교의 연구 결과, 임신 초기 석 달

동안 음주를 하면 얼굴 기형이, 중기 석 달간은 신경 형성에 부작용이 생기는 것으로 나타났습니다. 또 말기 3개월간 음주 시에는 이미 형성된 신경 세포를 파괴해 행동 장애나 뇌 기능 저하의 위험성을 높이는 것으로 조사되었습니다. 결국 임신 중의 음주는 그것이 아무리 적은 양이라도 태어날 아기에게는 돌이킬 수 없는 상처를 남길 수 있습니다.[46]

[건강 과학] 태아가 위험하다-제3편 기형아엔 아빠 책임도
• 앵커 : 태아 건강에 이상이 생기는 것은 산모 탓만이 아닙니다. 건강한 아기를 낳기 위해서는 아버지의 노력도 필요하다고 합니다. 태아 건강 기획 보도, 오늘은 최재현 기자입니다.
• 기자 : 40대의 산모 이 모 씨. 얼마 전 손가락이 6개인 다지증 아기를 출산했습니다. 수술로 나을 수 있는 것이기는 하지만 부모 입장에서는 충격이었습니다.
• 이 씨(41세, 산모) : 아기 아빠가 기억하는 할아버지, 그 윗대도 그런 얘기를 들은 것이 없고, 저희도 당연히 없고…….
• 기자 : 이처럼 유전적 소인이 부모의 어느 쪽에서 왔는지 알 수 없는 경우가 대부분입니다. 때문에 건강한 태아를 위해서는 산모뿐 아니라 아버지의 건강도 중요합니다.
• 김종화(삼성서울병원 산부인과 전문의) : 아주 많은 영향을 끼치지는 않는 걸로 돼 있습니다. 그러나 일부 질환은 제한적이지만 영향을 받을 수 있는 것으로 되어 있습니다.

---

46) KBS뉴스 "건강 과학" 조성훈 기자(2004. 11. 2, 22:25).

• 기자 : 흡연과 음주, 다이옥신 같은 환경 호르몬은 정자의 활동성을 떨어뜨려 기형을 부를 가능성이 높습니다. 또 만혼으로 인해 아버지의 나이가 고령화될수록 유산의 확률도 높아집니다. 방사능에 노출됐을 때 정자가 난자보다 영향을 많이 받기 때문에 아버지에 의해 기형아가 태어날 확률이 높다는 조사도 있습니다. 또 태아가 아버지의 엑스레이 검사에 영향을 받는다는 연구 결과도 있습니다.

• 한원보(강남 차병원 산부인과 전문의) : 건강 진단을 받아서 아빠 되실 분도 뭔가 문제가 있는지 우선 체크를 해야 되겠고요. 임신했을 때는 엄마는 정서적으로 또 심리적으로 많이 도와줘야 되겠습니다.

• 기자 : 오늘 건강한 사내아기를 낳은 이 부부는 기쁨이 몇 배입니다. 산모의 노력도 컸지만 아내의 임신에 앞서 술, 담배를 끊은 남편의 정성도 한몫을 했습니다.

• 조화태(서울시 공릉동) : 아기 가지기 전에 지켜야 될 거라면서 조건을 걸었기 때문에…….

• 기자 : 하늘이 주신 고귀한 생명, 그 안전을 지키는 데 있어서 남녀가 따로 있을 수 없습니다.[47]

임산부와 술

임산부가 술을 마시게 될 때 술 마시는 방법이 잘못된 것은 아니다. 그는 아무도 모르게 집에서 조용히 혼자 마신다. 그리고 술을 마신 다음에 큰소리를 치거나 집안과 동네를 시끄럽게 하지도 않는

---

47) KBS "건강 과학" 최재현 기자(2004. 11. 05, 22:11).

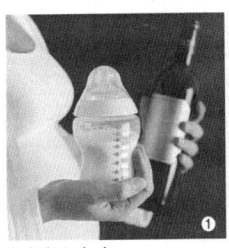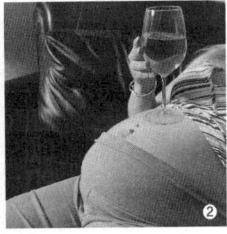

임산부와 술
출처 ❶ (httpblog.naver.comgpdqhrdlRedirect=Log&logNo=142227971)
❷ (httpcafe.naver.comhbrg3.cafeiframe_url=ArticleRead.nhn?articl eid=463&)

다. 행패를 부리지도 않는다. 아무런 실수를 범하지 않고 남에게 해를 끼치지도 않는다. 그런데 그 술이 체내에 들어가면 당장 태아가 영향을 받는다. 그래서 그런 임산부가 출산할 때 장애아를 출산하게 된다. 이 문제는 나중에 구체적으로 이야기하겠다.

(5) 폭력

• 가정 폭력 원인

1999년 12월 3일 MBC 인터넷 뉴스를 보니까 한국의 경우 가정 폭력이 상상 외로 심각한 상황이라고 한다. 그 다음날 발행한 〈조선일보〉에 보니까 자세한 통계를 제시해 놓았다. 수원지검 이주영 검사는 1998년 10월부터 1999년 1월까지 서울지검 가정 폭력 전담 검사로 근무하면서 119건을 분석한 결과, 주로 남편들(40대 44.5%, 30대 26.1%, 50대 16.8%)이 만취된 상태에서 가정 폭력을 행사하고 있다고 한다. 즉 가정 폭력의 원인이 바로 술이라는 것이다. 100%가 만취된 상태에서 가정 폭력이 이뤄지고 있다는 것이다. 만약 그런 남편들이 술을 마시지 않았다면 사랑하는 아내와 자식들에게 폭력을 행사하겠느냐는 것이다.

• 술과 성폭행과 자살

이제 21세기를 맞이하여 지구촌과 미래를 책임져야 할 우리의 청소년들은 어른들의 흉내를 그대로 내고 있다. 1999년 11월 12일 낮, 대구 시내 K여고 2학년 7반 학생 두 명이 자살했다. K양은 인터넷 채팅을 통해 알게 된 남자의 성폭행을 피해 여관 건물 아래로 뛰어내리다가 사망했다. G양은 단짝 친구의 죽음을 비관해 아파트에서 투신 자살했다. K양이 11월 6일 저녁 학교 근처의 인터넷 PC방에서 인터넷 채팅을 한 것이 화근이었다. K양은 자기 또래의 남학생인 권 모(17, 대구, 고2) 군과 접속했고 곧바로 권 군과 대구시 동구 신암동에서 만났다. 권 군은 친구와 학교 선배 등 5명과 함께 약속 장소에 나타났다. 들뜬 분위기 속에서 6명의 남자와 2명의 여학생은 근처 소줏집으로 향했다.

이들은 밤늦게까지 술을 마시다가 12시쯤 인근 여관방으로 자리를 옮겨 또다시 술자리를 펼쳤다. 술 마시기 게임까지 했다. 새벽 2시쯤엔 모두가 술에 취해 잠들었다. 7일 오전 7시쯤 전 모(20, 선반공, 대구시 북구) 씨가 K양을 4층 빈방으로 끌고 갔다. 술에 취한 K양은 전 씨가 성폭행을 시도하자 주위를 살피지도 않고 건물 밑으로 몸을 던졌다. 머리를 크게 다친 K양은 다음날 숨졌다. 이때부터 G양은 죄책감에 시달리다 못해 유서를 써놓고 대구시 달서구 J아파트에서 몸을 날렸다.

청소년들이 꼭 어른들과 같은 행동을 하고 있지 않은가. 어른과 다를 바가 하나도 없지 않은가. 아니, 청소년들이 만나거나 모이면 왜 술을 마시는가? 마실 것이 그렇게도 없는가? 얼마든지 있다. 그런데 왜 청소년들이 모이거나 만나면 꼭 술을 마시는가? 그 이유는 어른들이 모이거나 만나면 술을 마시니까 그들도 그렇게 하는 것이 아니겠는가?

이젠 어른들도 모이거나 만나면 술보다 다른 음료수를 마시는 문화를 조성해야 한다. 그런데 문제는 술이란 한 잔 마시고 조용히 끝나는 것이 아니다. 술 끝엔 항상 사고가 따른다. 큰소리를 고래고래 지른다든지, 아니면 시비 끝에 싸움을 벌인다. 심하면 살인극이 벌어진다. 이젠 회식 자리나 상사가 술을 권할 때 거부하는 자유를 누릴 수 있어야 한다. 물론 이에 대한 대법원 판결도 나와 있다.

- 음주와 강력 범죄(살인, 성폭행 등)

2001년 6월 30일 한국여자의사회 주최로 서울 세종문화회관에서 열린 심포지엄에서, 강지원 검사는 1995년에서 1999년 사이 음주 살인과 방화 범죄가 두 배 가까이 늘어났고, 주취 중 폭행 사범은 1,080명에서 3,500명으로 3배 이상 늘어났다고 발표했다. 강 검사는 이에 대한 해결책으로 특정 면허 음식점에서만 술을 팔게 하는 술 판매 면허제와 술을 많이 마시는 인사는 공직에서 퇴출시키는 '알코올 의존 인사 퇴출제'를 제시했다.[48]

뿐만 아니라 우리나라의 경우 강력 범죄 뒤엔 술이 항상 있다. 예를 들어 절도범 중 30%, 강력범 중 10%, 폭력범 중 13%가 음주 후에 범행을 저질렀다. 그런데도 고속도로 휴게소 식당에서 대낮에도 술을 팔고, 대형 차량 운전자들이 운전 중 술을 마시는 나라는 세계에서 우리나라밖에 없을 것이다. 요즈음은 버스 기사, 택시 기사들

---

48) MBC (2001. 6. 30).

도 술을 마시고 운전을 한다.

　우리나라에서 칠순 장모가 사위를 식칼로 찔러 죽인 살인 사건이 발생한 적이 있다. 이유는 사위가 술만 마시고 취하면 딸은 고사하고 장모까지도 구타하고 행패를 부렸기 때문이다. 그래서 온 가족이 공포에 떨며 살았다. 그날도 사위가 술에 취해 장모가 보는 앞에서 딸을 무자비하게 구타했다. 그때 칠순 장모는 부엌으로 나가 식칼을 가지고 들어와 사위의 심장에 꽂았다. 사위는 그 자리에서 죽었다. 아마 그 사위가 술을 마시지 않았으면 가족을 구타하지 않았을 것이다.

　결국 술이 사람을 죽게 만들었다. 이 경우는 장모가 사위를 죽인 경우지만 그런 일이 어떻게 해서 발생하는지 그 원인을 찾아보겠다.

　아라비아에서 전해지는 이야기이다. 하루는 악마가 어떤 사람에게 나타났다. "너의 죽을 시간이 다가왔다. 내가 세 가지를 제시할 터이니 그중에 어떤 것이든지 단 한 가지만을 선택하여 실행하면 너는 살 수 있다. 네 어머니를 죽일 테냐, 아니면 네 누이를 팔 테냐? 그것도 아니면 큰 잔으로 술 열 잔을 단숨에 마실 테냐? 어서 선택하여라."

　그 사람은 대답했다. "우리 어머니를 죽여요? 그건 절대로 안 됩니다. 내 누이를 팔아요? 그것도 안 됩니다. 어떻게 그런 악한 짓을 할 수 있습니까? 내가 술 열 잔을 마시겠습니다."

　그는 술 열 잔을 마시고 집에 돌아갔다. 그러나 그는 술에 취하여 제 누이를 팔아먹었고, 나중에는 자기 어머니를 살해하고 말았다.

(6) 법원 "늦은 귀가·잦은 음주도 이혼 사유" 판결

이제는 아내의 늦은 귀가, 잦은 음주가 이혼 사유가 되는 세상이 되었다. 다음은 서울 뉴시스 송윤세(knaty@newsis.com) 기자의 기사 내용이다.

배우자의 잦은 음주와 늦은 귀가도 이혼 사유가 될 수 있다는 법원의 판단이 나왔다. 서울가정법원 가사9단독 강규태 판사는 남편 A씨가 "아내의 불충실한 가정생활로 부부 관계를 더 이상 이어갈 수 없다"며 아내 B씨를 상대로 낸 이혼 청구 소송에서 원고 승소 판결했다고 27일 밝혔다. 재판부는 "A씨와 B씨 부부는 B씨의 지나친 직장 경력 관리로 시어머니와의 갈등, 가사 분담 등의 문제로 마찰을 빚다 서로 이혼에 합의했다"며, "각방 생활을 시작했고 정상적인 부부 공동생활 관계가 이미 회복하기 어려울 정도로 파탄됐다"고 판시했다.

A씨와 B씨는 1999년 혼인 신고를 해 법적 부부가 됐지만, 결혼 초부터 B씨의 잦은 회식과 늦은 귀가로 둘 사이의 불화가 시작됐다. 이후 A씨는 B씨와의 관계가 부부 싸움 등으로 점점 악화되자 지난해 이혼 소송을 냈다.

(7) 대형 사고, 실미도

우리나라 역사에 술로 인해 실미도 사건과 같은 돌이킬 수 없는 전대미문의 사건이 발생하기도 했다. 남한의 특수 부대가 만들어지게 된 배경은 1968년 북한 민족보위성 정찰국 소속인 124군부대 무장 게릴라 31명의 침투 때문이었다. 그때가 박정희 대통령 재임 시절인 1968년 1월 21일이었다. 이들은 청와대를 기습하여 박정희의

목을 따기 위해 왔다면서 휴전선을 넘어 청와대 문턱인 자하문까지 진입하다가 경찰의 불심 검문에 발각되었다.

접전 끝에 거의 모든 대원이 사살되었고 유일하게 김신조 씨만 생포되었다. 그 이후 박정희 대통령과 중앙정보부(현 국정원)는 비밀리에 북한에 대한 보복 준비에 들어갔다. 그리고 북한의 124군부대보다 강력한 특수 부대를 만들기 위해 당사자들과 가족들은 물론, 쥐도 새도 모르게 실미도로 보내 지옥 같은 훈련에 들어갔다. 물론 목적은 이들을 북한에 침투시킨 후 김일성 관저를 파괴하고 김일성의 목을 따기 위함이었다. 물론 당시 육, 해, 공군도 북한의 124군부대 때문에 훈련 교재대로 훈련이 실시되어, 아마 우리나라 국군 창설 이후 가장 엄격한 훈련을 받았을 것이다.[49]

영화 '실미도'가 세상에 공개되면서 온 나라의 화제가 되었다. 그런데 실미도의 생존자 양동수 장로의 간증을 들어보면, 결국 실미도 사건도 술 때문에 벌어진 전대미문의 사건이었음을 알 수 있다. 원래 특수 부대 내에서의 금주는 철칙이었다. 그런데 10명의 신참 부대 요원들이 인천으로 특별 외박을 한 후 부대로 돌아올 때 미안하니까 4홉들이 인천 소주 20병을 사와서 그날 밤에 마셨다. 물론 술을 마시기 전에 부대장에게 술을 마셔도 되느냐고 물었을 때, 부대장이 특수 부대원들의 사기를 북돋아주기 위한 선심으로 술을 허락한 것이 실미도 사건의 또 하나의 원인이 되었다.

당시 아무 영문도 모르고 실미도로 끌려간 특수 부대 훈련병들

---

[49] 내가 1970년 3월에 입대하여 1973년 3월에 제대를 했으니 그 증인이다. 그리고 내가 쓴 넌픽션 신앙소설 《백골사단의 용가리 통뼈 김 이병 이야기》(쿰란출판사)를 읽어보면 잘 알 수 있다.

은 실미도를 탈출하는 것이 평생소원이었다. 그래서 틈만 생기면 빠삐용처럼 탈출할 기회만을 노리고 있었다. 그런데 그날 밤 선임들이 술을 마시고 취해 있는 상태에서 졸병들이 집단 탈출을 시도한 것이다.

뒤늦게 탈출을 알아차린 장교와 선임들이 추격한 것이, 북한에 침투하여 김일성 관저를 파괴하고 김일성의 목을 따기도 전에 이들은 국회와 청와대를 향해 총기를 들고 버스를 탈취하여 돌진하게 되었고, 나라는 비상사태가 선포되었으며, 아군들끼리 교전한 결과 아군이 아군의 총에 맞아 사살되었다.

그때 생존한 양동수 장로는 생존자로서 전국 방방곡곡을 다니면서 실미도 사건은 바로 술 때문에 발생한 사건이라고 목 놓아 외친다.

3. 보드카의 나라 러시아의 술 문제

러시아도 술 때문에 골치를 앓고 있다. 2000년 5월 23일 〈조선일보〉에 보도된 기사에 의하면, 러시아 남성 중 3분의 2가 음주 때문에 사망하며 이 중에 절반이 만취된 상태에서 죽음을 맞는다고 〈코메르산트〉가 지난 19일 보도했다.

이 신문은 모스크바와 러시아 우드무리타공화국이 공동 실시한 사회학 보고를 인용하여 이같이 보도하고, 음주가 러시아 남성 대부분의 사망에 중요한 역할을 하고 있다고 지적했다. 신문은 보도하기를, "모든 사람이 취해 있다. 살인자와 피살자, 익사자, 자살자, 자동차 사고로 죽은 운전자와 행인은 물론 심장병이나 위궤양으로 숨지는 사람까지도 너나없이 취해 있다"고 한탄했다. 보고에 따르면, 남성들은 주중보다 토요일에 살해되기 쉽고, 월요일은 광란의 주말이 이어진 뒤여서 음주로 사망할 가능성이 가장 높은 요일이라고 분석했다.

그래서 미국도 제임스 돕슨 박사(Dr. James Dobson)가 이끄는 "Focus on the Family"와 같은 사회 운동 단체에서는 가정 살리기 운동의 일환으로 가정 파괴의 주범인 알코올을 추방하고 있지 않은가? 우리나라도 예외는 아니다. 미국보다 적극적으로 금주 운동을 전개해야 한다. 더 망하기 전에, 유황불의 심판이 임하기 전에 서둘러야 한다.

4. 사망 원인

알코올은 심장 질환과 암에 이어 세 번째로 높은 사망의 원인이다. 예를 들어, 매일 담배와 술을 정기적으로 마시는 자는 그렇지 않은 사람보다 발암률이 약 5배나 더 높다. 미국의 경우 매일 200명의 알코올 중독자가 늘어나고 있으며, 현재 중독자가 1,100만 명이 넘어섰다. 임산부의 경우, 알코올 섭취로 매년 1,500명의 아기들이 치유될 수 없는 신체적, 정신적 질환을 가지고 태어나고 있으며, 약 3천 명의 신생아들이 그보다는 못하지만 고질적인 질병을 가지고 태어나고 있다. 알코올은 교통사고 사망 원인의 50%, 아동 학대 원인의 60%, 가정 폭력 원인의 80%, 자살 원인의 30%나 된다.

5. 술과 담배가 손잡으면 천하무적

여기서는 술과 담배의 유해가 어느 정도인가를 살펴보고자 한다. 간(肝)은 체내에 들어온 독성 물질을 처리하는 유일한 해독 공장이다. 술과 담배를 함께할 경우 간은 금방 한계를 느낀다. 니코틴은 알코올에 잘 용해되므로 평상시보다 많은 니코틴이 체내에 들어오게 된다. 술을 마시지 않을 때 피우는 담배의 니코틴은 30% 정도 흡수되지만 술을 마시고 있을 때는 거의 100%가 흡수된다.

알코올만으로도 간은 비상 상태가 되는데 이에 니코틴까지 공격한다면 간은 담배의 독성에 무방비 상태가 된다. 술을 마시면서 담배를 같이 피우면 서로 상승 작용을 일으켜 각종 암이 발병할 확률이 높아진다. 심장, 폐, 구강, 목, 식도 질환 등의 경우 담배만 피우면 7배, 음주만 하면 6배, 술과 담배를 동시에 하면 38배 내지는 40배 정도 발병 확률이 증가한다.

담배를 피우는 사람에게 구강암이 발생할 확률은 그렇지 않은 사람보다 적게는 4배에서 크게는 15배까지 높은 것으로 나타났다. 또 하루 두 갑 이상 담배를 피우고 술을 많이 마시는 사람은 술과 담배를 안 하는 사람에 비해 40배 가깝게 발생률이 높은 것으로 조사되었다.

매일 1갑 이상의 흡연과 1.5홉 이상의 음주를 30년 이상 계속할 경우 식도암의 위험도가 약 30배(29.9배), 매일 1갑 이상의 흡연과 1.5홉 미만의 음주를 30년 이상 계속할 경우는 7.1배, 매일 1갑 이상의 흡연과 1.5홉 이상의 음주를 30년 미만 한 사람은 26.6배로 각각 나타났다. 또 비흡연자의 경우 매일 1.5홉 이상의 술을 마시는 사람은 8.2배, 1.5홉 미만자는 4.1배로 흡연을 하지 않더라도 매일 술을 마실 경우 그렇지 않은 사람보다 식도암 발병 확률이 높다.

후두암의 경우에도 술과 담배를 함께 하면 그 위험이 15배나 높아진다. 매일 두 갑씩 20년간 담배를 피운 사람은 전혀 피우지 않은 사람에 비해 평균 수명이 15년이나 짧다는 조사 결과가 있다. 영국에서 40-64세의 남자를 대상으로 10년간 관찰한 결과, 술도 마시고 담배도 피우는 사람은 담배를 피우지 않고 술만 마시는 사람에 비해 조사 기간 중의 사망률이 2배나 되었다고 한다. 폐암 및 소화기 계통 암 환자의 60% 이상이 흡연하는 대주가라는 보고가 있을 만큼 술과 담배를 같이 할 때 더욱 위험해진다. 소량의 음주는 동맥경화증을 예방하는 HDL을 증가시킨다고 하지만, 이때에도 담배를 피운다면 오히려 HDL이 감소하고 니코틴, 일산화탄소에 의해 심장이 부담을 느끼게 된다.

6. 음주 중 담배 피우면 술 많이 먹어

음주 중 담배를 피우면 술을 더 많이 마시게 된다는 연구 결과가 나왔다. 그리고 일본의 이마티 시(市)는 10년 내인 2010년까지 담배를 추방하여 완전 금연도시로 만들겠다고 선언했다. 미국 텍사스 A&M대학의 첸 웨이중 박사는 의학전문지 〈알코올과 중독 : 임상연구〉 7월호에 발표한 연구 보고서에 이 같은 사실을 밝히고, 그 이유는 니코틴이 알코올 농도를 크게 감소시키는 작용을 하기 때문이라고 밝혔다. 첸 박사는 말하기를, 술을 마시면서 담배를 피우는 사람은 취하기 위해 줄어든 알코올 농도를 보충하려 하게 되며 결국 술을 더 마시게 된다고 했다.[50]

7. '술에 맛들인' 코끼리 떼의 행패

비단 술은 사람에게만 유해하지 않다. 짐승인 코끼리에도 유해하다. 인도에서 '술에 맛들인' 야생 코끼리 떼가 술을 찾기 위해 농

---

50) 〈조선일보〉(2001. 7. 23).

경지를 마구 짓밟고 가옥을 파괴하는 등 행패를 부리고 있다고 현지 관리들이 4일 밝혔다.

관리들은 코끼리 떼가 지난 2주 동안 인도 북동부 아삼 주(州)에서 파괴 행위를 일삼았으며 미주(米酒)를 많이 제조하는 차(茶) 재배 지역에서 특히 행패가 심했다고 말했다. 현지 관리에 따르면, 코끼리 떼의 행패는 미주 제조 지역에 들어가 술맛에 눈뜨면서부터 시작됐으며, 이들이 술을 찾아 헤매고 술에 취해 돌아다니는 과정에서 진흙과 초가지붕으로 된 가옥들이 파괴되고 있다는 것이다. 현지 주민 대부분은 코끼리 떼를 피해 밤에 함께 모여 지내고 있으며, 다행히 아직까지는 코끼리 떼에 밟히는 인명 피해는 발생하지 않은 것으로 전해졌다.[51]

8. 술은 치료약도 아니다

이미 제7장에서 언급했지만 술은 치료약이 아니다. 술을 정당화하기 위한 사람들은 식사 후, 반주 한 잔 정도는 소화에도 좋고 심장에도 좋다는 주장을 하게 된다. 그러나 다 좋은 것은 아니다. 좋을 수도 있고, 나쁠 수도 있다. 그러므로 모든 사람에게 좋은 것은 아니다.

예를 들어, 어떤 사람이 소화에 좋고 심장에 좋다는 정보를 듣고 매일 식사 후에 술을 한 잔씩 했다고 하자. 그러다가 어느 정도 세월이 지나고 보니까 그는 완전히 알코올 중독자가 되고 말았다. 그래도 술이 좋은가? 모든 음식 중에 중독이 되는 것은 좋지 않다. 우

---

51) 〈조선일보〉(2002. 6. 5, 10:48).

리가 매일 매 끼니 밥을 먹는 것도 중독이냐는 질문이 될 수 있다. 아니다. 밥은 일용할 양식이다. 그래서 밥은 중독이 되지 않는다. 사람이든지 짐승이든지 밥을 먹지 않으면 죽는다. 그러나 술을 마시지 않는다고 해서 죽는 사람은 없다. 알코올 중독의 진단 방법은 혼자 있을 때 우울하면 우울증의 초기이고, 그때 포도주 생각이 나면 알코올 중독의 초기 증세이다.

9. 술로 망한 사람들

한 국가의 왕이든지 아니면 세계를 통치하는 지도자치고 알코올 중독자가 되어 나라와 백성을 제대로 다스리는 왕(대통령)이나 통치자가 어디 있는가? 없다. 러시아의 보리스 옐친이 세계의 대통령 가운데 술 대통령이었는데, 그는 결국 알코올 때문에 심장병 대수술을 받았다. 구 소련의 의술과 의료진으로는 안 되어서 결국 독일 의료진까지 출장 가서 집도를 했다. 그런 그가 겨우 살아나서 정치를 했는데 술을 끊지 못해 정치도 엉망이고, 경제도 엉망을 만들었다.

중국의 이태백은 술을 좋아하여 패가망신했고, 유랑은 술에 방탕하여 노방에서 객사했고, 태위교위(太尉校位)는 국가 원수로서 지나치게 술에 취하여 취중에 죽었고, 석숭(石崇)은 거대한 부자였지만 결국 술에 취하여 죽었으며, 백제의 장군 혼건은 술을 좋아하다가 고구려에게 패망하였고, 통일신라의 헌강왕은 적병과 교전하던 중 술에 빠져 포석정에서 패망하였고, 임진왜란 때 일본 명장도 진주 촉석루에서 술을 마시다가 기생 논개에 의해 죽었다. 박문수 어사도 강원도에 암행 시찰을 갔을 때, 술집에서 기생들과 어울려 술을 마시다가 기생에게 마패를 보였더니 그 기생이 마패를 바다에 던지는 체하고 감춘 바람에 마패를 찾느라 생고생을 했고, 결국 기생에게 애걸복걸하여 겨우 마패를 찾았다는 기록이 있다.

박정희 대통령은 궁정동 안가에서 술 마시고 가수들과 노래를 부르다가 가장 신임하였던 부하인 중앙정보부장 김재규의 총에 맞아 죽었다. 박정희 대통령의 경우 차라리 그가 한 말대로 '민족 중흥의 역사를 재창조' 하고 유신을 하지 않고 그의 생애를 멋있게 마감했었다면 좋았을 것이다. 그러나 그의 생전 업적에 대한 긍정과 부정 평가 여하를 막론하고 그는 궁정동 안가(술집)에서 계집들을 옆에 끼고 술에 취하여 노래를 부르다가 민족 중흥을 위해 군사 쿠데타를 일으킨 인물이 창피하게 심복인 김재규가 쏜 총에 살해당한 것이다. 그러므로 그의 죽음은 자신은 물론 대한민국 역사에 오점이 되고 만 것이다.

사람이 태어날 때는 어떻게 태어났든지 간에 죽을 때는 멋있게 죽어야 하지 않겠는가? 가족에게나 국민에게 유언 한마디도 못하고 죽어서야 되겠는가? 그때 박정희 대통령이 마신 술이 '양주 시바스 리갈(Chivas Regal)'이었다고 한다. "만일 그날 밤 대통령이 독주에 심하게 취하지만 않았더라도 권총은 감히 그의 머리에 접근을 못했을 것이다"라고 이미 고인이 된 신앙의 장군 나희필 장로는 살아생전에 증언했다.

이와 같이 동서고금을 막론하고 술 때문에 망한 열왕 군자들은 얼마든지 많다. 아직도 정신을 차리지 못한 지도자들이 계속 술을 마시면 오늘도 이런 추악한 역사는 계속될 것이고 앞으로도 계속될 것이다.

백범 김구 선생은 한 나라의 대통령은 못 되었지만, 지금도 후손들이 그를 그리워하고 흠모하고 있다. 그분의 삶은 그 당시 우리 민족뿐 아니라 세계의 많은 사람들에게도 역사적인 교훈을 주고 있으며, 영향을 끼치고 있다. 그는 술에 취하여 죽지 않았다. 그는 나라와 민족의 자주 독립을 위하여 싸우다가 끝내 영광스럽게 피살당하고 말았다.

그런데 북한의 김정일은 건강 때문에 혼이 나더니 담배도 끊고, 술도 끊지 않았는가. 그리고 북한에서는 역사상 처음으로 중앙 텔레비전에서 금주·금연 광고를 하고 있지 않은가.

불행한 케네디 가(家)

미국의 대통령 존 F. 케네디의 아들 케네디 주니어가 죽었을 때에 그에 대한 애도의 행렬도 줄을 이었지만, 대개 미국의 교회나 보수주의자들 사이에서는 그의 가문에 대한 비판이 거세게 일어났다. 그의 할아버지가 바로 부도덕한 밀주업자였으며, 비밀리에 술을 팔아 국민을 망치게 만들고, 엄청난 부당 이익을 부정한 방법으로 취하여 재벌이 된 후, 자식들을 정가에 진출시킨 부도덕한 집안이라고 맹렬하게 성토했다.

그런데 케네디 가(家)가 어떻게 되었는가? 한때는 잘나가는 것 같았으나 쫄딱 망하고 말았다. 술 때문에 패가망신한 것이다.

프랑스 사람인 앙드레 몽트와라는 사람은 "살인 방법에는 여러 가지가 있다. 독주를 만드는 자들은 인간의 법정에서는 무죄일지 모르지만 그들은 이 세상에서 경멸을 받아 마땅하며 하나님의 심판이 그들을 기다리고 있다"라고 술도가에 대해서 엄중 경고했다. 그런데 우리나라 양대 술 회사의 대표가 기독교도와 천주교인이라니 가슴이 미어지다 못해 찢어진다.

마크스 슐츠 가문의 쇠망

뉴욕에서 살롱과 술집을 경영하여 거부가 된 무신론자 마크스 슐츠 가문의 200년 동안 5대 후손들을 컴퓨터에 입력하여 면밀하게 표본 조사해 보았더니, 다음과 같은 결과가 나왔다. 마크스 슐츠의 5대 후손들은 모두 1,062명이나 되었다. 그런데 이들은 평균 교도소 생활을 5년 정도 한 사람이 96명, 정신병자와 알코올 중독자가 58명, 창녀가 65명, 정부 보조 극빈자가 286명, 불학무식한 자가 460명이나 되었고, 이들이 사고를 쳐서 연방정부의 예산을 낭비한 금액이 무려 1억 5천만 달러나 되었다.

또한 또 다른 스미스 가문에서는 109명이 사형을 당했고, 후손의 3분의 1 이상이 정신병을 앓았으며, 절반 이상이 문맹자로, 마약 사범으로, 알코올 중독자로, 범죄자의 길을 걸었다.

그래도 술을 마시고 알코올 중독자가 되어 가정에서나 사회로부터 격리될 뿐 아니라 자손만대 패가망신한 폐인이 되겠는가?

10. 교회의 또 하나의 사명은 금주와 금연 운동

대한민국의 남녀 음주와 흡연자 성장 수치는 이제 거의 비슷해졌다. 이를 위해 정부는 인체에 해로운 담배를 피우지 못하게 하기 위해 담뱃값을 인상하기에 이르렀다. 미국 기독교교회협의회에서는 미국 청소년들의 흡연, 음주, 약물 복용의 책임이 교회에 있다면서 36개 단체가 이에 연합하여 결정했다. 이제 교회는 교육과 설교를 통해 흡연과 음주, 그리고 약물 복용이 얼마나 큰 폐해인가를 부모와 청소년들에게 알릴 책임이 있다는 것이다. 그리고 이 사실을 2003년 8월에 열린 뉴스 콘퍼런스에서 발표하게 된다.[52]

나는 금주·금연 운동을 1965년부터 부르짖었으나, 미국은 그동안 교회에서 침묵한 동안 헤아릴 수 없는 청소년들이 병들고 망가진 다음 천만다행으로 이 사실을 깨닫고 적극 대처에 나섰다. 대한민국 교회도 이젠 더 이상 침묵, 방관하지 말고 적극적으로 나서야 할 때이다.

11. 최선의 치료법

원인이 불확실한 만큼 단기간에 알코올 중독을 치료하는 특효약은 없다. 우선 금주를 시도하는 것이 치료의 출발점이다. 이때 여러 가지 금단 증상이 나타나므로 반드시 담당 의사나 의료 기관의 조언을 구해야 한다. 최근 국내에 시판된 날트렉슨과 아캄프롤을 이용한 약물 치료도 고려할 수 있다. 이 약물들은 알코올로 인해 변화된 뇌의 상태를 안정시켜 환자들의 음주 욕구를 억제하는 효과가 있다. 그러나 재발률이 높아 선진국의 알코올 중독 치료 기관들은 가급적 이 같은 약물 사용을 자제하는 편이다. 최근 미국의 주간지 〈유에스 뉴스 앤드 월드 리포트〉(US News and World Report)는 "현재 로선 약물 치료와 함께 환자들이 심리 상담 및 그룹 치료를 받는 것이 가장 효과적"이라고 소개했다.[53]

---

52) 기독교텔레비전 뉴스(2003. 7. 15).
53) 〈교포신문〉(2001. 6. 15).

제11장
술과의 전쟁

"재앙이 뉘게 있느뇨 근심이 뉘게 있느뇨 분쟁이 뉘게 있느뇨 원망이 뉘게 있느뇨 까닭 없는 창상이 뉘게 있느뇨 붉은 눈이 뉘게 있느뇨 술에 잠긴 자에게 있고 혼합한 술을 구하러 다니는 자에게 있느니라 포도주는 붉고 잔에서 번쩍이며 순하게 내려가나니 너는 그것을 보지도 말지어다 이것이 마침내 뱀같이 물 것이요 독사같이 쏠 것이며 또 네 눈에는 괴이한 것이 보일 것이요 네 마음은 망령된 것을 발할 것이며 너는 바다 가운데 누운 자 같을 것이요 돛대 위에 누운 자 같을 것이며 네가 스스로 말하기를 사람이 나를 때려도 나는 아프지 아니하고 나를 상하게 하여도 내게 감각이 없도다 내가 언제나 깰까 다시 술을 찾겠다 하리라"(잠 23:29-35).

"술 취하지 말라 이는 방탕한 것이니 오직 성령의 충만을 받으라"
(엡 5:18).

이제 남은 것은 술과의 전쟁뿐이다. 모든 교회와 모든 종교, 그리고 모든 국가와 사회 단체는 술에 소극적으로 대처하지 말고 적극적으로 대처하기 위하여 연합전선을 펴서 술과의 전쟁을 선포해야 할 때이다. 그리고 용두사미로 중간에 끝내거나 흐지부지하지 말고 뿌리 뽑을 때까지 끝장을 봐야 한다.

1. 술과의 영적 전쟁
(1) 지혜의 왕 솔로몬과 사도 바울은 술에 대하여 다음과 같이 외치고 있다

"재앙이 뉘게 있느뇨 근심이 뉘게 있느뇨 분쟁이 뉘게 있느뇨 원망이 뉘게 있느뇨 까닭 없는 창상이 뉘게 있느뇨 붉은 눈이 뉘게 있느뇨 술에 잠긴 자에게 있고 혼합한 술을 구하러 다니는 자에게 있느니라 포도주는 붉고 잔에서 번쩍이며 순하게 내려가나니 너는 그것을 보지도 말지어다 이것이 마침내 뱀같이 물 것이요 독사같이 쏠 것이며 또 네 눈에는 괴이한 것이 보일 것이요 네 마음은 망령된 것을 발할 것이며 너는 바다 가운데 누운 자 같을 것이요 돛대 위에 누운 자 같을 것이며 네가 스스로 말하기를 사람이 나를 때려도 나는 아프지 아니하고 나를 상하게 하여도 내게 감각이 없도다 내가 언제나 깰까 다시 술을 찾겠다 하리라"(잠 23:29-35).

술이 결국 인간을 망하게 한다. 그러므로 기독교인은 술을 입에 대지 말아야 한다.

사도 바울은 에베소 교인들에게 술 취하지 말고 성령 충만을 받으라고 권면하고 있다.

"술 취하지 말라 이는 방탕한 것이니 오직 성령의 충만을 받으라" (엡 5:18).

(2) 신문의 절규

최근 미국의 저명한 비기독교 저널 사설로 "6천만 명이나 되는 중생한 미국의 기독교인들이여! 당신들은 지금 어디에 가 있는가?"라는 글이 발표되었다. "당신들은 세상의 소금과 빛인데 이렇게 사회적인 영향이 없을 수 있는가. 사회 범죄는 날로 증가해 가고 있고, 사회 문제는 전염병처럼 퍼져 어린아이들이 성폭력으로 임신을 하고 마약과 술과 성병과 이혼 등으로 사회는 말할 수 없이 썩어가고 있는데, 6천만 명이나 되는 미국의 성년 크리스천들이여!(adult Christians) 당신들은 지금 어디에서 무엇을 하고 있는가?" 이 저널은 호소하기를, 미국에서는 날마다 너무나도 충격적인 사건들이 줄을 잇고 있다는 것이다.

이는 사회가 도덕적으로, 윤리적으로, 신앙적으로 일대 위기를 맞고 있다는 사실을 상기시키면서 바로 이런 차에 하나님을 믿는 크리스천들이 사회에 대한 그 무엇인가의 역할을 감당해 줄 것을 하소연하는 미국 〈내셔널 저널〉(National Journal)의 한 편집장의 울부짖음이었다. 하나의 웅변적인 애절한 절규였다.

한국의 기독교인들은 미국 걱정에 앞서 한국의 현상을 보았을 때 이 절규에 대해 무엇이라고 답변하겠는가?

(3) 한국 감리교 금주위원회

한국 교회 초창기에 장로교는 말할 것도 없고 감리교도 술에 대해선 아주 엄격했다. 1896년에 열린 제16차 대한감리회 연회에서는 금주위원회를 두고 다음과 같이 금주 원칙을 선포하였다.

첫째, 취하게 하는 음료수의 절대 금주는 모든 개개인의 의무이다. 둘째, 술 거래는 해롭고 부도덕하며 하나님의 교회의 모든 관심과 반대되는 일이다. 셋째, 우리는 부도덕한 거래를 법으로 보호하고 돈을 받는 모든 유형의 법률 허가를 정죄한다. 넷째, 이와 같은 목적으로 돈을 받는다면 국가의 도(道)·군(郡)·시(市)를 막론하고 그 정부는 하나님과 인간의 적으로 선언된 일의 공범자이다. 다섯째, 술 거래에 대해 기독교인으로서 유일하게 적법한 태도는 시정 없는 적대감이다. 결의: 우리는 감리교회법을 강조하며 교회 회원 편에서 볼 때 절대 금주가 필요함을 결의한다.

(4) 미국 감리교 남선교회의 신 십계명

최근 미국 감리교 남선교회에서는 신 십계명을 만들었다. 그 신 십계명 중에 술 금지 계명이 들어 있다. 기독교인들이 일상생활에서 자녀들과 사회에 모범을 보이지 않으면 안 되기 때문에 신 십계명을 제정하고 실천을 촉구하고 나선 것이다. 그래서 지금 미국 전역에 전개함으로써 아주 좋은 반응을 얻고 있다.

왜 그들이 나름대로 신 십계명을 만들어 실천하려고 할까? 크리스천들이 보기에 세상을 이대로 두면 도저히 안 되겠기에 그들이 앞장선 것이다. 그 신 십계명의 내용은 다음과 같다.

제1계명은 가정을 주님께 인도한다.
제2계명은 주일을 성수한다.
제3계명은 1일 1장 성경을 읽는다.
제4계명은 어떤 경우에도 거짓말을 하지 않는다.
제5계명은 어려운 이웃을 위해 1일 1선을 행한다.
제6계명은 사후에 장기를 기증하고 재산의 10분의 1 이상을 기독 사업에 환원한다.
제7계명은 술과 담배를 금하고 절제 있는 생활에 힘쓴다.
제8계명은 공공질서를 위해 내가 먼저 양보한다.
제9계명은 예수님이 참 좋은 친구라는 소식을 만나는 이에게 전한다.
제10계명은 하나님께서 지금 내게 분부하신 것을 경청하고 순종한다.

뿐만 아니라 미국 감리교단에서는 매년 1천 페이지가 넘는 기독교인의 사회 지침서를 만들어 보급한다. 그 안에는 기독교인으로 사회 모든 분야에서 어떻게 행동해야 하는가를 제시하는 매뉴얼이 있다. 천주교도 그런 지침서를 발행한다.

2. 술과의 전쟁

이미 술 유해론에서 밝혔듯이 술이 사람을 망하게 한다. 가정과 자녀와 사회를 망하게 하고 더 나아가 나라를 망하게 한다.

(1) 기독교인의 가치 기준, 덕(德)

여기 '덕'이라는 단어가 눈에 띈다. 기독교인들이 하는 말과 행동은 덕을 세우는 것이 되어야 한다. 기독교인들의 언행이 덕을 무너뜨리는 일이 되어서는 결코 안 된다. 그리고 자기의 유익을 구하는 것은 이기적인 신앙이고, 남의 유익을 구하는 신앙과 삶이 성경적이다. 바울은 이렇게 말했다.

> "무릇 시장에서 파는 것은 양심을 위하여 묻지 말고 먹으라 이는 땅과 거기 충만한 것이 주의 것임이니라 불신자 중 누가 너희를 청하매 너희가 가고자 하거든 너희 앞에 무엇이든지 차려 놓은 것은 양심을 위하여 묻지 말고 먹으라 누가 너희에게 이것이 제물이라 말하거든 알게 한 자와 및 양심을 위하여 먹지 말라 내가 말한 양심은 너희의 것이 아니요 남의 것이니 어찌하여 내 자유가 남의 양심으로 말미암아 판단을 받으리요 만일 내가 감사함으로 참예하면 어찌하여 내가 감사하다 하는 것에 대하여 비방을 받으리요 그런즉 너희가 먹든지 마시든지 무엇을 하든지 다 하나님의 영광을 위하여 하라"(고전 10:25-31)

여기에 중요한 단어들이 많이 나오지 않는가? '내 양심이 내 것이 아니요 남의 것이니.' 즉 일단 기독교인이 되면 자신의 말과 행동이 남의 판단을 받는다는 것이다. "그런즉 먹든지 마시든지 다 하나님의 영광을 위하여 하라"는 것이다.

술을 마시고 만취되어 취중에 실수하는 일이 하나님의 영광이라면 하라. 그러나 그렇지 않을 땐 악은 그 모양이라도 다 버리라는 말씀에 순종하여 마시지 말라. 뿐만 아니라 "유대인에게나 헬라인에게나 하나님의 교회에나 거치는 자가 되지 말고 나와 같이 모든 일에 모든 사람을 기쁘게 하여 나의 유익을 구치 아니하고 많은 사람의 유익을 구하여 저희로 구원을 얻게"(고전 10:32-33) 해야 한다. 어떤 목사가 술을 마시고, 담배를 피우면 성도들은 말할 것도 없고 일반인들도 시험을 당한다. "아무개 목사는 술을 마신다." "아무개 목사는 담배도 피우던데?"

아니, 술을 마시고 담배를 피우는 사람들까지도 좋지 않게 본다. 그리고 지금 세계가 담배와 술과의 전쟁까지 선포하고 퇴치를 위해 안간힘을 쓰는 판국인데 그런 술을 성직자나 성도들이 마신다는 것은 도덕적인 측면에서 어불성설이다.

기독교는 이웃에게 덕을 끼치는 종교이다. 이웃 사람들이 예수 믿는 사람들을 보면 자기들하고는 어딘가가 다르고 무엇인가가 다르구나 하는 생각을 하도록 말하고 행동해야 한다. 그러나 세상 사람들이 생각할 때 예수 믿는 사람들이나 믿지 않는 자신이나 다를 바가 없다고 생각한다면 어디에서 감동을 받고 누구를 존경하겠는가. 또는 예수 믿는 사람들이 믿지 않는 자신들보다 더 범죄하고, 더 타락하고, 더 거짓말하고, 더 사기를 친다면 하나님과 성경과 기독교가 어떻게 되겠는가? 그러므로 주님께서는 "너희 착한 행실을 보고 하늘에 계신 하나님께 영광을 돌리게 하라"(마 5:16)고 하셨다.

그렇기 때문에 예수 믿는 사람들은 "무릇 더러운 말은 너희 입 밖에도 내지 말고 오직 덕을 세우는 데 소용되는 대로 선한 말을 하여 듣는 자들에게 은혜를 끼치게"(엡 4:29) 해야 한다. 그리고 성경은 계속해서 "음행과 온갖 더러운 것과 탐욕은 너희 중에서 그 이름이라도 부르지 말라 이는 성도의 마땅한 바니라"(엡 5:3), "저희의 은밀히 행하는 것들은 말하기도 부끄러움이라"(엡 5:12)고 하지 않는가?

나는 구속과 구원을 생각할 때 하나님의 선택과 예수님의 십자가의 피로 구속함을 받은 하나님의 자녀라면 베드로의 신앙 고백으로 세례를 받고 난 후, "오직 너희는 그리스도를 이같이 배우지 아니하였느니라 진리가 예수 안에 있는 것같이 너희가 과연 그에게서 듣고 또한 그 안에서 가르침을"(엡 4:20-21) 받는 성도가 될 줄 믿는다. 또한 "너희는 유혹의 욕심을 따라 썩어져 가는 구습을 좇는 옛사람을 벗어버리고 오직 심령으로 새롭게 되어 하나님을 따라 의와 진리의 거룩함으로 지으심을 받은 새 사람을"(엡 4:22-24) 입을 줄 믿는다.

기독교인이라면 매사에 분명히 달라야 한다. 당신이 누구인가? "그런즉 누구든지 그리스도 안에 있으면 새로운 피조물" 아닌가? "이전 것은 지나갔으니 보라 새것이 된"(고전 5:17) 기독교인들이 아닌가?

(2) 도덕적인 측면에서

우리는 다른 말 할 필요가 없다. 사도 바울의 말대로만 하면 된다.

> "그러므로 만일 식물이 내 형제로 실족케 하면 나는 영원히 고기를 먹지 아니하여 내 형제를 실족지 않게 하리라"(고전 8:13).

그리고 한 걸음 더 나아가서 자신의 유익만을 구하지 말고 다른 사람의 유익을 구해야 한다.

"모든 것이 가하나 모든 것이 유익한 것이 아니요 모든 것이 가하나 모든 것이 덕을 세우는 것이 아니니 누구든지 자기의 유익을 구치 말고 남의 유익을 구하라 무릇 시장에서 파는 것은 양심을 위하여 묻지 말고 먹으라 이는 땅과 거기 충만한 것이 주의 것임이니라 불신자 중 누가 너희를 청하매 너희가 가고자 하거든 너희 앞에 무엇이든지 차려 놓은 것은 양심을 위하여 묻지 말고 먹으라 누가 너희에게 이것이 제물이라 말하거든 알게 한 자와 및 양심을 위하여 먹지 말라 내가 말한 양심은 너희의 것이 아니요 남의 것이니 어찌하여 내 자유가 남의 양심으로 말미암아 판단을 받으리요 만일 내가 감사함으로 참예하면 어찌하여 내가 감사하다 하는 것에 대하여 비방을 받으리요 그런즉 너희가 먹든지 마시든지 무엇을 하든지 다 하나님의 영광을 위하여 하라 유대인에게나 헬라인에게나 하나님의 교회에나 거치는 자가 되지 말고 나와 같이 모든 일에 모든 사람을 기쁘게 하여 나의 유익을 구치 아니하고 많은 사람의 유익을 구하여 저희로 구원을 얻게 하라"(고전 10:23-33).

성경에 보면 예수 믿는 기독교인들에게 자유가 주어졌다고 해서 모든 것을 마음대로 할 수 있다는 것은 아니다. "모든 것이 가하나 모든 것이 유익한 것이 아니요 모든 것이 가하나 모든 것이 덕을 세우는 것이 아니니 누구든지 자기의 유익을 구치 말고 남의 유익을 구하는 것이다"(고전 10:23-24). 그렇기 때문에 기독교인은 "그런즉 너희가 먹든지 마시든지 무엇을 하든지 다 하나님의 영광을 위하여 해야 하고, 이웃에게 덕을 위하여 해야 한다. 그리고 유대인에게나 헬라인에게나 하나님의 교회에나 거치는 자가 되지 말고 나와 같이 모든 일에 모든 사람을 기쁘게 하여 나의 유익을 구치 아니하고 많은 사람의 유익을 구하여 저희로 구원을 얻게 해야" 한다(고전 10:31-33).

예를 들면, 성경에 이런 말씀들이 나온다. "악을 미워하고 선에 속하라"(롬 12:9). "악은 모든 모양이라도 버리라"(살전 5:22). 그러면 악이 뭐냐는 것이다. 사람을 미워하는 것이 죄악이다. 그런데 그 미워함이 결국 살인으로 연결된다. "그 형제를 미워하는 자마다 살인하는 자니 살인하는 자마다 영생이 그 속에 거하지 아니하는 것을 너희가 아는 바라"(요일 3:15). 간음하는 것이 죄악이다. 그런데 주님은 "여자를 보고 음욕을 품은 자마다 마음에 이미 간음하였느니라"(마 5:28)고 하셨다. 그래서 "만일 내 오른눈이 너로 실족케 하거든 빼어 내버리라 네 백체 중 하나가 없어지고 온몸이 지옥에 던지우지 않는 것이 유익하며 또한 만일 네 오른손이 너로 실족케 하거든 찍어 내버리라 네 백체 중 하나가 없어지고 온몸이 지옥에 던지우지 않는 것이 유익하니라"(마 5:29-30)고 하셨다.

요즈음 세상이 이렇게 굴러가고 있는데 그 원인이 무엇 때문에, 어디에 있다고 생각하는가? 나는 일단 술에 대한 말씀을 증거하고 있으니까 술에 있다고 본다. 사람이 술을 마시지 않으면 정상적인 이성으로 사고하고 판단할 수 있을 텐데 술을 마시면 말초신경이 마비되고 이성의 조정 기능이 약해지기 때문에 비이성적인 행동을 하게 되고 때로는 돌발적인 사태가 발생하게 된다.

그런 사람들이 술에서 깨어나면 지난날 자신이 했던 말과 행동을 전혀 모른다고 한다.

"술을 즐겨 하는 자와 고기를 탐하는 자로 더불어 사귀지 말라 술 취하고 탐식하는 자는 가난하여질 것이요……재앙이 뉘게 있느뇨 근심이 뉘게 있느뇨 분쟁이 뉘게 있느뇨 원망이 뉘게 있느뇨 까닭 없는 창상이 뉘게 있느뇨 붉은 눈이 뉘게 있느뇨 술에 잠긴 자에게 있고 혼합한 술을 구하러 다니는 자에게 있느니라 포도주는 붉고 잔에서 번쩍이며 순하게 내려가나니 너는 그것을 보지도 말지어다 이것이 마침내 뱀같이 물 것이요 독사같이 쏠 것이며 또 네 눈에는 괴이한 것이 보일 것이요 네 마음은 망령된 것을 발할 것이며 너는 바다 가운데 누운 자 같을 것이요 돛대 위에 누운 자 같을 것이며 네가 스스로 말하기를 사람이 나를 때려도 나는 아프지 아니하고 나를 상하게 하여도 내게 감각이 없도다 내가 언제나 깰까 다시 술을 찾겠다 하리라"(잠 23:20-35).

그런데도 술이 좋은 음료인가? 물론 술에 대한 성경적인 언급과 술을 마셔야 하느냐, 마시지 말아야 하느냐의 문제는 이미 결론이 났다고 본다. 그러면 여기서 술을 도덕적인 측면에서 한번 생각해 보겠다.

3. 각국의 술과의 전쟁

(1) 대한민국, 술과의 전쟁 선포

한국도 노태우 대통령 때 술과의 전쟁을 선포했으나 흐지부지되고 말았다. 지금 다른 나라는 고사하고 한국의 음주 문제는 심각하다. 이제 한국도 조선시대 영조와 같은 대통령이 나와서 술과의 전쟁을 선포하고 승리해야 한다.

(2) 미국 클린턴이 술과의 전쟁 선포

미국의 클린턴 대통령은 담배를 마약으로 선언한 이후, 1997년 4월 1일 술과의 전쟁을 선포했다. 이유는 미국 10대들의 알코올 중독 현상이 급증하고 있기 때문이다. 뿐만 아니라 미국이 이렇게 나가다간 2000년대를 맞이해서는 세계를 리드해 나갈 수 없다고 판단되었기 때문이다.

우리나라 보건복지부도 담배 한 갑에 80원씩 부과하는 건강 부담금에 이어 술에도 술값의 15%씩 부과하는 세법을 준비 중에 있다. 그 이유는 그만큼 술이 인류 건강과 사회에 주는 폐해가 심각해졌기 때문이다. 앞으로 우리나라뿐 아니라 세계 각국에서 이런 세금은 물론 음주, 흡연자들이 내는 보험금도 계속해서 인상될 것이다. 이미 언급한 대로 술을 마시게 되면 담배를 더 피우게 되므로 담배를 끊으려면 술자리를 피해야 한다는 연구 보고서가 나오고 있다.

(3) 러시아, 술과의 전쟁 선포

"대통령의 '보드카와의 전쟁'에 러시아가 '딸꾹', 밤 10시부터 야간 판매 금지." 보드카의 나라 러시아가 보드카와의 전쟁을 선포했다. 보도 내용은 다음과 같다.

> 러시아에서는 사망 원인 1위가 보드카다. 한 해 50만 명이 사망하고 이 때문에 인구 감소의 주요 원인 가운데 하나로 손꼽히고 있다. 영국의 〈가디언〉은 19일 이제 드미트리 메드베데프 대통령이 이 끝없는

보드카와의 전쟁에 참여했다며 밤 10시 이후 아침 10시까지의 보드카 판매를 금지했다고 전했다. 모스크바에서는 이미 밤 11시에서 아침 8시까지 15도 이상 독주는 팔지 못하도록 하고 있지만 허점이 많았다. 이번에도 마찬가지다. 낮에는 보드카를 마시고 밤에는 맥주를 사면 된다는 것이다. 런던 약학대학의 마틴 매키 교수는 "결국 얼마나 엄격히 집행할 의지가 있느냐가 중요하지만 바람직한 조처"라면서도 "세금을 많이 부과하고 판매점을 대폭 줄이는 것이 필요하다"고 덧붙였다. 메드베데프 대통령은 앞서 러시아 국민 1인당 연평균 18ℓ의 보드카를 마신다는 보건사회개발부 보고에 충격을 받았다고 한다. 그러나 공중보건 전문가인 안드레이 데민은 이 이상의 추가 조처는 외국의 보드카 제조 회사들과 주류 회사 쪽의 로비 등 강력한 반발에 직면하게 될 것이라고 말했다.[54]

4. 비행 중 흡연과 취객 소동

옛날엔 비행기 테러로 항공사나 승객들이 고충을 겪었다. 이제는 비행기 내에서의 금연뿐 아니라 과음을 금하는 제도가 실시되고 있다. 앞서 언급한 대로 비행 중 음주에 대한 건강상 문제점에 대해선 독일 마인즈 대학교 디르크 M. 로제 교수 팀의 연구 보고에 잘 나타나 있다.[55]

그뿐 아니라 미국에선 다음과 같은 움직임이 나타나고 있다. "미국 민주당 상원의원 다이앤 페인스타인은 최근 델타, 컨티넨털, 노

---

54) 〈한겨레신문〉(2010. 8. 20), 강태호 기자 kankan1@hani.co.kr
55) 시작하는 말, "저축이냐, 술이냐" 중 '술과 장로 그리고 목사' 부분에 언급되어 있음.

스웨스트 등 미국의 7개 항공사에 서한을 보내 '항공사들이 기내에서 승객 1인당 술을 2잔까지만 제공하겠다는 지침을 자발적으로 만들라'고 제안했다. 만약 자발적으로 기준을 만들지 않으면 입법 추진도 적극 검토하겠다고 했다……. 문제는 비행기 안에서 난동을 부리는 승객이 점점 늘어나고 있다는 데 있다. 미국 항공 업계에선 1년에 크고 작은 기내 소란 행위가 4, 5천 건이나 벌어지고 있다. 2000년 4월엔 미국 샌프란시스코를 출발해 중국 상하이로 가던 유나이티드 에어라인 항공기가 앵커리지에 비상 착륙하는 사태까지 발생했다. 쌍둥이 자매가 술에 취해 승무원을 두들겨 패는 등 소동을 부렸기 때문이다."[56]

바로 그 난동 승객은 만취한 술주정꾼이었다. 비단 술뿐이 아니다. 이미 모든 기내에서는 금연이다. 그런데도 일본의 한 승객이 기내에서 담배를 피우다가 승무원들의 주의와 제지에도 응하지 않자 일본에서 뉴욕으로 떠나던 비행기가 회항하여 다시 나리타 공항으로 돌아왔고, 흡연 승객은 공항 활주로에서 구속되었다.

왜 이런 일이 벌어지고 있는가? 건강에 해로운 담배를 피우지 않아도 되는데 피우기 때문이며, 마시지 않아도 되는데 술을 마시기 때문이다. 이제는 기내에서 술에 취하여 고성을 지르거나 난동을 피우면 출발 지연은 물론 기내에서 구속 수감하게 되어 있다. 이런 사례가 지금도 심심치 않게 발생하고 있다. 그런 의미에서 술과 담배는 애연가나 애주가들의 기호품이 아니라 사회악인 것이다.

---

56) 〈조선일보〉(2001. 7. 28).

5. 검찰 송치 구속자 범죄별 음주 현황 보고서

술은 지금뿐 아니라 인류 역사를 통해 인간과 전국을 범죄 지옥으로 만들고 있다. 서울지검 의정부지청 관할 경기 북부 9개 경찰서가 집계한 2001년도 '검찰 송치 구속자 범죄별 음주 현황 보고서'를 보면, 현행범 중 약 64%가 음주자였다. 살인범 49명 중 31명(63.2%), 폭력범 635명 중 400명(62.9%), 교통사고 특례범 772명 중 498명(64.5%)이 음주 후 취한 상태에서 범죄를 저질렀다.

그렇다면 술에 관한 문제 해결은 교회가 앞장서는 것은 물론이고 정부가 정책적으로 해결해야 할 심각한 문제이다. 음주 운전으로 경찰 단속에 걸려 면허가 취소되거나 교통사고를 냈을 때 운전자가 소주 1잔당 지불해야 할 비용은 최소 50만 원에서 최대 1,850만 원에 이르는 것으로 나타났다. 자동차 10년 타기 시민운동연합(대표 임기상)은 24일 자동차보험회사 통계 자료와 교통사고 처리 특례법상 각종 범칙금과 수수료를 분석 발표한 보고서 '돈 많으면 음주 운전하라'에서 이같이 밝혔다. 보고서에 따르면, 소주 5잔을 마신 뒤 음주 운전으로 적발돼 면허가 취소되면 운전자가 부담하는 돈은 벌금 50만-300만 원, 보험료 할증분 50만-300만 원, 면허 재발급 비용 150만 원 등, 최소 250만 원에서 최대 750만 원에 이른다. 음주 교통사고로 물건과 피해가 생겼다면 보험 면책금 50만 원과 차량 수리비 100만 원이 여기에 더해져 400만-900만 원이 들어간다. 여기다 부상자까지 발생하면 소주 1잔 값은 최대 1,850만 원으로 껑충 뛴다."[57]

6. 음주 운전 사고로 어머니 죽여, '음주 운전 불효' 교통사고 희생자 알고 보니 어머니

비 오는 날 밤에 음주 운전을 하던 30대 남자가 집 앞에서 어머니를 치어 숨지게 했다. 11일 청주 상당경찰서에 따르면 김 모(35, 운수업) 씨는 9일 자정께 술을 마신 뒤 비가 쏟아지는 가운데 차를 몰고 집으로 향했다. 김 씨는 청원군의 집 근처 커브길에서 자전거를 미처 보지 못하고 들이받았다. 김 씨는 황급히 차에서 내려 쓰러져 피를 흘리는 피해자의 상태를 살피다가 가슴이 무너져내리는 충격을 받았다. 피해자가 다름아닌 자신의 어머니(62)였기 때문이다. 김 씨는 서둘러 어머니를 인근 병원으로 옮겼으나 어머니는 이미 숨을 거뒀다. 경찰 조사 결과 김씨의 혈중 알코올 농도는 면허 정지 수준인 0.081%로 밝혀졌다. 경찰 관계자는 "음주 운전이 아들을 천하의 불효자로 만들었다"며 "장례식이 끝나는 대로 김 씨를 입건해 사고 경위를 조사하겠다"고 말했다.58)

7. 술은 사회악이다

성경에 술을 마시라는 말이 없어도 술을 마시면 안 된다. 술은 사회악이기 때문이다. 그러나 성경엔 악은 그 모양이라도 버리라고 말씀하고 있다. 성접대가 성행하는 나라가 지구촌에 대한민국 말고 또 어디 있는가? 고위 공직자가 기업인으로부터, 청탁인으로부터 성접대를 받았다면 제정신으로 받았겠는가? 술을 마셨기 때문이고,

---

57) 〈조선일보〉(2002. 1. 24).
58) 〈중앙일보〉, 청주 김방현 기자 (2007. 7. 12).

술 취한 후이다.

　술을 마시는 회식 문화가 대한민국처럼 퇴폐한 나라가 있는가 보라. 1차도 모자라 2차, 2차도 모자라 3차, 3차 이후엔 인사불성이 되어 대리운전을 하며 집으로 귀가한다.

　사회악이라는 도덕적 판단과 윤리적 기준이 있다. 일반적으로 술은 음료가 아니기 때문에 일단 술이 악이라고 볼 수 있다. 술도 적당히 마시면 약이라는 말도 있다. 하기야 바울도 디모데에게 "이제부터 물만 마시지 말고 네 비위와 자주 나는 병을 인하여 포도주를 조금씩 쓰라"(딤전 5:23)고 했기 때문에 이 말씀에 대한 의미는 이미 앞에서 언급했다.

　그런데 밥을 먹는 자는 밥을 먹고 나면 그 결과가 좋은데, 술을 마시는 자는 일단 술을 마시고 나면 그 결과가 좋지 않다. 그렇다면 아무리 술이 좋은 음료라 할지라도 결과에 의해 나쁜 음료가 되는 법이다. 예수님께서도 "그 열매를 보아 그 나무를 안다"면서 "이와 같이 좋은 나무마다 아름다운 열매를 맺고 못된 나무가 나쁜 열매를 맺나니 좋은 나무가 나쁜 열매를 맺을 수 없고 못된 나무가 아름다운 열매를 맺을 수 없느니라"(마 7:17-18)고 하셨다.

　주님의 말씀에 비춰볼 때 첫째는 동기가 중요하고, 다음으로 결과가 중요하다는 것이다. 아무리 돈이 좋지만 그 돈이 죄를 짓게 하는 데 사용되었다면 그 돈은 좋지 않은 돈이다. 아무리 칼이 좋지만 그 칼이 사람을 죽이는 살인 도구로 사용되었다면 그 칼은 흉기이다. 그래서 사도 바울이 "그러므로 너희는 죄로 너희 죽을 몸에 왕 노릇하지 못하게 하여 몸의 사욕을 순종치 말고 또한 너희 지체를 불의의 병기로 죄에게 드리지 말고 오직 너희 자신을 죽은 자 가운데서 다시 산 자같이 하나님께 드리며 너희 지체를 의의 병기로 하나님께 드리라"(롬 6:12-13)고 하지 않았는가?

더 좋은 예를 들자면, 사도 바울의 믿음으로 볼 때는 우상에게 절한 고기를 먹지 않고 포도주를 마시지 않겠다고 했다. 바울은 믿음생활을 하면서 이미 구원받은 자기 자신을 위해서가 아니라 예수를 믿는 어린 성도들 또는 아직 예수님을 믿지 않는 세상 사람들 때문에 그 같은 신앙생활을 했다.

> "모든 것이 가하나 모든 것이 유익한 것이 아니요 모든 것이 가하나 모든 것이 덕을 세우는 것이 아니니 누구든지 자기의 유익을 구치 말고 남의 유익을 구하라"(고전 10:23-24).

8. 사회학적인 측면에서

"매년 세계 인구 100명당 4명은 술 때문에 죽고, 우리나라 성인 남자 중 12%는 알코올 중독자이다."

이제 사회학적 측면에서의 술의 악영향에 대해서 생각해 보겠다. 지금 미국을 비롯한 세계는 술이 개인과 가정 그리고 사회에 미치는 나쁜 영향을 조사하여 이미 발표했다. 이제는 산업에 끼치는 나쁜 영향도 조사 분석하고 있다.

이미 언급한 대로 우리나라의 경우 담배와 술이 나쁘다고 하니까 담배와 술을 팔아 낸 세금이 국가 경제 발전에 얼마나 많은 이바지를 했는데 그따위 소리를 하느냐고 무안을 주었다. 그러다가 뒤늦게 정신이 들고 철이 들어서 이제는 술이 국민 건강은 물론 산업 발전에 엄청난 지장을 초래하므로 술이 산업과 사회에 끼치는 손실을 연구 조사하여 발표하였다.

(1) 미국의 경우

먼저 미국의 경우를 예로 들어보겠다. 미국의 "주류 업체들은 청소년들을 상대로 술을 거래해서는 절대 안 되고 청소년들도 술과 접촉해서는 결코 안 된다……." 그래서 앞으로 미국 사회에서는 술에 대한 방송 광고를 전면 금지하게 된다. 프랑스를 비롯한 유럽의 여러 나라들도 이에 합세하고 있다. 미국은 연간 술로 인한 경제 손실액이 1,500억 달러(180조 원)이며, 술로 인한 청소년들의 피해가 매우 심각하여 10대 알코올 중독자가 급증하고, 청소년 범죄의 50%가 술과 연관되어 있으며, 술로 인해 청소년들의 인생이 망쳐지고 있다는 것이다.

음주 운전자는 미국 비자 받기 어려워진다

음주 운전 전과자는 미국 비자 발급이 어려워진다. 음주 운전이나 음주로 인한 범죄 기록을 갖고 있는 외국인들에 대한 해외에서의 미국 비자 발급 심사가 대폭 강화된다. 미 국무부는 최근 비이민 비자와 이민 비자를 신청하는 외국인 가운데 음주 운전 관련 기록이 발견될 경우 추가 조사토록 하는 공문을 각 해외 영사관 및 대사관에 전달한 것으로 17일 알려졌다.

이번 조치는 음주 운전 기록이 있는 우리나라 미국 비자 신청자들에게 부정적인 영향을 줄 것으로 보인다. 국무부는 비자 신청자가 지난 3년 동안 음주 운전으로 인해 한 번 이상 체포됐거나 음주 관련 범죄 기록을 갖고 있을 경우 추가 조사를 실시해 비자 발급 거부 사유에 해당되는지 확인할 것을 지시했다. 특히 이민 신청자의 경우 국무부가 지정한 의사를 찾아가 음주 관련 체포가 정신적인 질병 때문인지의 여부를 반드시 확인받아야 한다.

뿐만 아니라 관광 비자나 사업 등의 목적으로 비이민 비자를 신청한 외국인의 경우에도 수속 과정에서 음주 관련 체포나 범죄 기록이 나올 경우 반드시 재조사를 받아야 한다. 국무부는 지정 의사가 다른 도시에 살고 있어도 해당자는 반드시 찾아가 조사를 받아야 한다고 강조하고 있다.

LA의 이민법 전문가는 "국무부가 음주 관련 체포 범죄 기록이 있는 신청자가 정신병을 앓고 있거나 행동 장애 등의 문제 여부를 비자 발급 이전에 세밀하게 파악하겠다는 뜻"이라고 설명했다. 다른 전문가도 "지금까지는 영주권이나 시민권 신청자의 음주운전이나 음주 관련 범죄 기록만 조사해 왔다"면서, "앞으로는 관광 비자 등으로 미국을 방문하는 비이민 비자 소지자들의 정신질환 유무까지 확인하겠다는 입장으로 보인다"고 강조했다.

미국은 1990년 전까지만 해도 알코올 중독자의 미국 비자 발급을 금지해 왔다. 그러나 1990년 의회가 이민법을 바꾸면서 이 규정도 자동 철폐된 바 있다.[59] 그래도 술을 마셔야 하는가?

(2) 한국의 경우

다음으로 한국의 경우를 예로 들어보겠다. 우리나라가 뒤늦게

---

[59] 로스앤젤레스 김경도 특파원 ⓒ 매일경제 & mk.co.kr(2007. 7. 18).

술로 인한 산업 손실액을 환산해 냈다. 우리나라 국민들의 음주로 인한 경제적, 사회적 비용은 2001년 기준으로 연간 약 10조 원이나 된다. 이 액수는 국가 1년 예산의 약 20%, 국민총생산 즉 GNP의 4%이다. 이 비용은 갈수록 늘어나고 있는 것으로 밝혀졌다. 2008년 통계는 사교육비와 맞먹는 것으로 나타났다.

한국보건사회연구원이 1997년 9월 11일 연구원 대회의실에서 개최한 "음주의 사회적 비용과 정책 과제" 토론회에서 노인철 선임 연구원은 주제 발표를 통해 이같이 밝히고, "과도한 음주로 인한 건강 피해 및 경제 사회적 비용을 줄이기 위해 주류 제조 업체와 소비자에게 건강 증진 기금을 부과하고 주류 판매 면허 제도의 도입, 알코올 남용 및 중독 관리 센터 설립 등이 시급하다"고 주장했다.

부문별 경제 사회적 비용은 음주로 인한 질병이나 부상 사고, 숙취로 인한 생산성 감소가 전체의 59.9%(5조 8,611억 원)로 가장 큰 비율을 차지했으며, 그다음은 사고, 질병 등 조기 사망 손실(29.4%, 2조 8,774억 원), 의료비(10.1%, 9,900억 원), 화재 등 재산 피해(0.5%, 467억 원), 사고 행정 비용(0.1%, 88억 원) 등의 순이었다. 여기엔 국민의 알코올 소비 지출(주세 제외) 4조 556억 원이 포함되지 않았다. 이를 포함하면 약 14조(13조 8,396억) 원으로 GNP의 약 4%(3.97%)에 이른다.

우리나라의 음주 관련 사회적 비용인 GNP 대비 2.8% 내지는 4%는 선진국에 비해 그리 높은 편은 아니다. 일본의 1.89%와 호주의 1.73%보다 다소 높지만 미국의 2.77%와 비슷한 수준이며, 독일의 2.81-4.22%보다는 낮다. 또한 1인당 GNP 대비 사회적 비용은 283.5달러로 미국의 558달러나 일본의 376달러, 독일의 357달러보다 훨씬 적다. 그러나 2005년 통계는 술로 인한 사망이 2만명, 산업 손실

이 12조 원이라고 발표했다.[60]

　문제는 이런 선진국들의 음주 소비량이 국가의 노력으로 매년 감소 추세에 있는 데 반해, 우리나라는 매년 급증하고 있다는 데 그 심각성이 있다. 우리나라의 20세 이상 성인 음주율(통계청 자료)은 1992년 57.9%에서 1995년 63.1%로 5.2%p가 증가했다. 특히 남자의 음주율은 다소 감소한 반면, 여자와 청소년의 음주율이 큰 폭으로 늘고 있다. 15세 이상 1인당 알코올 소비량이 호주가 1985년 11.7ℓ에서 1990년 10.2ℓ로, 벨기에가 13.2ℓ에서 12.4ℓ로, 프랑스가 18ℓ에서 16.7ℓ로 감소하는 등 대부분 선진국에서 줄고 있는 반면, 우리나라는 위스키, 포도주 등 고급주 선호 추세에도 불구하고 5.5ℓ에서 5.8ℓ로 늘었다. 1992-1995년 3년간 주류 수입량도 거의 2배가 늘었다.

　그러다가 1999년엔 7.3ℓ로 맥주와 소주를 각각 10병씩 마신 것이다. 인천에서 일어난 화재의 경우를 보면 10대들도 그렇게 술을 마셔대니 술 소비량이 늘지 줄겠는가? 그들은 말하기를, 아무런 이유 없이 일주일에 2, 3회 정도는 정기적으로 술을 마신다고 했다. 이 같은 추세에다 폭음과 과음 등 우리의 음주 문화는 신체적, 정신적 피해는 물론 음주 운전 교통사고, 산업 재해, 가정 불화, 청소년 비행 등 갖가지 사회적 병리 현상을 낳고 있다는 것이다.

(3) 잘못된 음주 현상, 술, 세상으로부터 천대받다-88%가 공공장소 금주를 원해

　세상도 달라졌다. 옛날에는 술을 마시는 것이 멋이고, 취한 사람

---

[60] MBC, 2006. 8. 1. 9시 뉴스

이 공공장소에서 추태를 부려도 묵인되었지만 이제는 그렇지 않다. 음주에 관대한 대한민국이지만 국민 대다수가 공공장소 금주를 원한다는 것이다.[61]

회사원 남준혁(35) 씨는 지난해 인천 문학구장에서 열린 야구 경기를 보러 갔다가 기분을 망쳤다. 옆자리의 단체 관람객이 소주를 박스째 쌓아두고 '위하여'를 외쳐 경기를 즐길 수 없었던 것이다. 전광판에 '맥주 외 주류는 마실 수 없다'는 경고 문구가 나왔지만 그들은 아랑곳하지 않았다. 남씨는 "경기장에서 술 마시고 낄낄대는 어른의 추태를 보고 아이들이 뭘 배울지 모르겠다"고 말했다.

부산시 주례동에 사는 주부 김미영(36) 씨는 지난해 말 가족과 함께 동백섬을 찾았다. 즐거웠던 기분은 금세 사라졌다. 20대 중반의 젊은 남녀 세 명이 소주를 5병이나 비우며 고래고래 노래를 부르고 있었기 때문이다.

국민 10명 가운데 9명(88%)은 공공장소 음주 행위를 법으로 규제하는 데 찬성하는 것으로 나타났다. 이는 보건복지부와 대한보건협회가 지난해 서울 부산 등 5개 대도시 주민, 1012명을 대상으로 실시한 여론 조사 발표(27일) 결과다. 응답자의 86%는 공공장소에서 술을 마시는 것에 대해 불쾌하게 생각하거나 음주자 근처에도 가고 싶지 않다고 말했다.

대부분의 선진국은 공공장소 음주는 물론 술을 갖고 다니는 행위까지 엄격히 규제하지만 한국은 '술의 천국'이다. 청소년에 대한 주류 판

---

61) 〈중앙일보〉(2008. 01. 28, 05:09), 김창규, 한은화.

매를 제한하는 법규가 있을 뿐 공공장소는 물론 경기장에서도 음주 규제가 없다. 서울 잠실구장이 2003년 5월 5도 이하 주류를 종이컵에 담는 조건으로 술 판매를 허용한 뒤 문학구장도 맥주를 팔고 있다. 농구 경기가 열리는 창원 실내체육관에서도 지난해 말부터 맥주를 팔고 있다.

김광기 인제대 보건대학원 교수는 "한국은 술을 사고 마시기가 가장 편리한 국가가 됐다"며 "일정 장소에서는 음주 제한을 둬야 한다는 것이 세계보건기구(WHO)의 권고 사항이기도 하다"고 말했다. 이원희 복지부 정신건강 팀장은 "공공장소 음주 규제는 국민적 합의가 있어야 추진할 수 있다"며 "의견 수렴을 통해 제한 여부를 결정할 계획"이라고 말했다.

◇ 외국은 규제한다 = 미국은 일부 주를 제외하고는 공공장소에서 술을 마실 수 없다. 공원·경기장뿐 아니라 대학 내에서도 술을 마시지 못한다. 미국의 대부분 공원에는 '알코올 용납도 0'(Zero Alcohol Tolerance) 푯말이 붙어 있다. 술을 마시다 적발되면 벌금을 내야 한다. 영국은 공공장소에서 술에 취해 비틀거리기만 해도 처벌을 받는다. 러시아는 2006년부터 공공장소에서 음주를 금지했다. 이를 어길 경우 알코올 도수에 따라 최저 생활비의 3-10배나 되는 벌금을 물어야 한다. 캐나다도 공공장소 음주를 금지하고 있다.

우리나라 사람들은 자연을 즐길 자격이 없다고 본다. 매년 여름이면 바캉스를 즐기는 해수욕장 인파를 보라. 그들이 놀고 간 자리는 쓰레기장도 그런 쓰레기장이 없다.

(4) 잘못된 대학의 풍속도와 술 소비량

옛날엔 대학하면 상아탑이었다. 그런데 이젠 각 대학교의 신입생 환영회에서 선배들이 술을 마실 줄 모르는 신입생들에게 강제로 마시게 하여 사망하는 사고까지 발생하고 있는 실정이다. 특히 우리나라 사람들은 음주 문화에 문제가 있는 것으로 나타났다. 우리나라 사람들의 경우 일단 술을 마시기 시작하면 거의가 술꾼으로 전락된다. 통계에 의하면, 우리나라는 음주자 10명 중 3명이 술꾼으로 집계되었다. 지구촌에 그런 나라가 어디에 있겠는가? 이 술꾼들은 일주일에 서너 차례 이상 술을 마시는 것으로 집계되었다. 술꾼의 비율은 55세 이상이 20대의 두 배를 넘어 과음에는 체력보다 나이 탓이 큰 것으로 밝혀졌다.

여기에서 일일이 언급하지는 않겠지만 우리나라 술 소비량이 OECD 국가는 물론 전 세계에서 최고라는 것이다. 이것은 심각한 현상이다.

대한주류공업협회가 한국생산성본부에 의뢰해 18세 이상 전국의 남녀 1,685명을 설문 조사하여 1997년 10월 14일에 발표한 '우리나라 음주 문화 실태' 보고서에 따르면 음주자 1,256명의 27.9%가 일주일에 3, 4차례 이상 술을 마시는 과음자로 분류되었다. 남성 음주자 가운데는 34%가, 여성은 9.7%가 과음자로 나타났고, 과음자 가운데는 남자가 90.3%로 대부분을 차지했다. 술을 마시는 비율은 나이가 들수록 높아 55세 이상 과음자 비율이 39.6%로 가장 많았고, 45-49세 37.1%, 40-44세 36.0% 순인 데 비해, 24-25세는 과음자가 19.8%, 17-24세는 19.9%에 그쳤다.

지역별로는 경북과 충남 그리고 전남에서 과음자 비율이 가장 높았고, 대도시 가운데는 부산과 인천에 과음인구가 많았다. 한편 지나친 음주로 단속에 적발될 것을 뻔히 알면서도 운전한 적이 있다는 사람이 25%를 차지해 음주 운전 행태가 별로 나아지지 않는 것으로 조사되었다. 또 음주자의 절반이 넘는 55%가 '2차 이상 술자리를 이어간다' 고 답했으며, '3차 이상 간다' 도 13%로 나타났다. 이런 추세로 나가다 보니까 음주 운전 사고가 1990년대에 들어서 3.5배, 사상자 수는 3배가 늘어났다.

그런데 한국보건사회연구원이 1999년 11월 4일과 11일 각각 조사하여 28일에 발표한 바에 의하면, 그 수치는 더욱 상승했다. 20세 이상 성인의 음주율은 평균 68.4%로 나타났다. '평상시 술을 마시느냐' 는 질문에 긍정적인 답변을 보인 사람을 집계한 결과 남자는 83.3%, 여자는 54.9%로 나타났다. 특히 여자 성인의 경우 1986년에는 20.6%에서 1989년에 32.1%, 1992년에는 33%, 1995년에는 44.6%로 꾸준히 늘어나고 있는 것으로 조사되었다. 연구원 관계자는 '여성의 음주율이 높은 것은 집에서 혼자 술을 마시는 주부들이 늘었기 때문' 이라고 분석했다.

한번에 술을 마시는 양이 남자의 경우 '2홉들이 소주 반 병 내지는 1병' 이 63.6%로 가장 많았고, 여자는 '소주 2잔 이하' 가 77.7%로 가장 많았다. 만취 횟수는 '주 1회 이상' 이 4.7%, '1개월에 1-3회' 가 10.7%, '3개월에 1-3회' 가 13.2%로 조사되었다.[62] 더욱 놀라운 것은 2001년 대한민국 소비품목 중에 술이 그동안 줄곧 1위를 지켜온 라면을 제치고 단연 1위를 차지했다는 것이다. 그래서 대한

---

62) 〈조선일보〉(1999. 11. 29)

민국은 세계에서 가장 술을 많이 마시는 국가가 되었다.

그러면 우리나라의 술 소비량을 알아보자. 2001년에 우리나라 성인 1인당 맥주 118병, 소주 82병, 위스키 1.68병을 마셨다. 소주는 2000년보다 8병을 더 마셨고, 맥주는 9병을 더 마신 셈이다. 그러니까 신생아까지 합하여 국민 1인당 평균 200병 이상을 마신 셈이다. 그런데 2007년에 비해 2008년의 술 소비량이 22.9% 증가했으니 앞으로 정신을 차리지 않으면 대한민국은 술 공화국이 되는 게 불을 보듯 뻔하다.

(5) 술로 허비한 돈과 시간 소비

〈월간 조선〉 2002년 3월호에 보면, 한국 사람이 1년에 마신 술값이 국방비만큼이나 된다고 한다. 술값만 15조 원이니 여기에 안주값을 합하면 훨씬 많은 돈을 술을 마시면서 소비한다고 한다. 그리고 한국음주문화연구센터에 의하면, 우리나라 18세 이상의 남녀 4,500여 명을 조사한 결과 현재 술을 마시는 사람 중 남자가 88.7%, 여자가 71.6%로 남녀 전체는 80.15%였다. 그중 주 1회 음주자가 33.8%, 2-3회 음주자가 16.6%, 4회 이상이 12.3%였다. 다시 말하면, 국민 전체 인구 3명 중 1명이 주 1회 이상 꼭 음주를 하는 것으로 나타났다. 그리고 음주자의 월 평균 술값은 남자가 13만 1,900원, 여자가 3만 1,400원으로 평균 8만 7,000원이었다.

직능별로 보면 전문직은 월 22만 8,900원, 고위 공직자와 관리자가 19만 3,800원, 기술직이 14만 1,700원이었다. 이 모두를 합하면 월 평균 1인당 13만여 원이 술값으로 지출된다. 여기다 개인 술값이 아닌 회사, 관공서, 기업 등 회식 시 지출되는 술값을 더하면 그 액수는 더 늘어난다. 이로 인하여 국민 전체 중 1%가 알코올 중독 환자이다.[63] 그러므로 우리나라 성인 1인이 일 년 동안 222병 이상의 술을 마신 셈이다. 그러니까 성인 남녀 기독교인을 포함해서 약 0.6병을 마셨다는 결론이다.

2003년을 맞이하여 KBS 뉴스(1월 19일)를 보니까, 한국은 술고래 공화국이라고 제목을 달았다. 우리 민족은 세계에서 술 소비 2위 국가가 되었다. 일 년 동안 한 사람이 맥주 6상자(119병)를 마시고 일 년에 술로 인한 사망자가 2만 3천 명에 이르며, 술로 인한 사고 및 재산 손실액이 23조 원이라고 했다.

대한민국의 술 소비는 매년 증가 추세이다. 머지않아 술 소비도 세계 1위가 될 것이다. 기독교인들이 25% 이상이라고 자랑하는 나라로서 이렇게 술을 많이 마시는 나라와 백성들이 지구촌 그 어디에 있겠는가? 먼저 교회가 회개해야 한다. 교회가 사회적인 책임을 져야 한다. 그렇다면 기독교인들이 전체 인구의 25% 이상이라고 할 때 과연 얼마나 많은 교인들이 술을 마시느냐는 것이다. 음주로 인한 심각한 문제는 비단 비기독교인들의 문제만은 아니다.

(6) 술과 정신 질환

더욱 심각한 문제는 술과 알코올이 국민 모두를 정신 질환자로 만들고 있다는 것이다. 국민 3명 중 1명이 정신 질환을 경험, 그중에 알코올 중독이 6명 중 1명, 니코틴 중독이 10명 중 1명꼴이다. 일생을 통해 국민 3명 중 1명 가까이 니코틴과 알코올 중독을 포함한 각

---

63) 〈월간 조선〉, 2002년 3월호

종 정신 질환으로 고통을 받게 된 것으로 조사되었다. 이 중 정신 질환으로 분류될 정도의 니코틴 중독은 10명 중 1명, 알코올 중독은 6명 중 1명꼴이다. 2002년 2월 1일 보건복지부가 국립 서울정신병원 등에 의뢰해 실시한 '정신 질환 실태 역학 조사' 결과에 따르면, 우리 국민의 정신 질환 평생 유병률(평생 한 번 이상 이환되는 비율)은 31.4%였고, 성별로는 남성(38.7%)이 여성(23.9%)의 1.6배였다.

평생 한 번 이상 정신 질환에 걸리는 비율

	남자	여자	전체
정신 질환	29.6%	23.3%	26.5%
알코올 장애	25.8%	6.6%	16.3%
니코틴 장애	18.5%	1.6%	10.2%

이는 국민 100명 중 31명 정도가 일생에 걸쳐 한 번 이상 어떤 형태로든지 정신 질환에 걸린다는 의미이다. 그러나 니코틴과 알코올 중독을 제외하면 평생 유병률은 13.2%(남 7.1%, 여 19.4%)로 떨어진다. 유형별로는 니코틴 중독(의존 또는 금단)은 10.2%(남 18.5%, 여 1.6%), 알코올 중독(의존 또는 남용)은 16.3%(남 25.8%, 여 6.6%)로 평생 유병률이 다른 정신 질환에 비해 훨씬 높았다.

주요 정신 질환의 1년(조사시점 기준 과거 1년) 유병률도 19.3%(남 22.7%, 여 15.7%)로 상당히 높게 나타났다. 그러나 니코틴과 알코올 중독을 모두 빼면 8.9%(남 4.2%, 여 13.3%)였다. 니코틴 중독만 빼면 14.8%(남 14.6%, 여 15.1%)로 유병률이 낮아졌다. 이 같은 유병률을 감안할 때 지난 1년간 정신 질환을 경험한 국민은 니코틴 중독 239만 명, 알코올 중독 143만 명, 기타 정신 질환 282만 명 등 모두 664만

명 정도로 추정된다고 보건복지부는 밝혔다.[64]

(7) 알코올 사망자 하루 12명

국내 알코올 관련 사망자가 하루 평균 12명에 이르는 것으로 나타나 보건복지가족부가 두 번째 절주 광고를 시작했다. 복지부는 2006년 우리나라 알코올 관련 사망자 수는 모두 4,500여 명으로 하루 평균 12명에 이른다며 절주 광고 두 번째 편인 "다음 잔은 누구를 위하여 드시겠습니까"를 방영하기 시작했다고 설명했다. 이번 광고는 건배 구호의 하나인 '위하여'를 통해 행복을 기원하지만 과도한 음주가 결국 가정 폭력이나 교통사고 등 불행으로 이어진다는 것을 역설적으로 표현하고 있다. 음주로 인한 사건 사고가 많이 발생하는 여름 휴가철과 베이징 올림픽 기간에 집중적으로 광고를 방영할 계획이라고 복지부는 설명했다. 이에 앞서 복지부는 지난달 첫 번째 절주 광고로 과도한 음주로 속칭 필름이 끊긴 상태에서 사고와 폭력이 발생한다는 내용의 '필름' 편을 방영했다.[65]

정부는 국민 건강을 위해 정치를 하는 것이 아니라 연초세와 주세를 거둬 국가예산을 늘리자는 목적으로 국민 모두를 환자로 만들고 있다. 이 일에 교회가 앞장서서 금주와 금연 운동을 펼쳐야 한다.

독일 함부르크 한인선교교회에 귄터 뤼브케(Guenter Luebke)라는 집사가 있다. 그 집사는 독일 사람이지만 20여 년 동안 한국 교회를 출석하며 집사가 되었다. 그는 2002년 청년 수양회에 특별 강사로

---

64) 〈조선일보〉(2002. 2. 1).
65) KBS Home〉 뉴스〉 문화, 김도영 기자, 2008. 8. 2.

초청을 받아 강의를 하는 중에 다음과 같이 독일 정부를 맹렬히 비난했다.

"술과 담배가 사람에게 해악이 된다는 것은 삼척동자도 다 압니다. 그리고 시민 단체는 물론 유엔 산하 기관에서 담배와 술 생산의 중단은 물론 제조를 금지하려고 안간힘을 쓰고 있는데 정부는 술과 담배를 판 세금으로 경제 성장을 꾀하고 있습니다. 그리고 그런 세금으로 담배와 술로 인하여 건강이 나빠진 환자들을 치료하고 있습니다. 그런 일은 병 주고 약 주는 일입니다……."

그렇다. 이젠 정부가 비도덕적인 단체로 전락하고 있고 그중에 정치인이 가장 비도덕적인 사람으로 인식되고 있다. 국가를 위한 진정한 정부와 정치가라면 이젠 국민을 위해 무엇을 어떻게 해야 할지를 분명히 알아야 한다.

(8) 포도주의 나라 프랑스의 변화

최근에 연구 발표된 내용을 보면 술이 인간에게 결코 좋은 것이 아니라고 한다. 그래서 세계적으로 포도주를 가장 많이 마시고, 자기 나라 포도주가 세계에서 가장 좋은 포도주라고 극찬하면서 가장 좋은 포도주를 만든다고 자부하던 포도주의 나라 프랑스 사람들이, 이제는 포도주보다 알프스에서 나는 에비앙이나 볼빅(Volvic) 같은 생수를 더 즐겨 마시는 것으로 발표되었다. 그들은 조상 대대로 으레 식사 전에 반주로 포도주를 즐겨 마셔 왔다. 포도주는 비단 프랑스 사람만 좋아하는 것이 아니다. 독일 사람들도 라인 강, 마인 강, 모젤 강 근처에서 수확되는 포도를 가지고 담근 포도주를 최고로 친다.

독일 하이델베르크 성에 가면 세계에서 가장 큰 술통이 있는데 작은 것은 5만ℓ가 들어가고, 큰 것은 무려 22만ℓ가 들어간다. 얼마나 큰지 그 꼭대기에 올라가려면 마치 고층 빌딩에 올라가는 것처럼 수없는 계단을 밟고 낑낑거리며 올라가야 한다. 그런데 이제는 아니라는 것이다. 내가 확신하기로, 분명히 21세기에는 음료 문화의 패턴이 술에서 생수로 바뀌게 될 것이다.

대리운전 시장

20세기 말에 우리나라에 등장한 새로운 시장 중에 대리운전이라는 시장이 있다. IMF 이후 많은 실직자들이 유입되고 경찰의 음주 단속이 강화되면서 대리운전 시장은 급성장했다. 현재 전국의 대리운전 업체는 9,000여 개, 대리운전 기사 수는 10만 명 정도이고, 전체 시장 규모는 3조 원으로 추산된다. 전국적으로 하루 50만-70만 건의 접수가 이뤄진다. 한국의 독특한 음주 문화가 엄청난 규모의 또 하나의 '밤 시장'을 만들어낸 것이다.[66] 세상에 이런 나라가 대한민국 말고 지구촌 그 어디에 있겠는가? 없다.

왜 그렇게 술을 많이 마실까?

나는 한국 사람들이 왜 그렇게 술을 많이 마시는지를 생각해 보았다. 우리는 술 마시기 좋아하는 조상을 가진 백성들인데다 다른

---

66) chosun.com 매거진 〈주간 조선〉(2008. 9. 1). 김재현 인턴 기자의 기사 중에서.

나라와는 달리 근대사만 보아도 오랜 세월 일본의 지배 아래 억눌림을 받으며 억울한 삶을 살아 왔다. 그리고 해방 이후 6 · 25 전쟁, 군사 독재, 유신 정권, 국보위, 제4 · 5공화국과 같은 격동기를 거치면서 말 한마디 제대로 하지 못하고 살았다. 공산 사회주의가 아닌 데도 마치 공산주의 국가 사람들처럼 살았다.

그러다 보니 자연히 술로 한을 풀거나, 술로 세월을 보낼 수밖에 없었다. 일반적으로 사람이 취중에 한 말은 진실이 아니라고 봐주기 때문에 하고 싶은 말이 있으면 술에 취하여 미친 척이라도 하면서 내뱉어야 했기 때문이다. 그러다 보니 자연히 술이 한국 사람들의 생활 문화가 되어버린 것이 아닐까? 과거의 독재자들은 자신들이 이런 민족과 이런 문화를 만들었다고 자각이나 하고 있을까? 그 내심을 알고 싶다.

9. 기독교인의 사회적 책임

한국교회의 미래를 준비하는 모임(한미준)에서 조사한 바에 의하면, 기독교인 중 54%가 음주를 하는 것으로 나타났고, 흡연 인구는 46.1%였다. 그러니까 기독교인(세례 교인 이상) 중 약 절반인 50% 이상이 음주와 흡연을 하고 있는 것으로 나타났으니 어떻게 교회가 사회를 향하여 금주 · 금연을 하라고 외칠 수 있겠는가? 그래서 요즈음은 목사가 강단에서 술 마시지 말라, 담배 피우지 말라고 외치면 그 목사는 구식 목사요 전근대적인 고리타분한 목사로 치부될 정도이다. 페일언하고, 2006년 12월 KBS 1 뉴스에 의하면, 전체 사고의 20%가 술 때문에 발생한다고 한다. 바꾸어 말하면 술만 마시지 않으면 20%의 사고를 줄일 수 있다는 결론이다.

교회의 역할

그런 의미에서 교회에서 복음 외의 진정한 메시지가 사라진 것이다. 그러므로 교회는 이제 사회를 향하여 금주·금연을 외치기 전에 먼저 교회 안에서 교인들을 향하여 외쳐야 한다. 한미준은 왜 그런 조사를 했을까? 할 일이 없어서 심심풀이로 한 일일까? 아니다. 문제가 심각하기 때문이다. 그런 면에서 한국 기독교의 개혁과 변화는 시급한 현실이다.

지금 세상에선 술꾼들이 늘어나서 야단들이고 그 술꾼들을 어떻게 하면 줄이느냐가 국가적인 문제로 그 대안 찾기에 골몰하고 있는데 교회마저 매 주일 50% 이상의 술꾼이 모이고 있다니 어찌된 일인가? 세상 사람들 중에 술꾼들이 늘어난다고 교회에서까지 덩달아서 늘어나면 되는가? 세상에서 늘어날 때 교회는 줄어야 옳지 않은가? 당신은 어떻게 생각하는가?

책임은 바로 교회에 있다. 1960년대 광주에 있는 진보주의 성향의 어느 교회에서 당회가 모였는데 회의를 막걸리를 한 잔씩 마시면서 했다. 1970년대에 강남의 어느 교회가 개척될 때 성가대 모임에서 막걸리가 등장했다. 그러니 오늘날도 그런 교회와 성도들은 술이 신앙생활에 전혀 문제가 되지 않는다고 생각한다. 그리고 그런 교회는 성도들의 사회생활에 긴장을 주지 않고 풀어주니까 자연히 부흥하여 대형 교회가 되었고, 그 교회가 타 교회와 사회에 영향력을 과시하게 되었다. 그렇기 때문에 그런 교회 성도들은 신앙생활을 아주 편하게 즐기면서 하고 있다.

당신은 그런 교회에 대하여 어떻게 생각하는가? 그런데 요즈음은 일명 보수 교단이라고 자처하는 어느 지방의 모 대형 교회는 주막집에서 새벽 시간에 당회를 하면서 그 술집 메뉴 가운데 모주를 다 한 잔씩 마시고는 모주는 술이 아니니 마셔도 된다고 했다니 이젠 끝장인 것 같다.

앞서 누누이 언급하였지만 여기서 한 번 더 언급하겠다. 서울 강남의 S교회 목사는 보수 교단의 목사이고, 교회를 개혁해야 한다고 기염을 토하는 목사이다. 그런데 그분은 자신도 포도주를 한 잔씩 한다면서 하는 말이 "성경에 술 마시면 지옥 간다는 말이 어디 있느냐? 성경에 담배 피우지 말라는 말이 어디 있느냐?"면서 '기독교인들을 너무 율법적으로 만들 필요가 없다. '많이 마시고 취하는 것이 문제지 적당히 마시면 된다' 는 식의 논리를 전개하면서 교회를 대형 교회로 부흥시켰다.

그러면 그분에게 정중히 묻겠다. '성경에 마약하지 말라는 말이 없으니 마약을 해도 되는가? 성경에 구체적으로 언급하지 아니한 모든 죄는 지어도 되고 용납해도 되는가?' 그런 분의 논리를 추종하는 분들은 빨리 성경으로 돌아와야 한다.

그래서 교회가 국가와 함께 술과의 전쟁을 하지 않을 수 없다. 21세기의 한국 교회가 해야 할 전쟁 중의 하나는 곧 술과의 전쟁이다. 바라기는, 위로는 대통령으로부터 시작하여 기독교인 모두가 총궐기하여 술과의 전쟁에서 꼭 승리하기를 바란다.

제12장
금주를 위한 7계명
-이제는 결단할 때다

"내 시대가 주의 손에 있사오니 내 원수와 핍박하는 자의 손에서 나를 건지소서"(시 31:15).

"지혜 있는 자는 궁창의 빛과 같이 빛날 것이요 많은 사람을 옳은 데로 돌아오게 한 자는 별과 같이 영원토록 비취리라"(단 12:3).

"너희는 스스로 조심하라 그렇지 않으면 방탕함과 술 취함과 생활의 염려로 마음이 둔하여지고 뜻밖에 그 날이 덫과 같이 너희에게 임하리라"(눅 21:34).

"술 취하지 말라 이는 방탕한 것이니 오직 성령의 충만을 받으라"
(엡 5:18).

시대적 사명자인 기독교인은 세속적인 원수들과 기독교를 핍박하는 자들을 물리치고 승리해야 한다. 다시 말해 구속받은 성도들은 세상의 오만 가지 죄악들과 타협하거나 세상 문화에 휩쓸려 세속화되지 말고 싸워 승리해야 한다. 그리고 기독교인은 이 시대의 지혜 있는 자가 되어 온갖 죄악 가운데서 헤어 나오지 못한 수많은 사람들을 옳은 데로 인도해야 한다. 그러면 그 빛이 영원토록 비추일 것이다.

구체적으로 말하면, 기독교인 중에 아직도 술을 끊지 못하고 마시는 자들은 어두운 날이 임하기 전에 술을 끊고 성령의 충만을 받아야 한다. 그리고 기독교인 중에 자신은 술을 마시지 않는다며 안심하지 말고 술 마시는 성도들을 만나거나 비기독교인들을 만나면 적극적으로 금주를 권면하여 술을 끊게 해야 한다. 그 일은 술을 마시는 자나 마시지 않는 자나 자신의 힘으로는 안 되고 성령의 강권적인 능력으로만 가능하다.

이제 문제는 어떻게 술을 끊을 것인가 하는 것이다. 술, 한번 마시게 되면 그리고 그 맛을 보게 되면 끊기가 여간 힘들지 않다. 그러나 이 세상에 끊을 수 없는 것이 어디 있겠는가? 마음만 먹으면, 결단만 하면 무엇이든지 끊을 수 있다. 아니, 성령의 역사면 얼마든지 가능하다.

이제 하나님 앞에서 결단하라. 당신이 해결하지 못한 죄와 버리지 못한 악한 습관들을 던져 버리고 다시는 그런 일을 하지 않겠다고 결단하라. 그리고 전도자 솔로몬의 말에 귀를 기울이라!

"청년이여 네 어린 때를 즐거워하며 네 청년의 날을 마음에 기뻐하여 마음에 원하는 길과 네 눈이 보는 대로 좇아 행하라 그러나 하나님이 이 모든 일로 인하여 너를 심판하실 줄 알라 그런즉 근심으로 네 마음에서 떠나게 하며 악으로 네 몸에서 물러가게 하라 어릴 때와 청년의 때가 다 헛되니라 너는 청년의 때 곧 곤고한 날이 이르기 전, 나는 아무 낙이 없다고 할 해가 가깝기 전에 너의 창조자를 기억하라"(전 11:9-12:1).

"그러므로 형제들아 내가 하나님의 모든 자비하심으로 너희를 권하노니 너희 몸을 하나님이 기뻐하시는 거룩한 산 제사로 드리라 이는 너희의 드릴 영적 예배니라 너희는 이 세대를 본받지 말고 오직 마음을 새롭게 함으로 변화를 받아 하나님의 선하시고 기뻐하시고 온전하신 뜻이 무엇인지 분별하도록 하라"(롬 12:1-2).

그런 의미에서 나는 금주 7계명을 제시한다.

제1계명 : 술이 악의 모양임을 인식하라.

술이 일부 건강에 좋고, 인간관계와 사업에 유익하다 할지라도 술은 분명 사회악이다. 그 이유는 모든 문제가 술을 마시는 자에게 있기 때문이다.

"재앙이 뉘게 있느뇨 근심이 뉘게 있느뇨 분쟁이 뉘게 있느뇨 원망이 뉘게 있느뇨 까닭 없는 창상이 뉘게 있느뇨 붉은 눈이 뉘게 있느뇨 술에 잠긴 자에게 있고 혼합한 술을 구하러 다니는 자에게 있느니라 포도주가 붉고 잔에서 번쩍이며 순하게 내려가나니 너는 그것을 보지도 말지어다"(잠 23:29-32).

"범사에 헤아려 좋은 것을 취하고 악은 모든 모양이라도 버리라"(살전 5:21).

제2계명 : 술을 다시는 찾지 말라.

혹시 음주자가 만취하여 실수를 했거나 중독이 되었을 때 다시는 술을 찾지 말아야 한다. 그 이유는 술이 사람을 망하게 하기 때문이다.

"이것이 마침내 뱀같이 물 것이요 독사같이 쏠 것이며 또 네 눈에는 괴이한 것이 보일 것이요 네 마음은 망령된 것을 발할 것이며 너는 바다 가운데 누운 자 같을 것이요 돛대 위에 누운 자 같을 것이며 네가 스스로 말하기를 사람이 나를 때려도 나는 아프지 아니하고 나를 상하게 하여도 내게 감각이 없도다 내가 언제나 깰까 다시 술을 찾겠다 하리라"(잠 23:33-35).

제3계명 : 성령 충만을 받아 새 술에 취하라.

세상 사람들이 만들어 놓은 세속 문화의 산물인 술에 취하지 말고 성령 충만, 성령의 새 술에 취하여야 한다. 그 이유는 성령에 취해야 새 사람이 되기 때문이다.

"다 놀라며 의혹하여 서로 가로되 이 어찐 일이냐 하며 또 어떤 이들은 조롱하여 가로되 저희가 새 술이 취하였다 하더라"(행 2:12-13).

"술 취하지 말라 이는 방탕한 것이니 오직 성령의 충만을 받으라" (엡 5:18).

제4계명 : 술 대신 매일 성경을 읽으라.
매일 경건의 생활을 습관화해야 한다. 그 이유는 거룩한 삶을 통해 술을 끊을 수 있기 때문이다.

"하나님의 말씀과 기도로 거룩하여짐이니라 네가 이것으로 형제를 깨우치면 그리스도 예수의 선한 일꾼이 되어 믿음의 말씀과 네가 좇은 선한 교훈으로 양육을 받으리라 망령되고 허탄한 신화를 버리고 오직 경건에 이르기를 연습하라 육체의 연습은 약간의 유익이 있으나 경건은 범사에 유익하니 금생과 내생에 약속이 있느니라 미쁘다 이 말이여 모든 사람들이 받을 만하도다"(딤전 4:5-9).

"악한 사람들과 속이는 자들은 더욱 악하여져서 속이기도 하고 속기도 하나니 그러나 너는 배우고 확신한 일에 거하라 네가 뉘게서 배운 것을 알며 또 네가 어려서부터 성경을 알았나니 성경은 능히 너로 하여금 그리스도 예수 안에 있는 믿음으로 말미암아 구원에 이르는 지혜가 있게 하느니라 모든 성경은 하나님의 감동으로 된 것으로 교훈과 책망과 바르게 함과 의로 교육하기에 유익하니 이는 하나님의 사람으로 온전케 하며 모든 선한 일을 행하기에 온전케 하려 함이니라"(딤후 3:13-17).

그러면 성경이 술을 끊게 한 이야기를 소개하겠다.

어떤 사람이 술을 지나치게 좋아하다가 매일 술에 빠져 사는 알코올 중독자가 되고 말았다. 그 결과 멀쩡한 직장을 잃게 되어 실업자가 되었다. 그래도 정신을 차리지 못하고 술을 끊지 못하다가 경제적인 어려움을 겪게 되었다. 결국 집까지 날리게 되었고, 가출하여 노숙자 신세가 되고 말았다. 그날부터 이 사람은 이곳저곳을 돌아다니며 떠돌이 생활을 하게 되었다. 밥은 이집 저집 다니면서 구걸하여 얻어먹었고, 잠은 운이 좋은 날이면 남의 허청이나 짚더미 위에서 잤다.

어느 날 한 동네에 들어가 구걸을 했다. 한 여인이 그런 중독자를 보더니 친절하게 자기 집으로 데리고 가서 허기진 배를 채울 만큼 푸짐한 음식으로 대접해 주었다. 알코올 중독자는 배를 채우기 위해 밥상에 차려 있는 음식을 닥치는 대로 먹어치웠다. 그런 광경을 물끄러미 지켜보던 이 여인은 알코올 중독자에게 다음과 같이 말했다.

"당신을 보아 하니 구걸하며 살 사람은 아닌 것 같습니다. 난 그런 당신을 돕고 싶습니다. 어떻게 당신을 도와야 할지 알 수는 없지만 당신에게 주고 싶은 것이 하나 있습니다. 이 책을 통해서 당신의 삶이 변화받아 용기를 얻어 새 삶을 살기를 바랍니다."

그 여인은 이 사람의 손에 책 한 권을 들려주었다. 이 알코올 중독자는 그 여인으로부터 책을 건네받은 후 펼쳐 읽기 시작했다. 때로는 무료함을 달래기 위해 그 책을 읽었다. 그러다가 매일 읽지 않고는 하루를 넘길 수 없었다. 그래서 비가 오는 날이면 비를 피해 처마 밑에서 정신없이 읽었다.

그런데 이 책을 읽으면 읽을수록 그 한마디 한마디가 자신의 마음을 사로잡기 시작했다. 그리고 그렇게 어둡던 자신의 마음에 한 줄기 밝은 빛이 비춰기 시작했다. 어디 그뿐인가? 그의 영혼이 깨어지기 시작했다. 결국 그 사람은 예수님을 영접하고 하나님을 아버지로 모시면서 새로운 사람이 되었다. 그 여인이 전해 준 책이 바로 성경이었다.

그 사람은 그 이후 새로운 직장을 얻었고, 훌륭한 아내와 결혼하여 안정된 생활을 하게 되었다. 그의 아내는 그 어느 날 이 사람에게 성경을 전해 준 바로 그 여인이었다.

제5계명 : 술은 보지도 말고 미련 없이 버리라.

악은 그 모양이라도 버려야 하기 때문에 술은 마시기 전에 보지도 말아야 한다.

> "포도주는 붉고 잔에서 번쩍이며 순하게 내려가나니 너는 그것을 보지도 말지어다"(잠 23:31).

그리고 술은 사회악이기 때문에 그 모든 모양이라도 버려야 한다.

"범사에 헤아려 좋은 것을 취하고 악은 모든 모양이라도 버리라"
(살전 5:21).

그러므로 이제부터 아예 술은 보지도 말고, 가정에 수집용으로 모아 놓은 모든 주류까지도 미련을 두지 말고 가차없이 버려야 한다.

2002년 어느 날 미국 시카고에 있는 어느 교회에서 선교대회가 열렸다. 주중에 매일 저녁 집회가 열렸다. 세계에 흩어진 선교사들이 기도 순서를 맡고 선교 보고와 함께 메시지를 전했다. 그러나 매일 저녁 아무런 반응도 나타나지 않았다. 그러던 어느 날 저녁 청소년들을 위한 집회가 열렸다. 어느 선교사가 기도 순서를 맡았다. 그 선교사는 오늘 미국의 죄악 하나하나를 기도를 통해 열거하며 회개했다. 선교사의 기도가 계속되자 청소년들은 회개하기 시작했다. 그리고 모두들 눈물을 흘리며 울기 시작했다.

기도가 계속되는 동안 청소년들이 주머니에 들어 있는 담뱃갑을 던지기 시작했다. 마약 봉지를 던지기 시작했다. 콘돔을 던지기 시작했다. 피임약을 던지기 시작했다. 청소년들이 던진 담뱃갑과 마약 봉지, 그리고 콘돔과 피임약이 교회당 안에 쌓였다. 그리고 모두들 강단으로 나아가 울면서 통회 자복했다. 그리하여 시카고 교회의 선교대회는 한 교회를 변화시킬 뿐만 아니라 시카고 사회의 청소년들을 변화시키기 시작했다.

내가 유럽에서 유학생 집회를 맨 처음 개최했을 때 중부 독일 모 교회 유학생들이 목사와 아내의 등살에 밀려 코스테(유럽유학생수양회)에 오면서 술을 가지고 와서 집회 시간에 참석은 하지 않고 방에서 마셨다. 물론 그때 그 유학생들이 회개하고 결단하여 지금은 각 대학에서 유능한 교수들이 되었지만, 그 후 집회 시 이렇게 외치기도 했다.

(1) 담배 : 코스테에 올 때 가지고 온 담뱃갑이 있는가? 지금 던져 버리자.
(2) 술 : 코스테에 올 때 가져온 술병이 있는가? 던져 버리고 깨 부셔 버리자.
(3) 마약 : 혹시 마약을 복용하거나 주입하고 있는가? 이 시간에 완전히 끊고 버리자.
(4) 도박 : 카지노나 파친코 등 고스톱이나 잡기로 돈과 시간을 낭비하고 있는가? 이제부터 화투짝을 던져 버리고 카드를 불태워 버리자.
(5) 음란 인터넷 사이트 : 인터넷 중독에서 벗어나자. 컴퓨터를 우상처럼 여기고 인터넷에 중독된 형제와 자매가 있는가? 하루에 정한 시간 외에, 정한 사이트 외엔 방문하지 말자.

제6계명 : 술 대신 선한 목표를 세우라.
사도 바울은 주님의 사도가 된 이후에 이전에 좋던 세상의 모든 것들을 배설물로 여기고 오직 주님만을 바라보고 달려갔다.

"그러나 나도 육체를 신뢰할 만하니 만일 누구든지 다른 이가 육체를 신뢰할 것이 있는 줄로 생각하면 나는 더욱 그러하리니 내가 팔일 만에 할례를 받고 이스라엘의 족속이요 베냐민의 지파요 히브리인 중의 히브리인이요 율법으로는 바리새인이요 열심으로는 교회를 핍박하고 율법의 의로는 흠이 없는 자라 그러나 무엇이든지 내게 유익하던 것을 내가 그리스도를 위하여 다 해로 여길 뿐더러 또한 모든 것을 해로 여김은 내 주 그리스도 예수를 아는 지식이 가장 고상함을 인함이라 내가 그를 위하여 모든 것을 잃어버리고 배설물로 여김은 그리스도를 얻고 그 안에서 발견되려 함이니 내가 가진 의는 율법에서 난 것이 아니요 오직 그리스도를 믿음으로 말미암은 것이니 곧 믿음으로 하나님께로서 난 의라 내가 그리스도와 그 부활의 권능과 그 고난에 참예함을 알려 하여 그의 죽으심을 본받아 어찌하든지 죽은 자 가운데서 부활에 이르려 하노니 내가 이미 얻었다 함도 아니요 온전히 이루었다 함도 아니라 오직 내가 그리스도 예수께 잡힌 바 된 그것을 잡으려고 좇아가노라 형제들아 나는 아직 내가 잡은 줄로 여기지 아니하고 오직 한 일 즉 뒤에 있는 것은 잊어버리고 앞에 있는 것을 잡으려고 푯대를 향하여 그리스도 예수 안에서 하나님이 위에서 부르신 부름의 상을 위하여 좇아가노라"(빌 3:4-14).

그리고 구원받은 기독교인은 선한 일을 위하여 창조되었고, 구원받았기 때문이다.

"너희가 그 은혜를 인하여 믿음으로 말미암아 구원을 얻었나니 이것이 너희에게서 난 것이 아니요 하나님의 선물이라 행위에서 난 것이 아니니 이는 누구든지 자랑치 못하게 함이니라 우리는 그의 만드신바라 그리스도 예수 안에서 선한 일을 위하여 지으심을 받은 자니 이 일은 하나님이 전에 예비하사 우리로 그 가운데서 행하게 하려 하심이니라"(엡 2:8-10).

목표를 정하면 마귀의 노예, 술의 종이 되지 않는다. 자유를 누리게 되고 그 목표를 향해 매진하게 된다. 기독교인들뿐 아니라 인간들에게 좋은 목적과 목표는 얼마든지 있다.

제7계명 : 서로를 감시하라.

술을 끊기로 마음먹었으면 금주자들끼리 모임을 만들어 서로 교제하면서 음주에 대해 감시하고 감독하기 바란다. 그 이유는 금주를 결단한 자가 실천하는 과정에서 마음이 흔들리거나 결단을 실천에 옮기지 못하면 서로를 위해 기도해 주면서 감시자가 되어야 한다. 올바살 운동이 올바로 믿고, 올바로 살기로 작정한 형제자매끼리 실천 여부를 감시, 감독하자는 취지도 있기 때문이다.

기독교인들에게 도전한다. 일반인들도 뜻과 의지를 가지면 술을 끊고 금주를 할 수 있다는 일면을 소개하겠다.

김유신의 어머니 만명 부인과 그의 아내 지소 부인

"큰부모 밑에서 큰자식 나온다"는 말이 있다. 훌륭한 인물 뒤에는 반드시 훌륭한 어머니의 교육이 있다는 점을 우리는 항상 역사 속에서 실감하게 된다. 특히 김춘추와 함께 삼국통일의 위대한 업적을 남겼던 김유신의 어머니인 만명 부인과 김유신의 부인이자 당나라를 물리쳐 혁혁한 공을 세웠던 화랑도인 원술랑의 어머니 지소 부인이 바로 그들이다. 여기에 그 이야기를 소개하고자 한다.

우리나라가 고구려, 신라, 백제, 곧 삼국으로 갈라져 있던 초기에는 신라가 가장 약한 나라였으나, 차츰 강대한 나라로 성장하면서 주후 7세기 땐 마침내 삼국통일을 하게 된다. 이것은 신라에 김유신과 같은 출중한 인물이 있었기 때문이다. 그리고 이러한 인물 뒤엔 훌륭한 인물을 길러 낸 현명한 어머니 만명 부인과 그의 아내 지소 부인이 있었기 때문이다. 만명 부인은 신라 24대 진흥왕의 조카 딸로서 왕족이었다. 만명 부인은 결혼할 때부터 매우 적극적이고 주관적으로 배우자를 선택한 일화로 유명하다.

김유신의 아버지 김서현은 가야국 김수로왕의 11대 손으로 그의 아버지는 장수로서 백제와의 싸움에서 많은 공을 세웠다. 김서현의 아내 만명 부인은 유신, 보희, 문희 등 3남매를 훌륭한 사람으로 키우는 데 온갖 정성을 쏟았다. "될성 부른 나무는 떡잎부터 알아본다"는 말처럼 특히 유신은 어렸을 때부터 다른 아이들과는 사뭇 다르게 날로 총기를 더해 갈 뿐 아니라 하는 행동 또한 남다른 데가 많았다.

만명 부인은 유신을 항상 엄하게 교육했다. 장차 이 나라의 큰 인물이 되려면 재주가 뛰어난 만큼 그 덕행에 실수가 없도록 주의하고 어려움을 참고 견디는 훈련을 쌓아야 할 것이라고 생각했기 때문이다. 만명 부인의 교육이 유신에게 미친 영향에 대해서는 여러 가지 이야기가 있지만, 가장 널리 알려진 일화로는 기생 천관녀와의 사건이다.

화랑도가 된 김유신은 인물도 잘생긴 데다 성격도 매우 쾌활하여 친구 화랑들과 함께 주막이나 기녀의 집에 드나들면서 자주 놀았다. 유신이 학업에 열중하지 않고 기녀의 집에 드나든다는 사실을 안 만명 부인은 아들의 교육을 잘못한 자신의 부덕을 탓해 자책대[67]를 허리에 두르고 유신을 엄하게 훈계하고 간곡하게 타일렀다.

"사람이 한 번 세상에 태어나서 나라와 의를 위해서 몸을 바치고 그 이름을 천추에 남김이 마땅하거늘, 너는 어찌하여 그것을 깨닫지 못하느냐."

김유신은 어머니의 훈계에 감동 감화되어 자신의 잘못을 뉘우치고, 또다시 밤낮으로 학문과 무술에 정열을 기울이기 시작했다. 그러던 어느 날 들놀이에서 돌아오는데 그가 말고삐를 놓칠 정도로 만취하여 말이 주인의 뜻과 달리 제 갈 데로 가고 있었다. 그를 반겨 맞이하는 사람 소리에 눈을 번뜩 떠보니, 거기는 천관녀의 집 문 앞이었고 천관녀가 반색하며 자기를 맞이하려고 기다리고 있었다. 김유신은 취중이었기 때문에 자기 의지와는 상관없이 말이 전에 가던 습관대로 눈에 익은 길을 찾아 기녀 천관녀의 집으로 온 것이었다.

그 순간 자기를 꾸짖던 어머니의 엄격한 모습과 훈계의 말씀이 떠오르자 유신은 그 즉시 장검을 빼어들고 자기의 사랑하는 준마의 목을 단칼에 베어버리고 걸어서 집으로 돌아왔다. 신라 사람들은 그 터에 절을 지어 천관사라고 명명하고, 그 자리를 참마항(斬馬巷, 말의 목을 벤 자리)이라 하여 신라 사람들의 품성을 말하는 상징으로 삼았다.

그후 김유신은 정치가로서 또는 군략가로서 가져야 할 수련을 쌓았다. 그리고 마침내 삼국통일의 과업을 완수하는 주역으로 성장하여 어머니의 뜻을 훌륭하게 실현하였다. 만명 부인은 유신뿐 아니라 딸 문희도 지혜롭게 키워 김춘추[68]와 결혼시킴으로써 삼국통일 시 신라의 국모(國母)로서의 역할을 다하게 하였다.

---

67) 자신을 자책한다는 뜻을 나타내기 위하여 허리에 찬 띠.
68) 신라 제29대 태종무열왕.

왜 당신의 자녀 가운데서 위대한 인물이 나오지 못하는가? 혈통이 좋지 않아서인가, 가문이 좋지 않아서인가? 학벌이나 돈이 없어서도 아니다. 믿음이 없고 어머니의 정성이 없어서이다. 큰사람, 즉 큰일을 이루는 사람은 자신에게 유익하지 못하고, 민족에게 해가 되는 일일 때는 그 잘못을 깨닫고 그 결단과 각오를 즉각 행동으로 옮기는 사람이다. 비록 명예에 손상이 오고 경제적인 손해를 본다 할지라도 그렇다.

사람의 습관도 중요하지만 한낱 미물에 불과한 짐승도 사람의 훈련에 길들여지는 법이다. 말이 무슨 죄가 있겠는가마는, 주인이 매일 습관이 되어 주막을 향해 말머리를 돌렸으니 그 말도 주인의 뜻을 잘 헤아려 자동적으로 그 길을 갔던 것이 아니겠는가?

나는 이 이야기를 읽고 난 후, 김유신의 어머니가 아들만 야단칠 것이 아니라, 말도 같이 불러다가 야단을 쳤어야 한다는 아쉬움이 남는다. 누구든지 어려서부터 아예 술을 입에 대지 않았으면 얼마든지 술을 마시지 않고도 즐거운 인생을 살아갈 수 있다. 나도 태어나서 지금까지 한 모금의 술을 마셔보지 않았으며 한 개비의 담배도 입에 물어보지 않았다. 그런데도 잘살고 있지 않은가?

이제 성령의 사람은 성령의 힘으로 얼마든지 살아나갈 수 있다는 실례를 소개하고자 한다.

윌리엄 클라크 박사

1876년 식물학자로서 미국 매사추세츠 주립대학 학장을 지낸 세계적인 석학인 윌리엄 클라크 박사가 일본의 초청을 받고 건너가 삿

포로(북해도) 농업학교를 세우고 교수로 인재 양성에 힘썼다. 그런데 학교에서 혈기 왕성한 학생들이 가끔 술을 마시고 행패를 부리며 갖은 못된 일을 저질렀다. 그 학교 선생인 일본인 구로다 씨가 클라크 교수에게 학생들에게 술을 금지시켰으면 좋겠다고 제의했다.

그런데 사실 클라크 박사는 술을 얼마나 좋아했는지 미국에서 일본으로 건너갈 때 자기가 마실 술을 자그마치 1년치를 준비해 갈 정도였다. 그러나 그는 구로다 씨의 제의를 받고 그 술병들을 모두 교실로 운반했다. 그는 문제 학생들이 보는 앞에서 금주를 서약하고 그 자리에서 술병들을 모두 깨 부셔 버렸다. 그것을 본 일본 학생들이 그 자리에서 금주 서약을 했다는 일화가 전해져 오고 있다. 민족의 지도자, 미래의 지도자가 될 사람들은 주색에 빠져 있을 수가 없다.

어떤 사람들은 그런 일은 위대하고 훌륭한 지도자가 이미 된 사람들이나 앞으로 될 사람들이 할 일이고 우리같이 평범한 사람들은 아예 그렇게 되리라고 기대도 하지 않으니 그냥 이대로 사는 것이 좋다고 할지도 모른다. 그러나 당신은 그렇다손 치더라도 당신의 자녀들, 여러분의 후손들은 어떤 사람이 되었으면 하는가? 물론 꼭 사회적으로, 국제적으로 유명하고 훌륭한 사람이 되기 위해서가 아니라 적어도 가정과 세상에서 악과 짝하며 범죄를 저질러 사회를 혼란시키는 존재는 되지 않아야 할 것이 아닌가? 그런 의미에서 고언을 드리는 것이다.

불구가 된 광원 강 모 씨, 담뱃값을 선교 헌금으로[69]

내가 독일에서 처음으로 목회하던 유럽 한인선교교회에 강병태라는 성도가 출석하고 있었다. 그는 나의 가족이 독일 프랑크푸르트 공항에 도착했을 때 유봉두 장로와 함께 자동차를 가지고 영접 나왔던 성도였다. 그때 보니까 오른팔이 의수였다. 의수를 붙이게 된 것은 광산에서 일하다가 사고로 오른팔이 잘려 나간 것이다. 사고 후 광산 측의 배려로 근무처를 지하 작업장에서 지상 목욕탕으로 옮겨서 근무하는 성도였다.

나의 부임 후 교회는 선교 사명을 계속 수행해 나가면서 은혜가 충만했다. 성도들이 성령 충만한 모습으로 변하기 시작했다. 그런데 어느 날 바로 그 강병태라는 성도에게서 전화가 걸려왔다. "목사님 댁으로 찾아가 뵙고 싶은데 괜찮겠습니까?"

얼마 후 그가 찾아와 하는 말이 얼마나 감동적이고, 얼마나 은혜스러웠는지 모른다.

"목사님, 저는 독일에 돈을 벌기 위해서 왔습니다. 그런데 광산에서 일하다가 그만 사고로 오른팔이 잘려 나갔습니다. 수술을 받은 후, 너무 충격적인 나머지 인생을 비관하다 보니 담배를 하루에 두 갑 이상 피워댔습니다. 결혼을 하면 좀 나을까 하여 한국에 나가 결혼도 했습니다. 그러나 그것도 아니었습니다. 그래서 자식을 낳으면 더 나을까 해서 아들도 낳았습니다. 그런데도 안정이 안 되어서 느는 게 담배뿐이었습니다. 그런데 목사님께서 부임하신 후, 설교 때마다 선교와 구제

---

[69] 김숭연,《독일 간 김 목사》, 코울의 편지.

를 강조하시는 말씀을 들으면서 저는 생각해 보았습니다. '나 같은 사람은 선교나 구제를 위해서 헌금할 형편도 못 된다. 나야말로 육신이 불구인 장애인이니 다른 사람이 나 같은 사람을 도와야 한다'고 생각했습니다. 그런데 목사님의 설교를 통해 나보다 더 못한 이웃이 있고, 오늘도 복음을 듣지 못한 지구촌의 이웃들이 있다는 말씀에 저는 생각을 바꾸게 되었습니다. 그리고 곰곰이 생각해 보았습니다. '내가 그들을 위해서 할 수 있는 일이 무엇일까?' 몇 날 며칠을 생각하는데 제가 하루에 두 갑씩 피우던 담배를 안 피우면 되겠다는 생각이 떠올랐습니다. 그래서 지난 한 달 동안 담배를 끊고 매일 담배를 사 피운 셈 치고 그 돈을 매일 저금통에 넣었습니다. 바로 이 돈이 그동안 모은 돈입니다. 목사님, 이 돈을 선교와 구제를 위해 써 주십시오."

나는 강병태 성도의 간증을 듣는 순간 가슴이 뭉클했다. 눈에서 눈물이 핑 하고 돌았다. 나는 그에게 그 돈을 목사에게 주지 말고 다음 주일 예배 시 선교 헌금으로 하나님께 드리라고 했다. 아닌 게 아니라 그다음 주일 예배 헌금 시간에 강병태 성도의 이름으로 선교 헌금이 드려졌다. 헌금 액수는 150마르크였다. 그 당시 150마르크면 상당한 돈이었다. 나는 성도들에게 그 선교 헌금의 동기를 설명해 주었다. 그랬더니 많은 성도들이 신선한 충격을 받았다. 그 성도는 그 일이 있은 후, 매월 200마르크 이상의 선교 헌금을 드렸다. 그런 후 많은 성도들이 너도나도 선교와 구제 헌금에 동참하기 시작했다.

얼마 있다가 그 성도가 또다시 목사관엘 찾아왔다. "제가 담배를 끊은 돈으로 헌금을 하고 난 후, 놀라운 하나님의 은혜를 체험했습니다. 날마다 기쁨이 충만했고 모든 일이 감사했습니다. 그동안 아귀다툼으로 싸우던 부부 문제도 해결되었습니다. 그리고 제 눈이 변했습니다.

제 눈에 돈이 땅에 굴러다니는 것이 보이기 시작했습니다. 제가 목욕탕 근무를 하는데 광산 근로자들이 갱도에서 작업을 하고 나면 꼭 목욕을 합니다. 그런 후 자동판매기에서 맥주나 콜라를 뽑아 마시는데 예전에는 그들이 버리고 간 빈 맥주나 콜라 병이 안 보였습니다. 담배를 끊고 선교 헌금을 한 후 바로 그 빈 맥주, 빈 콜라 병들이 돈으로 보였습니다. 그래서 매일 그들이 마시고 버리고 간 빈 병들을 일일이 주워서 자동차에 실었습니다. 그리고 그것을 슈퍼마켓에 갖다 주고 돈으로 바꾸었습니다. 목사님, 그 빈 병 모은 돈을 또 선교비로 드리겠습니다."

그래서 그 성도는 매월 액수는 달랐지만 상당한 액수의 선교헌금을 드리게 되었다.

킬의 석 모 집사

다음은 대구에서 오신 석 장로께서 오페라에서 노래를 부르고 있는 아들 집을 방문하러 두 번째 와서 하신 말이다.

김 목사님, 저는 오늘 김 목사님께 감사를 드리고 싶습니다. 사실 명색이 저는 장로고 어미는 권사입니다. 그리고 찬일이는 모태 신앙에 유아 세례 입교인입니다. 그런데 찬일이가 음대에 들어가 노래를 공부하면서 술을 마시기 시작했습니다. 야단을 치면 '아버지, 술 마시는 것은 죄가 아닙니다. 그리고 음악을 하려면 술을 마시지 않을 수 없습니다. 오페라에 출연하려면 포도주를 마시는 것은 예사고, 또 노래하는 친구들과 만나면 맥주와 포도주는 음료수처럼 마십니다' 라고 했습니다.

저는 그때마다 야단을 쳤지만 아들의 뜻을 꺾을 수 없었습니다. 그런데 이태리 밀라노로 유학을 가더니 이젠 음주가 일상생활이 되고 말았습니다. 그러다가 이태리에서 공부를 마치고 독일 킬에 취직이 되어 왔습니다. 지난번 처음 독일을 방문했을 때도 식당에서 식사를 하는데 맥주를 시켰습니다. 술을 마시지 말라고 하면 또 술에 대한 정당성을 피력했습니다. 그때마다 제 속이 얼마나 상했는지 모릅니다.

그런데 목사님, 제가 이번에 두 번째 독일에 왔는데, 지난번에 식당에 가서 식사를 하는데 찬일이가 맥주를 시키지 않았습니다. 그래서 오히려 제가 '야, 찬일아, 너 맥주 안 시키냐'고 했더니, '예, 아버지 저 술 끊었습니다. 이제 맥주도 마시지 않습니다'라고 하는 것입니다. 저는 그때 제 귀를 의심했습니다.

"아니, 네가 누군데 술을 끊냐. 너 아버지 앞에서 거짓말하는 거 아니냐?"

"아니오. 아버지, 제가 독일 킬에 와서 선교교회를 다니면서 김승연 목사님의 설교를 들었습니다. 처음에 저는 김 목사님의 설교에 일부 거부 반응을 일으켰습니다. 그런데 그분의 설교를 듣고, 그 분의 삶을 보고, 그분이 쓴 책을 읽고 나면서부터 제 마음에 변화가 찾아왔습니다. 그래서 술을 끊기로 하고 지금까지 맥주는 고사하고 연주할 때도 포도주를 마시는 장면이 나오면 저는 물을 부어서 마십니다. 그런데 아버지, 제가 독일 친구들과 어울릴 때 제가 술을 끊었다고 하면 독일 친구들이 놀리고, 무시하고, 가까이 안할 줄 알았는데 웬걸요. 그들이 나를 아주 위대한 사람으로 여겨줍니다. 너는 어떻게 술을 끊을 수 있느냐며 한 수 배우려고 한다는 것이었습니다.

또 다른 예를 들면, '해변으로 가요'라는 가요를 불렀던 차도균 씨도 예수님을 믿고 술을 끊었으며, 조폭 두목으로 이름을 날렸던 용팔이(김용남)도 술을 완전히 끊고 새 사람이 되었다. 여기서 이런 예를 들자면 한도 없고 끝도 없다. 그

담배와 술을 끊은 용팔이 김용남 씨

러나 이런 일이 인간의 노력이나 자신의 힘으로 되었겠는가? 아니다. 오직 성령의 능력, 성령 충만으로 되었다. 그러므로 "술 취하지 말라 이는 방탕한 것이니 오직 성령의 충만을 받으라"(엡 5:18)고 했듯이.

성령에 취한 사람은 술에 취할 수 없다. 다시 말해, 성령의 사람은 술을 마시거나 술에 취할 수 없다는 뜻이다. 그러므로 이제 금주·금연을 결단할 때이다. 그리고 지금까지 술을 입에 대보지 않은 성도들이나 청소년들은 앞으로 그 어떤 일이 있어도 담배, 술, 마약을 입에 대지 않겠다고 서약해야 한다. 믿음으로 결단만 하면 성령께서 도와주시며 하나님께서 끝까지 승리하도록 인도해 주실 것이다. 아멘.

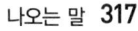

나오는 말

오늘 이 시대에도 선지자적인 메신저는 항상 외롭고 고난을 받는다

우리 스스로 성주인터내셔널의 김성주 사장처럼 스스로 왕따가 되라. 그러나 나는 일찍이 '왕따'를 다음과 같이 해석한다. '왕 중의 왕이신 예수님께서 나중에 쓰시려고 따로 정해 놓은 사람들'이다. 다시 말해, 왕따인 당신을 왕이신 예수님께서 다윗처럼 마음에 합한 자로 따로 정해 놓고 다음 시대의 주역으로 삼으실 것이다.

왜 구약의 왕들과 종교 지도자들, 신약의 유대인들과 제사장들 그리고 서기관들이 세례 요한과 예수님 그리고 사도 바울과 사도들을 못마땅하게 생각하고 기회만 되면 그들을 붙잡아 죽이려고 했는지 그 이유를 아는가? 자기들의 생각과 삶이 그들의 외침으로 인해 양심의 가책이 되고 심히 괴로우니까 그런 것이다.

  그러나 하나님을 믿고 믿음이 있는 자들은 선지자들과 예수님, 그리고 사도들이 전한 메시지를 경청하고 믿었으며 회개했다. 자신의 죄뿐 아니라 형제와 자매의 죄, 국가와 민족의 죄를 끌어안고 몸부림쳤다. 오늘날도 진리와 바른 말씀을 외치는 자들을 사회에서뿐 아니라 교회 내에서까지도 박해를 가하고, 악성 여론을 형성하여 매장하려고 한다. 예나 지금이나 그 대상이 다를 뿐이지 똑같다.

  미국 담배 회사를 상대로 그들의 비도덕성과 악랄한 수법을 폭로하고 소송을 걸다가 피해를 당한 자가 바로 미국의 3대 담배 회사의 부사장 출신이었던 제프리 S. 위건드이다.

  뉴욕주립대(버펄로) 생화학 박사인 그가 1993년 켄터키 주 루이빌 소재 미 3위 담배 회사 브라운 앤드 윌리엄슨(B&W)에서 해고될 당시 직책은 연구 담당 부사장이었다. 그는 안전한 담배를 개발하기 위해 고용됐지만 유독 성분을 포함시키라는 회사의 요구를 받아들이지 않아 해고됐다고 주장했다……. 그는 담배 회사들이 유독성과 니코틴의 중독성을 알면서도 고의로 수십 년간 은폐했다고 폭로했고, 1996년 CBS 방송 '60분' 프로에 나와 이를 다시 터뜨렸다. 그리고 그는 담배 회사와 관련된 시민들의 소송을 도왔다.[70]

  당신은 어떤 입장에 서겠는가? 무엇을 믿고 따르는 성도가 되겠는가?

---

70) 〈조선일보〉(1999. 10. 22).

21세기는 윤리와 도덕이 올바로 실천될 때 희망이 있다

중국은 물론 서방 교회로부터 존경받는 중국의 대표적인 지도자 팅관신 주교는 이번 NGO 국제 회의에 참석한 후, 기독교 신문과의 인터뷰에서 '21세기 세계 교회의 과제는 바로 윤리와 도덕'이라고 역설했다. "21세기 기독교는 윤리와 도덕의 바탕 위에 더욱 견실히 서야만 합니다. 제3세계 교회들 중에는 윤리와 도덕을 무시한 채 개인 구원만 강조하는 경향이 있습니다. 또한 지도자의 타락이 전도에 큰 지장을 초래하기도 합니다."

예를 들어, 그가 한국을 방문하던 중 여러 명의 교회 지도자들이 자신을 소개하는데 모두가 '장로교인'이라고 소개했다는 것이다. 나중에 알고 보니 그는 장로교인이 아니었다. 그가 장로교인이라고 소개한 것은 한국 교회는 장로교가 가장 많이 알려졌고, 장로교인이 제일 많기 때문에 장로교라고 말하면 금방 알아주기 때문에 그랬다는 것이다.

이미 결론난 술

성경에 술을 마시라고 했느냐 아니했느냐를 따지기에 앞서 술은 사회악이다. 악은 그 모양이라도 버리라고 했는데 술이 악한 모양뿐 아니라 술이 얼마나 악한 실체, 멸망의 본체인가. 그리고 술 자체가 좋으냐 나쁘냐를 떠나서, 또는 술을 마셔야 하느냐 말아야 하느냐를 떠나서, 술은 도덕성과 윤리 문제와 직결되어 있다. 뿐만 아니라 인류 보건과 건강 문제에 직결되어 있다.

옛날에는 연초 세금과 주류 세금이 국가 경제 발전에 상당한 몫을 담당했지만 그게 다 부정과 부패로 연결되어 있었다. 그것이 정부와 정치가들 사이에 묵계가 되어 아무도 옴짝달싹을 못했다. 마치 죄수의 손에 포승이 묶이고 수갑이 채워진 것처럼 자유가 없었다. 입에 재갈 먹힌 것처럼 바른말을 못했다. 다시 말하면, 담배 세금과 술 세금이 정치인들을 더 부패하게 만들었고, 국민을 향해 자신 있는 정치인들이 되지 못하게 했다. 이제 그런 일들이 만천하에 드러나고 있지 않은가. 그리고 윤리 문제, 사회 문제가 되고 있다. 이제 사회 분위기는 담배를 배타하고 있으며 술을 회피하고 있다.

1999년 여름 한국 KBS 제1TV에서는 6부작으로 "술과 담배, 이래도 끊지 않을 텐가"라는 다큐멘터리를 제작하여 방영했다. 이 연속 다큐멘터리는 술과 담배 스트레스에 대한 첨단 보고서로서, 국내 전문가 50여 명과 미국, 일본, 영국, 호주, 캐나다 등 구미 선진국 전문가 80여 명을 취재한 전문 작품이었다. 뇌의 CT 촬영과 쥐 실험을 통해 술을 마시면 '필름이 끊기는' 이유를 분석했다. 의학적으로는 술이 남성의 발기 부전과 여성의 유방암 발생률을 높인다는 분석도 하였다. 이 부분은 술의 폐해 부분에서 이미 언급했다.

예수 혁명과 성시화

과거에 권력을 꿈꾸는 자는 정부의 부정과 부패를 일소한다는 명분으로 군사 쿠데타를 일으켜서 자기들의 소기의 목적을 달성하기 위하여 희생을 무릅쓰고 정권을 장악했다. 그렇다면 사회가 비도덕적이고 백성들이 비윤리적일 때 기독교인들은 어떻게 해야 할까? 쿠데타를 일으켜야 하는가? 아니다.

몇몇 정신 나간 목사들이 시급히 해결해야 할 교회의 내적인 문제는 외면하거나 나 몰라라 뒷전에 두고 그동안 상업주의를 교회로 끌어들여 마케팅 전략으로 교세를 확장하고 포장된 예수, 포장된 복음을 외치면서 마치 국회의원 출마자들이 선거운동 기간의 유권자 확보처럼 세 불리기를 하면서 교회를 성장시켰다. 이젠 그것도 모자라 NGO라는 명분을 내세워 정치에 뛰어들려고 한다니 이건 주님께서 노끈으로 채찍을 만드시는 정도가 아니라 동앗줄로 치시며 "이 불법을 행하는 자들아, 나는 너희를 도무지 알지 못하니 내게서 물러가라"고 외치실 것이다.

이젠 살아 있고 운동력 있는 하나님의 말씀으로 사람을 옳은 데로 인도하는 예수 혁명이 일어나야 한다. 하나님의 뜻을 이 땅에 이루어야 한다. "나라이 임하옵시며 뜻이 하늘에서 이룬 것같이 땅에서도 이루어지이다"(마 6:10)라는 성경 말씀에 기초한 예수 혁명을 내적으로는 개인으로부터, 외적으로는 가정과 교회를 통해 사회 전반에 일으켜야 할 줄 믿는다.

교회와 설교자의 사명

내가 이 글을 씀으로 많은 사람에게 부담을 줄 수 있다는 것을 잘 안다. 금주·금연에 대한 글은 현대인들이나 교인들에게 인기 있는 글이 아니기 때문이다. 그러나 시대적인 사명자의 글이 인기를 의식하면 그것은 진정한 글이 아니다. 그리고 목사가 강단에서 눈치를 살피면 그 목사는 이미 메신저의 사명을 상실하고 말았다.

그러므로 목사는 설교 장사꾼이 되어서는 안 된다. 나도 이런 글을 안 쓰고 지나가면 무난할 수도 있다.

사랑하는 독자 여러분! 나는 목사이다. 하나님께로부터 이 시대의 병폐를 바로 알고 바로 외쳐야 할 파수꾼과 청지기의 사명을 부여받은 메신저이다. 그러므로 바른길을 제시해야 한다. 내가 이런 글을 씀으로 욕을 얻어먹을 수도 있다. "왜 다른 목사는 가만히 있는데 당신만 떠들면서 난리냐?" "왜 다른 교회는 술을 허용하고 함께 마시는데 너희 교회만 금하느냐?"

그러나 나는 이렇게 생각한다. 다른 사람은 묵비권을 행사하고 있어도 괜찮겠지만 목사만큼은 그러면 안 된다는 것이다. 그런 목사는 영적 직무 유기이다. 지난날 한국에서 일어났던 씨랜드나 인천 호프집 화재 사고를 목사와 교회는 보고만 있어서는 안 된다. 듣든지 아니 듣든지, 때를 얻든지 못 얻든지 외쳐야 한다. 목사는 사명받은 시대적인 메신저이기 때문에 광야의 소리처럼 외쳐야 한다. 만약 목사가 이 시대에 외치지 않으면 짖지 못하는 개가 된다(사 56:9-12). 그러므로 선지자들과 세례 요한처럼 외쳐서 교인들로 하여금 술에서 벗어나 새로운 기독교인이 되도록 결단을 내리게 해야 한다.

물론 이 글을 읽으면 다른 글에 비해 마음이 아프고 가슴이 찔리고 기분이 상할 것이다. 또한 시험에 들 것이다. 그러나 잘 참으라. 언젠가 돌이켜보면, 또는 시간이 조금 지나고 나면, 그게 정말 유익한 말이었고 정말 지당한 이치였다고 깨달을 날이 분명히 올 것이다.

그래서 나는 비난받고 반대에 부닥치는 한이 있어도 그런 현재를 보지 않고 언젠가는 깨닫고 돌아와 감사할 먼 훗날을 보고 외친다. 지금은 오해를 받고 비판의 말을 들어도, 지금은 비난의 화살을 맞아도 나중에 결과가 좋다면 지금보다 그날을 소망하며 오늘을 참고 기쁨으로 기다리겠다. 그리고 나의 의를 주장하면서 다른 사람을 정죄하기 위해서 이 글을 쓰고 있는 것은 아니다. 진정으로 양들을 사랑하는 목자의 심정으로, 자식을 사랑하는 부모의 심정으로, 제자를 아끼는 스승의 마음으로, 환자를 치료하는 의사의 마음으로 외치고 있다.

지금 세상 사람들도 담배와 술이 나쁘다고 저렇게 외치고 있지 않은가? 세계 도처에서 금주·금연 운동이 일어나고 있지 않은가? 이런 판국에 교회와 기독교인들이 금주와 금연 운동에 앞장서지 않으면 누가 앞장서겠는가? 그러므로 성도들은 현실을 방관하거나 방조하면서 묵비권을 행사하면 안 된다. 거기다 기독교인들이 한 술 더 떠서 흡연과 음주를 계속한다면 어떻게 되겠는가? 성경은 "악은 그 모든 모양이라도 버리라"(살전 5:22)고 말씀하고 있다.

독일엔 비타 말즈(Vita Malz: 알코올 성분을 제외한 맥주)와 맥주가 있다. 지금에 와서는 사람들이 비타 말즈는 아무런 의식 없이 잘 마신다. 그러나 독일어의 '말즈'는 우리나라 말로 맥아 또는 엿기름이라는 뜻이다. 그러나 고전어에서는 말즈도 술을 의미했다. 지금은 맥주가 약한 술이고, 그보다 강한 술이 많이 나왔지만 옛날에는 말즈가 약한 술이었고, 맥주는 강한 술이었다. 독일의 슈퍼마켓에 가면 비타 말즈가 음료수 코너에 있지 않고 코너에 쌓여 있다.

우리나라에서도 쉰 보리밥(상한 보리밥)에 엿기름 가루를 넣어서 발효시킨 것이 단술이었고, 떡 시루에다 고두밥(된 밥)을 해서 거기에 누룩을 넣고 발효시켜 만든 술이 바로 막걸리였다. 그때는 막걸리가 약한 술이었고, 소주가 강한 술이었다. 전염병이 퇴치되지 않거나 병이 잘 낫지 않으면 더 강한 약을 개발하듯이 사람들이 약한 술에 잘 취하지 않고 술맛이 없다고들 하니까 더 독하고 강한 술을 만들어 낸 것이다. 아마 앞으론 지금보다 더 독하고 강한 술이 개발될 것이다. 그때는 맥주나 포도주가 맹물같이 느껴질 것이다.

이전까지 정욕대로 살았다면 그걸로 족하고 이제부터는 옛 사람을 벗어버리고 새 사람이 되어 옛날처럼 살지 말라. 그리하여 남은 때, 즉 남은 인생을 하나님의 뜻을 좇아 의롭게 살라. 베드로 사도는 다음과 같이 말씀하고 있다.

"그리스도께서 이미 육체의 고난을 받으셨으니 너희도 같은 마음으로 갑옷을 삼으라 이는 육체의 고난을 받은 자가 죄를 그쳤음이니 그 후로는 다시 사람의 정욕을 좇지 않고 오직 하나님의 뜻을 좇아 육체의 남은 때를 살게 하려 함이라 너희가 음란과 정욕과 술 취함과 방탕과 연락과 무법한 우상 숭배를 하여 이방인의 뜻을 좇아 행한 것이 지나간 때가 족하도다 이러므로 너희가 저희와 함께 그런 극한 방탕에 달음질하지 아니하는 것을 저희가 이상히 여겨 비방하나 저희가 산 자와 죽은 자 심판하기를 예비하신 자에게 직고하리라"(벧전 4:1-5).

사랑하는 독자 여러분!

술이 나에게 어떤 영향을 미치고 있는지, 가정과 직장, 그리고 사회에 얼마나 많은 손실을 가져오는지를 잘 생각하고 술 문제를 해결했으면 한다. 꼭 술이 구원과는 관계가 없다고 해서 그냥 간과할 문제가 아니다. 구원 문제는 비단 술만의 문제가 아니다. 그보다 더 많고 더 엄청난 죄를 지은 사람도 구원받을 수 있다. 이제 술은 분명히 사회악으로 대두될 뿐 아니라 온 세상이 정죄하고 있다. 술이 모든 범죄의 원흉이 되고 있다. 그런 의미에서라도 개인적으로 술을 끊고, 술을 가정과 사회에서 영원히 추방해야 한다.

술! 성경은 분명히 금하고 있다. 이젠 성경뿐 아니라 온 나라가 아니 온 세계가 술을 금하고 있다. 이 글을 읽고 난 후, 성령의 역사하심으로 독자 개개인에게 놀라운 변화가 일어나기를 간절히 기도한다. 아멘.

이 글에서 이미 많은 성경을 인용했지만 다음 세 곳의 말씀으로 결론을 삼고자 한다.

> "너희는 이 세대를 본받지 말고 오직 마음을 새롭게 함으로 변화를 받아 하나님의 선하시고 기뻐하시고 온전하신 뜻이 무엇인지 분별하도록 하라"(롬 12:2).

> "그런즉 너희가 먹든지 마시든지 무엇을 하든지 다 하나님의 영광을 위하여 하라"(고전 10:31).

"불의한 자가 하나님의 나라를 유업으로 받지 못할 줄을 알지 못하느냐 미혹을 받지 말라 음란하는 자나 우상 숭배하는 자나 간음하는 자나 탐색하는 자나 남색하는 자나 도적이나 탐람하는 자나 술 취하는 자나 후욕하는 자나 토색하는 자들은 하나님의 나라를 유업으로 받지 못하리라"(고전 6:9-10).

빛 좋은 개살구 같은 교인은 되지 말라

오늘날 한국 기독교 안에 빛 좋은 개살구같이 경건의 모양만 갖추고 경건의 능력을 부인할 뿐 아니라 상실해 버린 지도자들과 교인들이 많이 있다. 육체의 연습은 약간의 유익이 있고, 경건의 연습은 금생과 내생에 약속이 있음에도 불구하고 우선 눈에 보기에 좋고, 당장 약효가 난다고 생각하는 세상과 세속을 따라가고 있다.

부디 한국 기독교인은 빛 좋은 개살구 같은 교인이 되지 말고 경건의 능력으로 연단된 다니엘과 그의 세 친구처럼 풀무불과 사자굴에서 생존하는 성경과 예수님으로 의식화된 이 시대의 사명자가 되기를 기도한다.

"네가 이것을 알라 말세에 고통하는 때가 이르리니 사람들은 자기를 사랑하며 돈을 사랑하며 자긍하며 교만하며 훼방하며 부모를 거역하며 감사치 아니하며 거룩하지 아니하며 무정하며 원통함을 풀지 아니하며 참소하며 절제하지 못하며 사나우며 선한 것을 좋아 아니하며 배반하여 팔며 조급하며 자고하며 쾌락을 사랑하기를 하나님 사랑하는 것보다 더하며 경건의 모양은 있으나 경건의 능력은 부인하는 자니 이 같은 자들에게서 네가 돌아서라"(딤후 3:1-5).

"네가 이것으로 형제를 깨우치면 그리스도 예수의 선한 일꾼이 되어 믿음의 말씀과 네가 좇은 선한 교훈으로 양육을 받으리라 망령되고 허탄한 신화를 버리고 오직 경건에 이르기를 연습하라 육체의 연습은 약간의 유익이 있으나 경건은 범사에 유익하니 금생과 내생에 약속이 있느니라"(딤전 4:6-8).

이제 우리 모두는 지구촌뿐 아니라 새로운 시대에 준비된 사명자들이 되어 하나님께서 맡겨주신 사명을 잘 감당해야 할 줄 믿는다.

부록
- 술에 대한 정의와 경고

"술은 전쟁, 페스트, 여성보다도 더 파괴적이다."
- 글래드스턴(W.E. Gladstone, 1809-1898, 영국 정치가)

"술은 용해된 악마다." - 윌프레드 로슨 경

"술은 공공연하고 영원한 타락의 대리자이다."
- 매닝 추기경(H. Manning, 1808-1892, 영국 웨스트민스터 추기경)

"술은 인류사회의 암으로, 사회의 활기를 잠식하고 사회를 파괴하겠다고 벼르는 암적 존재이다."
- 에이브러햄 링컨(A. Lincoln, 1809-1865, 미국 16대 대통령)

"술은 인류를 대량 학살하는 예술가다."
- 체스터필드 경(P. Chesterfield, 1694-1773, 영국 정치인)

"술은 어떤 세대나 국가의 암살자가 고안했던 것보다 극도로 범죄적이고 예술적인 암살 방법이다."
- 러스킨(J. Ruskin, 1819-1900, 영국 사회 개혁 운동가)

"취기는 역사에 기록된 모든 정쟁보다 더 많은 사람을 살해했다."

―퍼싱 장군(J. Pershing, 1860-1948, 미국 군인)

"그동안 살아오며 겪었던 것을 통해 확신하건대 금주는 도덕과 건강의 최상의 보호자다."
　―로버트 E. 리 장군

"술 마시는 사람은 자신이 발전할 수 있는 특권을 하나씩 박탈해 가는 사람이다."
　―태프트 대통령

"술은 나태, 질병, 빈곤과 범죄를 가져오는 경향이 있다."
　―미국 연방대법원

"만일 운동 경기를 지속하길 원한다면 술을 가까이 말아야 한다. 그것은 조만간 너를 삼킬 것이다."
　―월터 존슨(미국 야구 피처)

"술과 절대 상관하지 말라. 술 마시는 사람은 승진할 자격이 없다." ―태프트 대통령

"나는 술로 나의 뇌를 해롭게 하기보다 유익하게 사용하겠다. 술을 사람의 머리 속에 넣는 것은 기관의 회전축 속에 모래를 넣는 것과 같다." ―발명가 에디슨

"건강상 술을 금지하는 것은 유익할 따름이다."(아예 금주가 좋다는 뜻) -의사 메디오 박사

"적당한 음주도 과도한 음주나 다름없이 건강에 해롭고 맥주나 약한 포도주도 위스키나 다름없이 우리에게 해롭다. 술은 아편과 마찬가지로 심각한 문제를 우리에게 안겨 준다."
 -캐봇 박사

"술은 정신병에 직접적이고 주요한 원인이 된다."
 -마이어 박사

"알코올성 음료는 지속성으로 보아서 전쟁, 기근, 전염병을 합한 거대한 역사적 재변이 인류에게 미친 것보다 더 치명적인 해독 혹은 죄악을 남긴다."
 -이글턴 스톤

"미국에서 성공했다는 사람들 중의 대다수가 술잔을 입에 대지도 않았다는 사실을 발견했다. 그는 무작위로 미국의 인류 실업가 28인을 뽑아 조사한 결과, 그들 중 22인이 결코 술잔조차 입에 대지 않는 사람들임을 발견했다."
 -보크(E.W. Bok, 1863-1930, 미국 여성 가정 잡지 편집인. 화란 출생)

"나는 술 때문에 죽은 훌륭하고 아름다운 사람들을 바라보면서 내 인생을 살았다. 술은 천재의 발을 묶은 매우 훌륭한 올가미라 하겠다. 금주법은 노예 해방 이래로 미국이 이룩한 진보 가운데 가장 위대한 업적이라고 생각한다."
　－싱클레어(Upton Sinclair, 1878-1968, 미국의 소설가, 사회 비평가)

"술 취함보다 더 하나님의 형상을 흐리게 하는 죄는 없다."
　－토머스 왓슨(T. Watson, 1557-1592, 영국 시인, 학자)

집필 후기

이 한 권의 책이……

이 원고는 오랜 시간 기도하면서 만지작거렸다. 그리고 수차례 이 글의 내용을 가지고 강의하고 설교했다.

물론 이 글이 교회에서는 성도들에게, 또는 기독 학생들에게 읽히니까 모두가 한마음 한뜻으로 별 문제가 없겠지만, 비기독교인들, 특히 애주, 애연가들에게 읽힐 때는 상당한 반발이 예상된다.

그러나 '구더기 무서워 장 못 담그겠는가.' 세상은 물론 교회까지 술로 인해 망가져 가는 판국인데 시대적인 메신저라고 자처하는 목사가 그냥 바라보고만 있을 수 없었다. 더욱이 올바살(올바로 살기) 운동 주창자로서는 더욱 아니었다. 그래서 쓴 글이다.

지난날 이 글을 통해 많은 사람들이 술을 끊은 사건이 일어났다. 우선 코스테 맨들이나 교인들 중에 많은 분들은 물론이고, 전혀 예수님도 믿지 않고 교회도 다니지 아니한 세상 사람들도 이 책을 읽고 난 후 술을 끊었다는 반가운 소식을 수없이 들어 왔다. 그래서 용기를 내서 마침내 책으로 출간하게 된 것이다.

마지막으로 한 섬에서 일어났던 이야기를 소개한다. 지도를 보면 남태평양의 수많은 섬 가운데 핏카린이라는 아주 작은 섬이 있다. 이 섬은 얼마나 작은지 망망대해에 뾰족한 연필로 점을 살짝 찍어 놓은 것 같은 흔적도 희미한 섬이다.

지금으로부터 약 220년 전인 1970년에 바운티 호라는 배에서 선장의 명령에 거역하는 항명 폭동이 일어났다. 선장은 항명 폭동의 주범 9명의 선원과 이에 동조한 남자 원주민 6명, 여자 원주민 12명, 모두 27명을 항해 중 이 섬의 해안에 내려놓고 떠나고 말았다.

그중 한 선원이 섬에 도착하자마자 한 가지 일을 시작했는데 노아의 홍수 이후에 노아가 포도를 경작하여 포도주를 만들듯이 바로 술을 만드는 일이었다. 그리하여 그들은 허구한 날 술을 마시기 시작했다. 드디어 그 섬은 방탕과 타락으로 가득 차고 말았다. 정확히 10년이 지났을 때는 그 섬에서 살아남은 남자는 백인 한 명뿐이었고, 원주민 여자들과 혼혈아로 태어난 아이들만 살아 남게 되었다.

그런데 하루는 살아남은 선원 가운데 바운티 호에 실려 있던 헌 궤짝에서 책을 한 권 발견하게 되었다. 그 선원은 그날부터 그 책을 읽기 시작했다. 그리고 그는 책을 읽으면서 변화되기 시작했다. 변화를 체험한 그는 섬으로 나아가 섬에 사는 모든 사람들에게 그 책에 기록된 내용을 가르치기 시작했다. 그 책이 바로 오늘 우리가 읽고 있는 성경이다. 그 섬의 원주민들은 하나님의 말씀으로 인하여 모두 변화를 받게 되었다.

그 섬은 1808년 어느 날 미국 선적 토파스 호에 의해 발견되었다. 토파스 호가 정박하고 그 섬을 조사해 보니 그 섬은 술이 전혀 없었고, 범죄가 없었으며, 감옥이 없었고, 게으름이 없는 번영한 공동사회로 발전되어 있었다.

바라기는 이 한 권의 책이 술로 망해 가는 이 나라와 이 민족을 술에서 구출해 내기를 간절히 소원한다.

소곡 김승연

[판권소유]

술 마셔도 되나?

2011년 12월 20일 인쇄
2011년 12월 26일 발행

지은이 | 김승연
발행인 | 이형규
발행처 | 쿰란출판사

주소 | 서울 종로구 이화동 184-3
TEL | 02-745-1007, 745-1301~2, 747-1212, 743-1300
영업부 | 02-747-1004, FAX / 02-745-8490
본사평생전화번호 | 0502-756-1004
홈페이지 | http://www.qumran.co.kr
E-mail | qumran@hitel.net
　　　　　　qumran@paran.com
한글인터넷주소 | 쿰란, 쿰란출판사

등록 | 제1-670호(1988.2.27)

책임교열 | 이화정

값 12,000원

ISBN 978-89-6562-245-1　03230

* 이 출판물은 저작권법에 의해 보호를 받는 저작물이므로 무단 복제할 수 없습니다.
  잘못된 책은 교환해 드립니다.